2005 年创建东北亚银行特别委员会第三次会议

全国人大原副委员长蒋正华先生出席 2014 年首尔东北亚论坛会议。左起蒋正华、王述祖、邹平

2008 年 10 月在美国夏威夷研讨，左起马君潞、佟家栋、赵利济（美）、王述祖

2008 年在日本，中心研究人员与日本国会议员、前外相中山太郎先生进行沟通交流，右起中山太郎（日）、王述祖

2006 年东北亚经济论坛年会，王述祖、赵利济

2006 年东北亚经济论坛年会，沈龙海、王述祖、张建平、张晓雁

2014 年在韩国首尔参加东北亚论坛会议,左起范小云、朴炳元(韩)、王述祖、金正国(韩)、涂红、周密

2014 年在韩国首尔,王述祖与朴宽用(韩)、洪在馨(韩)、克里(美)合影

东北亚金融合作——历程与展望

Northeast Asia Financial Cooperation—History and Perspective

东北亚金融合作研究中心　编著

南开大学出版社

天　津

图书在版编目(CIP)数据

东北亚金融合作：历程与展望 / 东北亚金融合作研究中心编著. —天津：南开大学出版社，2017.7
ISBN 978-7-310-05443-5

Ⅰ.①东… Ⅱ.①东… Ⅲ.①金融－国际合作－研究－东北亚经济圈 Ⅳ.①F833.1

中国版本图书馆 CIP 数据核字(2017)第 180146 号

南开大学出版社出版发行
出版人：刘立松
地址：天津市南开区卫津路 94 号　　邮政编码：300071
营销部电话：(022)23508339　23500755
营销部传真：(022)23508542　　邮购部电话：(022)23502200

*

三河市同力彩印有限公司印刷
全国各地新华书店经销

*

2017 年 7 月第 1 版　　2017 年 7 月第 1 次印刷
230×170 毫米　16 开本　17.75 印张　4 插页　235 千字
定价：60.00 元

如遇图书印装质量问题，请与本社营销部联系调换，电话：(022)23507125

编委会主任：王述祖

编委会副主任：张晓雁　佟家栋　邹　平

编委会顾问：蒋正华　赵利济

编委会委员（按姓氏笔画排序）：

王　芳　王述祖　王　博　刘澜飚

佟家栋　邹力行　邹　平　张建平

张晓雁　范小云　柳　明　涂　红

主要执笔：刘澜飚　柳　明

谨以此书

纪念马君潞教授

并向在东北亚金融合作进程中做出无私奉献的

各界人士致敬

东北亚金融合作研究及本书的出版得到中央高校"双一流"经费国别研究项目"全球经济形势与中日韩合作战略""东北亚金融发展的国际合作研究"的资助。

序一 记录、纪念与继续

王述祖

东北亚金融合作的探讨与研究最初起于 1989 到 1990 年左右，至今已经 28 年了。作为最主要的参与者之一，我见证了这条东北亚金融合作之路，也是东北亚的全面合作之路的发展。这条路我们走得很艰难，但是我们一直在坚持。

东北亚金融合作理念提出的时候，东北亚各国的经济发展格局与 30 年后的今天有着非常大的差异。但是当时的国务院发展研究中心主任马洪先生十分敏锐地提出了东北亚经济合作中金融应该先行的理念并率先倡导设立东北亚银行。而当时正在通过民间渠道促进中韩建交的著名经济学家、人口专家和社会活动家赵利济先生与时任中国国务委员的宋健先生在促进中韩建交的同时①，也迅速认识到这一合作的重要性。赵利济先生因此设立了东北亚经济论坛，并在过去的 28 年中，一直身体力行，坚持努力。至今八十三岁高龄的赵利济先生，仍然在促进区域和平、合作与发展的道路上披荆斩棘，仍然是东北亚合作的精神领袖。

20 世纪 90 年代初期，日本经济仍然遥遥领先于世界上除了美国之外的其他主要经济体，在东北亚地区也是一枝独大。但也正是在这段时间，日本泡沫破灭，进入了增长缓慢的衰退时代，因此，

---

① 库恩. 他改变了中国：江泽民传[M]. 谈峥，于海江等，译. 上海：译文出版社，2005.

日本对国际合作抱有非常保守的态度，一方面，日本认为所谓的国际合作，大多是其他国家需要日本的资金援助，另一方面，日本的经济问题使其在很多问题上捉襟见肘。而中国虽然经过了十余年的改革开放，经济开始腾飞，但经济体量在当时还远远落后于日本，也不及韩国。正因为如此，我国在当时的东北亚经济金融的各种合作中，尚不具有主导实力，而是相对处于资金需求者和受援者的地位。这种事实导致了中国和日本两国官方在东北亚经济合作方面态度并不积极。而韩国方面，作为"东亚四小龙"之首，虽然比较积极主动，但是总体的政治实力还不足以影响中日的决策。因此，尽管中日韩三国的政治经济关系在 20 世纪 90 年代相对尚可，但在早期时候，东北亚金融合作并未获得广泛支持。

1997 年的东亚金融危机事实上给了韩国所谓的"赶超经济"重重的一击，在接受美国和货币基金组织援助的过程中，韩国的很多利益也损失很大。这也让韩国深刻认识到东北亚地区合作的重要性，因此，此后很长一段时间，韩国成为东北亚合作更加积极主动的推动力。

1997 年在蒙古乌兰巴托举办的东北亚经济论坛年会上，前亚洲开发银行副总裁、美国副财长斯坦利·卡茨（Stanley Katz）先生发表了一篇研究报告，评估了东北亚的经济合作前景和需求，提出动议设立东北亚开发银行。这是第一次将探讨了很久的东北亚金融合作的具体方式向大众公开，因此也吸引了无数的注意力。

1999 年，当时东北亚经济论坛第九届年会在天津举办，时任天津市副市长的我作为会议的承办方天津市政府的代表，全程参与了这次论坛。在这次会议上，东北亚经济合作得到了来自包括东北亚各国专家充分的讨论。会议上特别提出的设立东北亚开发银行来促进东北亚经济合作的思路非常具有前瞻性和应用价值，获得了与会专家的一致赞同。我意识到这是一个非常好的机遇，对中国而言是整合东北亚资源，提前部署，以我为主的良好时机。因此，在与其他天津市主要领导商讨后，我在会上代表天津市政府公开做了承诺，天津市将全力支持东北亚开发银行的设立，为东北亚开发银行的筹备提供必要的便利，也承诺如果东北亚开发银行设立在天津，天津市将免费为东北亚开发银行提供办公场所。我们的初衷是为了给中国争取到一家潜在的新的区域金融合作机构。这对于未来经济地位的提升和中国的国际经济和国际金融话语权非常重要。在1999年的时候，我国还未加入世界贸易组织，我国的经济实力也没有达到公认的强国水平。可以说，我们做出这个承诺是非常有勇气的。因此，我们一石激起千层浪。随后日本的态度迅速积极起来，但已经落后了我们一步。天津市随后组织、协调、参与了历次的东北亚经济论坛会议，特别是基于我们的努力，东北亚银行的特别委员会成立并陆续召开了八次会议。天津市也因此受到了东北亚地区内部各专家的广泛认可和赞誉。

随后跟进的日本的民间智库东京财团在2003年组织了研究，此后发表了设立东北亚银行的研究报告。但是这个报告并没有进行深入的研究，也并未得到广泛的反馈。因此，在2005年的时候，我决定组织我们自己的专家团队，进行一次全面的研究。南开大学的著名经济学家佟家栋教授、著名金融专家马君潞教授慨然领命，由马君潞教授亲自组织，经过半年左右的努力研究，东北亚（开发）银行可行性研究报告正式完成，此后，随着时间的推移，这份报告的内容获得了越来越多专家学者的首肯和支持，也经过多次的修改增补，逐渐完善。在这个过程中，马君潞教授一直身体力行，抽调组织了南开大学的多位专家学者不断地充实我们的研究成果。范小云教授、刘澜飚教授、涂红副教授、王芳副教授、王博副教授以及之前一直在东北亚经济论坛工作在之后被引入南开大学的柳明副教授等都在其中投入了巨大的精力。

2007年，在洛杉矶的东北亚银行特别委员会会议上，中、日、韩、美等国专家提议应该设立专门的东北亚金融合作研究中心。我与马君潞教授商量探讨，将东北亚金融合作研究中心设立在南开大学。马教授又一次毫不犹豫地应承下来。此后经过一年的筹备，2008

年东北亚金融合作研究中心正式挂牌。在这个过程中，天津市委、市政府、市人大都给予了极大的支持。天津市发改委副主任张晓雁先生在协调、安排、与市里领导沟通和与外方专家的沟通方面均发挥了极其重要的作用。而佟家栋副校长和马君潞教授及其团队提供的研究支持无疑也起到了非常重要的决策咨询的作用。东北亚金融合作研究中心的设立主要有两个职能：一是对东北亚金融合作进行更加全面的分析，随时根据形势的发展进行调整，承接东北亚金融合作的国际化智库的职能；二是我们希望以南开大学金融学科为依托，为未来的东北亚金融合作提前奠定人才培训基础。此外，在天津设立这样的一个研究中心将强化天津市在东北亚金融合作中的作用，天津市非常希望这家拟议中的银行总部设立在天津。

此后，我们先后进行了多次研究并召开研讨会，起草了包括《东北亚合作与开发银行简要报告》《南开宣言》等多份文件，特别是我们受东北亚各国委托，率先起草了《东北亚合作与开发银行的章程》。并且在这个研究期间，我们得到了全国人大常委会原副委员长蒋正华先生的鼎力支持。蒋先生多次直接听取我们的研究报告并给中央领导写信，成为东北亚金融合作的最重要的支持力量。2012年，在蒋正华先生倡议并主持下，我们召开了东北亚金融合作专家研讨会，国内知名的金融专家金立群、张之骧、巴蜀松、王建业、冯春平等均参与会议。在这次会议上，金立群先生表示完全支持设立东北亚银行，并且给予了很多建设性意见。此后，金立群先生先后多次回信参与我们各种文件的讨论与写作，并开始关注区域性次区域性开发银行的设立和发展。我们的很多研究成果和在研究过程中碰撞出来的火花，也被金立群先生运用到了设立亚洲基础设施投资银行中。我们很欣慰自己的研究成果能够在更大的舞台上被运用到实践之中。我们立足于天津，但目光一直是放在中国，希望未来我们仍然可以为中国的金融发展、为东北亚经济与金融的合作，奉献我们自己的绵薄之力。

事实上，韩国和日本的有识之士也一直在支持着东北亚金融合作的事业。韩国国会议长朴宽用先生，前总理、副议长洪在馨先生，前总理郑元植先生，前财长朴炳元先生，前开发银行行长严洛融先生等，以及日本国会议员、前外相中山太郎先生，前外相山口壮先生、国际协力银行的历任行长丸川和久先生、渡边博史先生和前田匡史先生等，都在联合研究中做出了重要贡献。特别是朴炳元先生，特意在南开大学调研三个月，研究中韩两国启动东北亚银行的路径和方法。

我们相信，在我们的共同努力下，东北亚金融合作之路应该也必须会继续坚定走下去。在这条道路上，我们必须坚持东北亚各国的通力合作。尽管东北亚目前的发展并不和谐，我们仍然需要看到正确解决东北亚问题的最好的方法仍然是合作。从 1894 年中日甲午战争开始计算，到 1992 年中韩建交截止，东北亚各国的上一次混乱与战争状态持续了接近百年之久。和平来之不易，我们必须以超出常规的勇气和力量，来维护区域的和平、合作与发展。而金融很显然是我们最重要的合作手段和突破口，因此，坚定信心，坚持下去，是我们的希望所在。

东北亚金融合作需要做长远规划。中国在东北亚合作中的作用越来越大，同时也越来越具备主导性。中国将视野放在了全球，在"一带一路"大战略中，中国的目标是与各国一起共同开发建设新型的国际关系，达到全球的合作共赢。在这样的一个大战略的背景下，东北亚这一重要的次区域也十分重要。东北亚国家是"一带一路"向西拓展的基础，也是"一带一路"与京津冀一体化的重要支撑。东北亚区域的和平、繁荣与发展，有助于中国在"一带一路"战略构架中促进东北亚"两圈一廊"集群发展新态势。以京津冀—首尔—东京构成的首都经济圈，以图们江区域开发为核心构成的多边自由贸易经济圈，以"一带一路"战略密切相关的中、蒙、俄高速走廊，体现了全球经济"区域化、网络化、协同化"发展的重要特征，很有可能形成"两圈一廊"集群发展新态势，与"一带一路"进行互利衔接。在这样的背景下进行东北亚金融合作，设立次区域金融机构作为支持"两圈一廊"的金融实体，发挥金融的特殊功能，可逐步形成东北亚区域经济一体化的核心与新型金融支撑机制，促进区域经济可持续平衡发展，开通参与北冰洋经济圈乃至北太平洋经济圈开发道路，开辟新的欧亚北美通道。

世界风云变幻，需要我们与时俱进。目前的东北亚格局正处于过去五十多年以来最危急的时刻。我们必须要了解历史，才能避免悲剧的发生。一次战争不仅会使得我们过去多年的和平、合作与发展的成果毁于一旦，还会使东北亚各国本已错综复杂的历史的伤疤更加难以抚平。我们要有大智慧和勇气，突破原有的格局。问题不该回避，无论"一带一路"战略、京津冀协同发展战略还是其他的主要经济合作战略，都离不开东北亚各国的参与以及东北亚各国的稳定。我们必须直面问题，要有"虽千万人，吾往矣"的决绝勇气，才能够在新的历史机遇期，牢牢地把命运掌握在自己的手里。东北亚银行，肩负着这个使命。我们相信这样的次区域多边开发银行，起到的作用绝不仅仅是动员资金、促进发展，更能有力地促进整个朝鲜半岛的和平。

我相信，设立东北亚银行的那一天不会太遥远，这样我们可以告慰在这条道路上已经故去的学者们并激励现在仍然在为了东北亚和平发展不懈追求的人们！

2017 年 3 月

序二　东北亚金融合作研究中心的责任和使命

张晓雁

进入 21 世纪以来，全球经济格局的重大变化正在推动国际金融治理格局的调整。以中国为代表的新兴经济体担当了世界经济增长引擎的角色，也成为推动改革的最主要力量。为推动全球贸易、投资的有序发展和世界经济的稳定复苏，发挥了举足轻重的作用。

从近年来的国际经济形势发展来看，由于现有的国际金融秩序无法满足新的时代需求，对其进行改革的呼声越来越高。以中国为代表的新兴市场国家为推动改革进行了重大的努力。无论是金砖国家银行，还是上合组织银行以及亚洲基础设施投资银行都体现了这一进程。但是必须指出的是，这个进程绝不可能是一蹴而就的，对国际金融格局的调整和变革必须要有足够的信心和耐心。同时，这个进程也需要我们系统地从外交、政治、经济、文化等多方面综合构建新型金融体系。

不仅如此，我们还要清醒地认识到，国际金融体系的变革需求，必然会受到现有体系的既得利益者的抵制、干扰和阻挠，特别是新兴经济体在国际金融领域的努力必然会与美国霸权主义的最核心、最根本的利益发生直接碰撞。目前美日对亚投行的阻力就体现了这一点，因此在这一进程中我们应该在勇于探索的同时小心谨慎。东北亚区域金融合作由此必须更加具有包容性、更加具有前瞻性。

提议设立东北亚银行这家次区域多边开发型金融机构的理由

有很多，但是东北亚的政治格局给我们不停地增加着各种变数。这些变数给我们的研究带来了诸多考验，所以我们在不断地进行深入研究和探讨。

为了更好地研究和探讨东北亚金融合作并加快推动设立东北亚银行，2008 年 10 月，在中、日、韩、美等国专家倡议和天津市政府的支持下，东北亚金融合作研究中心在天津市南开大学正式成立，中心理事会理事长由东北亚经济论坛主席赵利济担任，执行副理事长为原天津市副市长、原天津市人大常委会副主任王述祖，名誉理事长由全国人大常委会原副委员长蒋正华等领衔担任；研究中心的指导顾问委员会主任为原亚洲开发银行副行长 Stanley Katz 先生，委员则包括日本国际协力银行总裁渡边博史，韩国国会议员、前副议长、前副总理洪在馨，南开大学副校长佟家栋等多位著名专家学者；我在其中担任了研究中心的主任。而马君潞教授担任研究中心的执行主任。

研究中心成立以后做了大量的工作。2008 年 11 月，东北亚金融合作研究中心向天津市政府提交了《关于东北亚银行章程的研究报告》。该报告是一份实质性推动设立东北亚银行的纲领性文件。根据这一研究报告，我们的合作伙伴和中、日、韩、美的相关研究部门最终确立了设立东北亚银行的路线图，并加快推动设立这一新的区域性金融机构的步伐。

2009 年 11 月，东北亚金融合作研究中心理事会第二次会议发表了《南开共识》，各国代表一致同意尽快完成设立东北亚银行的研究工作并在合适时机递交中日韩三国相关政府部门。同月，东北亚金融合作研究中心完成了《大型跨境项目融资和项目管理比较研究》。该报告对加快区域内大型基础设施建设和整合式加速区域经济整合的必要前提进行了针对性研究。这样的项目往往涉及多个国家或地区，而各个国家或地区在政治制度、经济发展水平、文化和法律制度等方面往往存有较大的差异，因此，大型跨境项目的融资和管理要比一般国家内部的大型项目更为困难。东北亚地区的金融合作主要目的就是实施和管理大型跨境项目融资。而该报告在对跨境项目进行一般性研究的基础上，结合具体的案例研究对目前全世界存在的主要区域性合作开发银行的大型跨境项目的确定、融资和项目管理情况进行了比较研究，一起为未来在东北亚地区建立的东北亚银行的大型跨境项目的融资和项目管理提供某种指导。12月，东北亚金融合作研究中心与美国东北亚经济论坛、韩国国际经济研究院（KIEP）和日本国际协力银行合作，完成了《东北亚金融合作与发展研究报告（英文）》，就东北亚区域的货币合作、汇率合作、跨境项目融资、能源融资等多个领域的金融合作进行了有价值的深入研究。这份研究报告由于探讨了很多理论和实务界的前沿问题，在国内外取得了极大的好评，多家研究机构也因此表达了希望与我们合作的意愿。

2010年5月，东北亚金融合作研究中心和东北亚经济论坛根据中日韩等国家民间层面的长期研究成果，向中日韩三国政府有关部门提交了《设立东北亚银行简要报告（2010年版）》。该报告阐述了设立东北亚银行的必要性和重要意义，呼吁将民间研究的成果转化为各国政府的共识，适时纳入中日韩领导人会议的议题，加快设立东北亚银行的步伐。

2013年5月，外交部亚洲司对东北亚金融合作研究中心进行调研，进一步支持南开大学以既有的东北亚金融合作研究中心为基础，在南开大学建立中日韩合作研究中心，外交部具体参与了中心的工作并进行了详细指导，以在我国形成一个侧重于中日韩合作研究、与外交部联系紧密、在国际上具有重要影响力的智库性机构。

这一系列的成绩，都离不开马君潞教授的辛苦工作与努力。本书的主要内容，事实上就是对马教授及其团队在东北亚银行领域的各项主要研究进行的总结和更新。我们知道，前路漫漫，也许还会有很多波折和坎坷，但我们仍将继续努力下去。

2017年5月

序三　东北亚的危机、机遇与未来

佟家栋

2016 年到 2017 年，将来在人类历史上也许会是一个非常值得反思的时期。世界的格局在英国脱欧和美国总统大选开始，就隐隐有慢慢开启潘多拉魔盒的迹象，漫天飞舞的"黑天鹅"，给世界未来的和谐发展，蒙上了极大的阴霾。世界上原本就动荡的区域的局势，显得更加扑朔迷离，前景更加迷茫，如中东地区、巴尔干半岛，甚至也包括东北亚地区。

东北亚区域是一个在全球来看都很特别的区域，相比于传统的"火药桶"，在朝鲜战争结束之后的五十多年的历史中，东北亚区域远比中东、巴尔干、克什米亚等地区更加安宁与和平，虽然争端不断，风波不休，各种势力风起云涌，但一直保持着相对的和平。

事实上，在世界文明史中，在能够互为邻国、文化发展相近又能够相对保持独立传统的区域中，东北亚本身就是一个比较特殊的区域。首先，东北亚各国文明存续时间都非常之久，而且历史渊源和纠葛都相当久远。从古至今，东北亚各国一直存在着活跃的文化交流与经济交流。其次，东北亚地区内所有国家均是非常明确的世俗政权，宗教从未成为东北亚区域内任何一个国家的主流。这在任何其他的次区域体中都十分罕见。因此，东北亚各国的对抗情绪是纯粹而直接的民族情绪。但是，单纯的民族情绪就已经使得东北亚区域的政治局势十分复杂。这最主要的是由于在最近的数百年内相互之间的战争，国民缺乏互信，使得合作也显得荆棘满路。不仅如此，第二次世界大战之后，意识形态领域的对立在这个区域更成了在民族情绪之外最主要的矛盾。美国在我们这个次区域里一直是最重要的存在之一，任何东北亚合作都不可避免地涉及美国的地缘利益，这就给本已错综复杂的各国关系增添了更多的不确定性。

正是由于这些因素，我们不无遗憾地看到，尽管东北亚各国的经济发展令世人瞩目，特别是中、日、韩三国，分别列于世界经济总量的第 2、3、11 位，作为次区域来说已经成为当仁不让的最大经济区，但是，即便如此，即使东北亚已经维持了五十多年的和平，各国却仍然未能走出历史的阴影。在新时代全球化进程受阻、"黑天鹅"不断出现的情况下，东北亚区域内各国合作发展的前景变得愈发扑朔迷离。

随着美国大选的尘埃落定，特朗普上台就任新总统之后，奥巴马时代的美国"重返亚太"战略即将做出新的调整，泛太平洋合作伙伴计划（TPP）胎死腹中，表面上对中日韩的影响各不相同，但是，东北亚的局势却随着特朗普的就任更加复杂。从某种意义上说，众多专家将特朗普的主流政策理解为"新孤立主义"，但是，鉴于特朗普本人的一贯风格以及他对东北亚地区事务并不十分了解，我们有充分的理由相信，亚太地区和东北亚地区会面临着更多更大的"不确定性"，这将带来一系列重大影响。而且这种不确定性带来的绝不是简单的谁主动谁被动、谁参与遏制谁被遏制或者谁获利谁受损的这种简单的零和博弈。美国的利己主义将有可能使得区域内各国的利益均在不同程度上受损。因此，不仅仅是大家探讨的全球化进程受阻，东北亚区域的区域一体化的进程甚至可能面临着更大的挑战。

在这样的背景下，东北亚区域合作的空间将很有可能被进一步压缩甚至大踏步地倒退。可以说，东北亚各国目前已经处于一个非常关键的十字路口。一招棋不慎，甚至有可能给这个本已动荡的局面带来灾难性的后果。

从外交的角度来看，朝鲜半岛发生战争绝不是一个好的选项，甚至不应该成为一个选项。要破解这个僵局，需要相关国家发挥出最大的智慧，必须找到利益共同点和妥协原则。一味的姑息和绥靖政策，或者单纯的武力威胁和高压，都可能会使得危机迅速恶化。那么，到底如何找到利益共同点呢？我们坚定地认为，要从历史的角度寻求各方共赢合作的未来，经济合作才是超越意识形态对立的根本途径。

全面梳理东北亚各国的合作历史，我们应该了解，在错综复杂的矛盾中寻求合作共赢的未来，将是目前东北亚各国应当选择的路径。尊重历史、面向未来、强化合作、促进和平将不仅仅是我们的希望，而是我们避免东北亚走向对抗和动荡的、各国都必须遵从的原则和理念。而为了实现这个目标和原则，全力推动经济全球化和区域经济一体化非常关键。

但是，在经济低迷、民族宗教问题复杂、恐怖主义抬头等不断产生新的矛盾的当今世界，经济全球化进程并不十分顺利，更多地表现为全球化的挑战。但对于东北亚区域而言，历史已经反复证明，保守和孤立只能会导致区域内各国更大的矛盾和冲突。因此，化解全球化挑战的困境不应该也不能够是激化矛盾，而是化解矛盾。而这显然并非是任何单一国家可以做到的。各国通力合作、全面交流在这样的时代背景下显得尤其重要。

仔细考察全球化进程，我们发现，当今世界全球一体化的趋势已经渐渐地更加侧重于区域一体化和区域协同合作。特别是，当前世界的主要矛盾事实上是经济利益的矛盾，而最重要、最激烈的冲突基本上存在于全球文明与恐怖主义之间的冲突、宗教冲突和种族冲突。我们发现，尽管我们仍然有着这样那样的看起来似乎无法妥协、无法协调的矛盾，但从经济、文化、思维方式和习俗角度来看，东北亚其实仍然具有合作的土壤。东北亚各国政府到民间，其实大体上都有这样的共识，政治关系遇冷的时候经济交流并不随之变冷，政治关系好转的时候，经济关系会更加火热。我们中日韩以及东北亚地区的各国专家，联合进行了一系列的研究，专家们一致认为，寻求各国的共同利益将是最重要的突破口。用利益绑定各方，用经济合作利益共赢寻求矛盾解决的办法，将是东北亚区域合作最有效的方式。

在过去近三十年中，这样的理念始终是东北亚合作的主体思路，我们也坚信在新的时代背景下，这种理念仍然将发挥更重要的作用。早在 20 世纪 70 年代中日建交开始，中日两国关于如何合作共赢的研究就从未停止，即使在进程中经常出现不和谐的声音，特别是日本小泉纯一郎首相时期和目前的安倍晋三首相时期，中日关系出现了非常大的倒退，但是经济合作一直在深入坚持。中韩关系则是从 20 世纪 80 年代开始逐渐改善，建交并持续发展。经济联系也日益密切。这种相对和谐平缓的关系目前正面临一些挑战，也会对目前的东北亚和平合作和发展进程带来致命的打击。即使朝鲜，在我们历史上多次接触中，也表达了强烈参与东北亚经济合作的意愿。因此，在这样的危急时刻，我们有必要重温历史，回顾一下东北亚合作发展的历程和无数有识之士的努力，为化解东北亚目前的危机，提供较好的解决思路，为中日韩迈过这个世界发展的十字路口，贡献自己的绵薄之力。

东北亚银行的概念最早是在 1990 年提出的，在后来的二十多年里，经过了多轮充分的讨论。但是值得注意的是，东北亚银行的民间筹备论证尽管比较充分，但一直未能在政府层面取得明显进展，这是由东北亚地区政治、经济环境决定的。但近年来这种情况有了很大变化，进入 21 世纪，中国经济发展迅速，无论在区域内部还是在世界上，中国的经济、政治影响力已经达到了一个新的高度，已经具备了首先启动区域性跨国金融机构的各种条件。

2014 年开始，中国从更宏伟的目标方面，启动了设立亚洲基础设施投资银行的计划并于 2015 年正式设立了亚洲基础设施投资银行（以下简称亚投行）。这个银行的成立，是中国争取国际话语权的一项重大举措，也是对亚洲对世界金融秩序的重要补充。但是，不可否认的是，东北亚金融合作中的东北亚银行的计划也因此不得不推延。

尽管如此，我们仍然欣喜地看到，我们对东北亚金融合作的很多理念，也已经包含在了亚投行的建设之中。同时，尽管有了亚洲基础设施投资银行，东北亚的金融合作仍然需要进一步增强。因为东北亚是中日韩三国地缘政治最核心的利益点，与其他的亚洲地区也有非常大的差别，亚洲基础设施银行未能使美、日、韩三国深入参与，给东北亚银行未来留下了继续发展的空间。甚至，从某种意义上来说，一个包含东北亚各国甚至朝鲜在内共同利益的东北亚金融合作机构可能成为解决目前僵局的最关键的突破口。因此，我们觉得，有必要对东北亚金融合作的历程进行一下全面的梳理，对在东北亚金融合作中我们共同关注的问题、已经讨论过并有了一致性意见的问题以及尚待解决的问题进行全面的总结和分析。

在这些金融合作问题的讨论中，无数的政治家、经济学家、金融专家都做出了重要的贡献。由于东北亚的复杂性，也有很多著名的专家未能等来东北亚金融合作的硕果，在研究推动的进程中离我们而去了。如最先倡导设立东北亚银行的中国国务院发展研究中心主任马洪先生、最早进行东北亚金融合作研究的夏威夷大学坎贝尔教授、日本金森久雄先生、日本原国际协力银行行长丸川和久先生以及中国著名金融专家、南开大学经济学院院长马君潞先生，等等。

其中，马君潞教授是中国国际金融领域的顶级专家，师从中国国际金融的一代大师钱荣堃先生，是我大学时的同学，也是我最好的朋友。马教授大学毕业后去加拿大留学，而后回国，在国际金融领域屡有建树。马君潞教授视野开阔又非常敏锐，在参与东北亚金融合作的研究中，马君潞教授的学识和见解帮助了我们解决了一个又一个难题。

时值这项研究工作的主要先驱推动者马君潞教授去世三周年之际，我们对这些专家和其他著名的学者的研究进行梳理，一方面纪念马君潞教授，另一方面，也是为了纪念在东北亚经济合作、金融合作进程中付出过重大努力的各位先贤、领导、各国朋友的辛勤劳动。尽管合作这条道路布满荆棘，但是我们以及未来的年轻人，仍然必须沿着这条路走下去，路的尽头我们一定会看到鲜花！

2017 年 5 月

前　言

　　自 20 世纪 90 年代中韩建交开始，中、日、韩、俄、蒙，甚至包括美国在内的各国专家就东北亚的和平合作与发展做出了巨大的努力。在二十多年的历程中，对东北亚国家如何加强基础设施建设、实现互联互通、通过经济手段消除意识形态的隔阂等各方面，都有无数的专家学者进行了大量的基础性研究工作。对这些合作实现的路径，各国专家在充分分析后，提出了设立一个次区域多边开发性金融机构——东北亚合作与开发银行（书中简称"东北亚银行"）的建议。但是，由于种种原因，东北亚金融合作在很长的一段时间之内并没能付诸实施。但是幸运的是，各国也从未放弃过这个想法和努力。当前形势下，东北亚合作急需创新性的思路，多边金融合作显然可以作为一个破局的优质选项。因此，本书将这二十多年以来的研究建议进行了充分的总结并与时俱进地进行了更新，希望对中国的东北亚战略乃至各国的东北亚和平战略提出有益的思考。

　　此外，在这二十多年中，很多专家在这条道路上付出了巨大的努力，倾注了大量的心血，特别是在东北亚金融合作道路上一直不懈努力的南开大学马君潞教授于 2014 年 2 月与世长辞，是我们巨大的损失。马教授去世之后，我们一直筹划着本书的撰写，但是东北亚政治局势在过去的三年变化非常之大，因此，我们在这个过程中不断调整。现在马教授已经逝世三周年了，我们希望用这本书告慰一路走来付出巨大努力的前辈，也希望我们后来人继续沿着这条道路不断前行。

　　本书分成三大部分：第一部分中，我们将关于东北亚金融合作的来龙去脉、可行性、必要性等各种问题进行最全面的总结和梳理，对东北亚银行的一些重要问题，例如性质定位、股权结构、银行架构的顶层设计等，进行详细的说明。对东北亚金融合作中经常遇到的问题也进行解答；第二部分中，我们对当前设立东北亚银行的重要意义进行了有针对性的分析和探讨；第三部分中，我们对东北亚金融合作中尤其关注的跨境基础设施合作项目资料进行了整理。我们还将珍贵的历史文件作为附录展示。

2017 年 6 月

目 录

Table of Contents

第一部分　东北亚金融合作
——理念、思维和动机

第一章　建立东北亚银行的必要性分析

第一节　设立东北亚银行的重大意义

一、建立东北亚银行有助于推动地区新秩序的确立

进入 21 世纪以来，东北亚地区的经济发展迅速，已经成为世界经济最具有活力、最重要的次区域。但是鉴于东北亚地区复杂的历史、政治等各方面的现实情况，东北亚区域经济的全面合作还远远落后于其他的主要次区域地区。就整个亚洲而言，东南亚经济总量和活力远不如东北亚，但其区域组织东盟反而成为次区域合作的典范。因此，全面促进东北亚经济合作，进一步增强东北亚区域经济的活力，促进东北亚区域繁荣稳定和经济增长，是东北亚各国的共同诉求。在 20 世纪 80 年代以来，大量学者的研究证实，在东北亚区域能源、环境、交通物流等各种功能性合作中，最重要的是金融领域的合作。而设立东北亚银行，就是金融领域合作的最具体的可实施战略。

1. 建立东北亚银行有助于增强东北亚地区国家间的互信

区域一体化是当前国际形势发展的重要特征，建立多边区域组织在国际和地区新秩序形成过程中发挥着积极作用。

但是我们应注意到，这种多边合作要求成员国间在政治上的高

度信任和共同的政治意愿，例如，法德和解就是欧盟合作的政治基础。可以说，东北亚地区缺乏实行一体化合作所需要的政治信任和共同政治意愿。

历史上，多边金融机构曾为促进双边及多边国家关系发展做出了贡献。1951 年和 1957 年，西欧六国分别签署了《巴黎条约》和《罗马条约》，建立了欧洲煤钢联营、原子能机构、经济共同体等一系列合作组织，其中包括根据《罗马条约》设立的欧洲投资银行（EIB），其主要任务是促进萧条地区的经济发展和工业企业的现代化，以形成一个共同的投资政策，以便通过发掘新财源而有利于共同体经济的扩展。欧洲共同体成立后，推动者通过经济合作有效地推动了欧洲政治和解，实现了共同对抗大国政治经济控制的意图。而欧洲投资银行作为欧洲共同体的投资和理财机构，在欧洲经济开发建设投融资领域有效地执行了欧洲国家的合作政策，为欧洲新秩序的建立做出了贡献。

与西欧类似，"东北亚各国是唇齿相依的近邻，理解和互信是深化合作的基础""各国政府要进一步加强协调，共同引导东北亚经济合作发展方向"。[①]目前东北亚地区国家的政治、外交、领土争端，阻碍着本地区的稳定与发展。因此，东北亚地区应将经济发展与合作放在首位，走"以经促政"的道路，而拟建的东北亚银行，正是未来东北亚地区多边合作机制的重要组成部分。一方面，东北亚银行将为本地区的资源合作开发提供资金融通，有助于实现邓小平同志提出的"搁置争议，共同开发"原则，在合作中缓和各国的争端。另一方面，东北亚银行投资的交通运输等基础设施，将把东北亚地区国家联为一体，缩短了彼此之间的空间距离，有助于增强互信。此外，东北亚银行还将为朝鲜等国提供开发贷款和援助，帮助其恢复经济并缩小与其他国家的差距，从而有助于本地区国家的和解与稳定。

---

① 何勇. 2004 东北亚经济合作论坛开幕，吴仪出席并演讲[N]. 人民日报，2004-10-9.

2. 建立东北亚银行有助于东北亚地区国家间的和谐、均衡发展

东北亚地区国家都面临着全球化的挑战，"全球化进程的积极意义是，借助空前活跃的经贸关系和极为广泛的信息开放，促进世界经济的发展。另一方面，全球化的发展很不平衡，发达国家和地区与世界其他国家和地区的差距拉大"。① 目前，东北亚地区国家的发展水平存在较大差异，既有日本、韩国这样的发达市场经济国家，又有中国这样向市场经济转轨的发展中大国，还有朝鲜、蒙古、俄罗斯（远东及西伯利亚地区）经济较为落后的待开发国家（地区）。国家间的贫富差距，严重阻碍了建立地区新秩序的进程。

要建立公正合理的东北亚地区新秩序，首先要建立合理的国家间合作机制，使本地区发达国家承担更多的义务，帮助发展中国家在社会经济和科学技术等领域缩小差距。

建立东北亚银行，是本地区发达国家和发展中国家协调发展机制的重要组成部分。东北亚银行可以通过提供投融资中介服务和技术援助，引导日、韩、美等发达国家以充裕的资金以及先进的技术和管理，投入到本地区发展中国家的经济建设中来，使发展中国家能够平等利用全球化带来的社会经济、科学技术、信息、文化及其他机遇，缩小国家之间的差距。

此外，不仅发展中国家可从东北亚银行的建立中获益，本地区发达国家也可通过东北亚银行对能源、交通等基础设施建设领域进行投资，不但可以获取资金收益，而且可以在一定程度上解决本国的可持续发展问题（例如能源安全）。

综上所述，东北亚银行将成为东北亚地区发达国家和发展中国家实现资源、机遇共享的平台，是实现东北亚地区和谐发展与共同繁荣，进而建立公正合理的地区新秩序的重要促进力量。

---

① 引自《中华人民共和国和俄罗斯联邦关于 21 世纪国际秩序的联合声明》。

二、建立东北亚银行有助于推进中国倡导的"睦邻、安邻、富邻"外交政策的实施

中共十八大确定了"与邻为善、以邻为伴，巩固睦邻友好，深化互利合作，努力使自身发展更好惠及周边国家"的周边外交方针，其核心内容是"睦邻、安邻、富邻"。"睦邻"就是继承和发扬中华民族亲仁善邻、以和为贵的哲学思想，在与周边国家和睦相处的原则下，共筑本地区稳定、和谐的国家关系结构；"安邻"就是积极维护本地区的和平与稳定，坚持通过对话合作增进互信，通过和平谈判解决分歧，为亚洲的发展营造和平安定的地区环境；"富邻"就是加强与邻国的互利合作，深化区域和次区域合作，积极推进地区经济一体化，与亚洲各国实现共同发展。① "睦邻、安邻、富邻"这一政策的意义有二：一是强调"睦邻、安邻、富邻"是"中国实现自身发展战略的重要组成部分"；二是强调"积极促进亚洲的发展振兴与和平稳定"。也就是说，中国的发展和亚洲的振兴是与周边政策联系在一起的，是并重的。

建立东北亚银行，对于我国的"睦邻、安邻、富邻"的外交政策有一定的促进作用：

从"睦邻"政策的角度看，我国一向提倡世界各国不论大小、贫富一律平等的原则，在东北亚银行内部，我国仍将坚持各成员国平等协商的原则，在银行投融资项目上兼顾各周边国家的利益，促进本地区的均衡发展，以此更好地显示我国对周边国家在基础建设领域进行合作的诚意，加深我国与周边国家的关系。

从"安邻"政策的角度看，建立东北亚银行有助于推动我国与周边国家利益共同体的形成，进而巩固本地区的和平与发展。东北亚银行不但从投融资和技术转移方面促进了东北亚地区国家的经济建设合作，而且为更高层次的政治经济合作开辟了道路，使得我国与周边国家的利益逐渐趋于一致。利益共同体的形成，必将使各国

---

① 引自习近平总书记在 2014 年 11 月 28 日至 29 日中央外事工作会议上的重要讲话。

更加注重维护本地区的安定团结，为本地区的发展创造更好的外部环境。

从"富邻"政策的角度看，建立东北亚银行有利于本地区更好地分工协作，各个国家充分发挥自身的特长，优势互补，在发展自己的同时促进东北亚地区共同繁荣。我国有着东北亚地区最为广阔的市场和丰富的自然和人力资源，我国的发展将很大程度上带动周边国家的发展，而建立东北亚银行，将使本地区其他国家的资本和技术能够更便捷、更有效地进入我国市场，借助我国的资源和发展势头，带动本国的相关产业的发展。此外，东北亚银行也将引导我国的资金、技术投入周边国家，带动当地经济的发展，全面实现"富邻"的外交政策意图。

三、建立东北亚银行有助于加深现有的国际金融体系的改革

第一，东北亚区域和平、合作与发展是中国亚洲战略和全球战略的重要基础。中国的大国崛起对全球治理体系和经济金融格局都将产生深远影响，根本上也会冲击原来美国主导的国际秩序。在从今以后中美之间竞争中合作或者合作中竞争将是两国关系的主体趋势。而位于中美大国之间的日本和韩国，无论从历史角度，还是从地缘政治角度、经贸关系角度来说，都是中国最重要的潜在的战略伙伴。以中日韩关系为主体的东北亚区域不仅从战略上可以成为中美战略关系的交流平台，也可以成为中美大国互信的桥梁。东北亚地区在经济领域是世界上最大的次区域经济体。从在亚洲的影响力角度、经济规模、发达水平和国际影响力的角度来看，亚洲其他国家均远无法与中日韩相提并论。尽管东北亚地区历史政治等各方面错综复杂，但其战略重要性也始终应该放在中国对外关系的最前列，是我国的"一带一路"战略对外布局的基础和核心。

第二，东北亚金融合作是全球国际金融体系布局的重要组成部分。现有的国际金融体系存在着诸多弊端，美国主导的世界银行和国际货币基金组织框架已经不能满足新兴经济体的需求。随着发展

中国家经济实力的提升，众多的新兴经济体共同构建国际金融体系新格局已经成为国际金融变革的主要力量。在过去的一段时间，全球新兴经济体陆续提出或参与了金砖银行、上合组织银行以及亚洲基础设施投资银行（简称亚投行）。其中亚洲基础设施投资银行在国际上引起了极大的、正面的、积极的反响。与此同时，中国通过设立丝路基金、中国—东盟投资合作基金对区域和次区域金融合作进行了有层次的全面布局，对现有的国际金融体系是一个全面的补充。

第三，东北亚金融合作是提升日韩参与度和参与意识，减少日美对中国发起的亚投行抵触情绪的有效途径。全球治理体系变革时期，中国与发展中国家发展良好关系的同时，必须重视与传统大国的关系。世界各国对亚投行态度的逐渐转变给中国带来了良好的机遇，同时也使得美日对中国的疑虑提升。韩国虽然最终表态加入，但其态度也十分犹豫。这是由于在亚投行的推动过程中，与其他多边开发性金融的自下而上的开发模式一样，更多地考虑欠发达地区的扶贫，而对成熟发达经济体进一步发展的资助相当有限。因此，参与中国主导的亚投行，除了有利于增进双边互信关系之外，日韩对其能否带来其他国际金融机构所不能带来的经济利益并不乐观。事实上，争取日韩特别是日本加入中国主导金融机构并积极发挥作用的关键，并不在于其是否希望成为新的金融机构发起国，而是在于日韩两国是否能够找到自己的利益。东北亚次区域的金融合作，将突破这种自下而上的多边开发性金融机构的藩篱，对中日韩为主的东北亚地区的跨境项目基础设施等合作提供金融平台。这样将大大促进日韩的参与意识，从而从客观上消除其对亚投行的疑虑。

第四，东北亚金融合作是成熟规范的国家金融合作，风险可控、效益更佳。考虑到基础设施建设一般金额大、周期长。中国的"一带一路"战略在实施中必然会面临在众多欠发达或发展中国家中发展基础设施的政治风险和经济风险。而东北亚国家主体是相对成熟的发达经济体，因此各种条件都优于亚洲其他次区域。而且，东北亚国家对开发性金融参与度非常深，完全了解国际化高标准的运作模式，因此从推动到发挥实质性功能的周期会更短。最后，东北亚国家的跨境基础设施建设是成熟发达经济体的换代升级，而不是简单的从无到有，因此具有非常好的经济效益预期。

四、建立东北亚银行有助于中国经济的提升和发展

首先，东北亚金融合作是中国东北经济发展打破现有困局的有效途径。中国改革开放以来，东北的经济发展在全国经济中的重要性就在逐渐下降。20世纪90年代末期开始，中国开始了振兴东北老工业基地的战略，但并未对东北经济的颓势发展起到根本的扭转作用。究其原因，内在因素固然很多，外在的东北亚区域经济对东北经济的辐射不够也是重要的原因之一。大图们江合作倡议，作为最有可能推动东北经济外向型转型的项目，由于东北亚区域金融合作的欠缺，尚未起到应有的作用。因此全面的东北亚金融合作，对促进东北的经济结构调整和重新焕发活力，至关重要。

其次，东北亚金融合作可以为亚投行的顺利推行提供成功的范例。东北亚金融合作可以采取快速合作的方式，更早、更快地投入有效运作，为中国主导的亚投行提供充分的经验。外界对亚投行的质疑很多来自于中国主导国际金融机构经验的不足。跨国开发金融机构与一个国家内部的开发性金融机构不同，面临的环境更加复杂，亚投行在协同组织国际银团贷款、技术援助等领域的技术性问题需要摸索前进，而日本和韩国都已经积累了相当多的经验，因此我国可以利用东北亚金融合作平台来实现经验的积累，从而促使亚投行更加有效地发挥作用。此外，东北亚金融合作可以为中国自贸（试验）区框架下金融全方位合作提供具有可操作性的抓手，从而对中国与其他国家的合作以及顺利推行"一带一路"战略起到积极的促进作用。

最后，东北亚金融合作是中国"一带一路"战略、自由贸易试验区战略和京津冀协同发展战略这三大战略的整体抓手。"一带一路"是我国新时期对外开放布局的总体战略。"一带一路"战略实施

的重要支点在于以中日韩三国为核心的东北亚经济一体化。从国际经验看，东京和首尔的首都经济圈发展路径表明首都经济圈的发展不仅在于充分发挥首都对周边地区的辐射作用，更重要的是其作为新的经济增长极拉动更大范围的区域经济发展。恰逢我国实施京津冀协同发展战略，我们应抢抓机遇，利用北京、东京和首尔三大首都经济圈的互惠发展，以此为切入点深化中日韩三国的全面合作。北京是中国的金融中心，天津承担了建设北方金融创新运营示范区的重大使命，拥有自由贸易试验区的载体平台，京津冀拥有进行国际金融合作的资源禀赋和制度优势。因此，金融合作是推动首都经济圈融合发展乃至东北亚经济一体化的可行路径，也将为我国"一带一路"战略的推进与实施提供有力支撑。

第二节　经济领域的必要性

一、实现东北亚地区经济一体化的需要

（一）东北亚地区经济一体化的现状和前景分析

1. 东北亚地区国家经济合作现状

20世纪90年代以来，世界各国的对外贸易和国际资本流动迅猛发展，各类区域经济一体化组织不断涌现。参与区域经济一体化组织，扩大对外经济交流，已经成为世界各国推动本国经济发展的重要途径。

近年来，在世界金融市场屡遭冲击的背景下，东北亚各国已对通过经济交流与合作维护区域经济稳定达成共识。作为目前世界上最具经济活力的地区之一，区内各国在地缘、经济、人文等方面相互融合，交往历史悠久、合作潜力巨大。区内各国经济格局特色各异、互补性强，各国相互开展经济合作具备优越的条件。

从经济总量上看，2016 年，东北亚六国国内生产总值（GDP）总量达到约 19 万亿美元，占全球 GDP 总量的 1/4 左右。从贸易上看，东北亚地区也是世界上国家之间贸易往来最活跃的地区。目前东北亚区域各国相互贸易总量也已经超过全球贸易总量的 1/4。2014 年和 2015 年，中日贸易额分别达到了 3,125 亿美元和 2,785 亿美元，中韩贸易额在 2014 年和 2015 年分别达到了 2,904 亿美元和 2,757 亿美元，接近中日贸易总量。东北亚各国的贸易量都是呈上升趋势。中俄贸易额则在 2014 年和 2015 年分别达到了创纪录的 953 亿美元和 680 亿美元。

在众多金融合作中，投资的增长对促进区域内贸易的增长起到了关键性的作用，区域合作中，贸易—投资链条的加强也成了区域经贸合作的一个显著特征。贸易规模的扩大和直接投资的发展正在使东北亚各国潜在的互补优势转变为现实优势，也使东北亚各国间的金融合作变得越来越必要。20 世纪 80 年代以来，东北亚各国间的贸易依存度越来越高。中日韩三国间的贸易合作是东北亚各国间贸易合作的主体。

改革开放以来，日本一直是中国重要的贸易伙伴和主要直接投资国，同时又是中国政府资金合作的主要伙伴。21 世纪以来，随着中日两国的经济发展，双方的互补性进一步加强，经贸合作不断扩大，日本已经连续 4 年成为中国的第三大贸易伙伴。三十多年来，中日两国进行了全方位的经济合作，特别是双边贸易、直接投资以及政府间资金合作构成了中日经济合作的三大支柱。截至 2014 年底，日本对中国直接投资项目 37,000 多个，总金额已达 579.7 亿多美元，是对中国直接投资最多的国家。目前，中国也已经超过美国成为日本的第一大贸易伙伴，而日本是中国的第五大贸易伙伴。2016 年我国对日本双边贸易进出口总值是 1.82 万亿元，增长 5%，占我国外贸进出口总值的 7.5%。其中对日出口 8,527.5 亿元，增长 1.3%；自日进口 9,627.5 亿元，增长 8.5%；对日贸易逆差 1,100 亿元，扩大 1.4 倍。

中韩投资合作虽然起步较晚，但目前韩国已超越日本成为中国引资第三大来源地。韩国是中国第三大贸易伙伴国和第四大外商直接投资来源地。而中国已连续多年成为韩国最大的贸易伙伴、最大的出口及进口市场，也是韩国最大的贸易顺差来源国。对华贸易在韩国整体对外贸易中的比重达19.9%。2015年中韩贸易额为2,758亿美元。

中国与俄罗斯是两个互相接壤且历史渊源颇深的国际大国，相互间的贸易对两国今后的经济发展有着极为重要的战略意义。两国间政治关系的不断升温也进一步促进了两国贸易关系的不断发展，中俄之间的贸易额在逐年增长。2016年中俄双边贸易额为695亿美元，达到历史新高，俄罗斯是中国前十大贸易伙伴国之一，而中国是俄罗斯的最大贸易伙伴国。中俄贸易有很强的地域性、互补性，俄罗斯出口的石油、天然气、有色金属等原材料，是中国市场所需要的，中国出口俄罗斯的纺织品、食品和动植物产品等也弥补了俄罗斯市场的不足。中蒙两国于2003年建立了睦邻互信伙伴关系。自1990年以来，中国一直是蒙古第一大贸易伙伴并保持蒙古第一大投资来源国地位。据统计，2014年和2015年中蒙双边贸易额分别达到73亿美元和53亿美元，占蒙古对外贸易总额的一半以上。

投资、贸易、技术转让等的扩大与发展需要各国在结算、计价支付手段上进行有效合作，使得区域内双边、多边贸易与投资的发展更加顺畅。日益扩大的贸易、投资以及技术转让，扩大了实体经济的存量与增量，也必然增加对资金的需求。金融合作有利于形成区域内有效的融资支持和供给机制。经贸关系的密切化加大了各国关系的内在联动性，一国金融变化增加了对其他国家的影响程度，从而使各国在防范金融危机方面的共性增加，加强了金融合作的动因。

此外，区内各国地方交流合作活跃，建立了不同层次、形式多样的友好联系机制。中国与俄罗斯、朝鲜、韩国、蒙古、日本结有405对友好城市或友好省（州、道、县），其他各国也相互结下了众多友好省市。截至 2010 年 3 月,中国还与俄、朝、蒙等建立了满洲里、绥芬河、珲春、黑河、丹东、二连浩特 6 个国家级边境经济合作区。

以上数据表明,东北亚地区双边经济合作取得了令人瞩目的成绩。东北亚地区国家间的经济联系不断加强,经济依存关系在不断加深。这对于促进东北业地区的经济发展和区域合作有着重大的意义,也有利于东北亚银行的成立和运行。

2. 东北亚经济一体化是未来东北亚和平合作与发展的必经之路

在世界金融市场屡遭冲击的背景下,东北亚各国已对通过经济交流与合作维护区域经济稳定达成共识。中日韩在积极参与"东盟+中日韩（10+3）"等多边框架下金融领域合作的同时,还通过举行三国领导人会议、财长会议、央行行长会议等形式推动多边金融交流与合作。2008 年 12 月 10 日,中日韩三国央行发表联合声明,同意定期召开行长会议,就区域经济金融形势和共同关心的有关央行的议题交换意见,中国人民银行和韩国银行签署双边货币互换协议,提供规模为 1,800 亿元人民币（按当时牌价计算,折合 38 万亿韩元）的流动性支持。双方可在上述规模内,以本国货币为抵押换取等额对方货币。2009 年底,东盟+中日韩（10+3）正式签署的清迈多边化协议,已于 2010 年 3 月正式生效,内容包括扩大东盟的货币互换协议;在东盟与中日韩三国之间构筑双边货币互换交易网和债券交易网;充分利用东盟"10+3"的组织框架,加强有关资本流动的数据及信息的交换;研究如何将东盟"10+3"各国的外汇储备用于相互之间的金融合作等。中俄金融合作进展主要包括在两国的银行间外汇市场实现人民币—卢布的交易、互设金融机构、推进双边贸易的本币结算制度,完善本币结算的法律体系等。朝蒙也对推动区域金融合作做出了努力:2010 年 3 月,朝鲜成立了第一家政策性和商业性相结合的国家开发银行,该行将积极进军国际金融市场,为发展朝鲜与世界各国的经贸和金融关系等提供服务。

　　实现东北亚经济一体化一个重要的途径就是加强区域自由贸易协定的建设。其中，中日韩自贸区是重中之重。中日韩自贸区的设想于 2002 年首次被提出，在之后的约 7 年时间里，三国研究机构对建立自贸区的可行性进行了大量分析研究，并初步得出积极结论。在 2009 年 10 月举行的第二次中日韩领导人会议上，三国领导人就尽快启动三国自贸区官产学联合研究达成共识。2010 年 5 月中日韩自贸区联合研究首轮会议在韩国首尔举行。2012 年 5 月 11 日，签订了中日韩投资协定。2012 年 11 月 20 日在金边举行的会晤中，中日韩三国经贸部长同意在 2013 年年初举行三国自贸区第一轮谈判。2013 年 3 月 26 日，中日韩自由贸易区首轮谈判在韩国首尔开启。本次谈判主要针对自贸区谈判的机制安排、谈判领域和谈判方式等问题展开讨论。至今共进行了十轮谈判。贸易自由化框架是各方就关税展开具体谈判的基石，但在 2016 年 6 月举行的第十轮谈判当中，三方依然没能就此缩小分歧。不过，在随后的中日韩经贸部长会议上，三国商定加快谈判进度。

　　建立中日韩三国自贸区对推动三国经济增长、扩大对外贸易和提高国民福利水平具有积极意义。中日韩自贸区建立后，通过促进区内经济整合，实现优势互补，互惠互利，避免不必要的内耗，就可以在很大程度上实现区域内经济的"自循环"，规避欧美和全球经济衰退的风险。自贸区的建立将深化三国产业链合作，培育新的国际竞争优势。目前中日韩均面临着调整国内经济结构的历史重任。日本作为亚洲最发达经济体，高额政府债务和 2011 年日本贸易收支再次出现赤字，表明依靠出口的经济增长模式已经进入转折点，日本经济增长的动力将日益依赖中国市场。韩国作为较发达新兴经济体未来发展也面临经济结构转型升级，第二产业比重需进一步下降，服务业比重需进一步提升。中国转变经济发展方式和追求低碳、绿色可持续发展的模式，为日韩制造业和服务业企业提供了巨大市场和发展空间。中日韩自贸区将进一步密切三国的产业合作，深化产业链优势互补，带动形成东北亚生产网络，在全球市场上创造新的竞争优势。根据民间学者研究，通过建立中日韩自贸区能够带动中国 GDP 增长 1.1%～2.9%，推动日本 GDP 增长 0.1%～0.5%，推动韩国 GDP 增长 2.5%～3.1%。而中国能够获得 46 亿～64 亿美元的总福利提高，日本获得 67 亿～74 亿美元，韩国的福利提高最明显，共计 114 亿～263 亿美元。已成立的自贸区，如北美自贸区、中国—东盟自贸区都起到了很好的示范效果。北美自由贸易区的成立加快了美国、加拿大与墨西哥之间的贸易自由化程度。美墨贸易额从 1993 年的 896 亿美元增加到 1998 年的 1737 亿美元，约占墨西哥外贸总额的 80%。北美自贸区的建立也使加拿大与墨西哥之间的双边贸易以惊人的速度增长，贸易区成立前十年平均增长速度达到 15%。墨西哥通过自由贸易区年平均吸引外国直接投资 120 亿美元，人均收入也增加了 24%，已经达到 4,000 多美元，国内生产总值也从 4,030 亿美元增加到了 5,940 亿美元。中国—东盟自贸区的正式启动对双边的经贸交流起到了显著带动作用。中国和东盟双边贸易额 2003—2010 年的年均增长幅度为 46.8%。中国与东盟也在海运、航运、金融服务、建筑工程服务、计算机和信息服务等领域展开了服务贸易的战略合作。

中日韩自贸区除了能够推动三国间的贸易、投资以及经济增长等传统经济收益外，更深远的意义还在于对东北亚地区的经济一体化起到推动作用。中日韩三国国内生产总值总量已超过 10 万亿美元，正在逼近欧洲经济规模，与北美、欧洲并列为世界三大经济圈。但在经济一体化进程方面却明显滞后于欧洲、北美，也远远落后于东盟和拉美，自贸区的建立是推动东北亚区域经济一体化的关键性步骤。中日韩自贸区的建立有利于最大限度地分享全球化利益。在经济全球化条件下，世界各国经济越来越相互依存，货物、服务、生产要素的跨国流动越来越自由。在这一过程中，发达国家，如日本、韩国可以获得扩大市场的机遇，同时，发展中国家，如中国、俄罗斯、蒙古和朝鲜也能获得更多的外来投资以及技术发展的机会，从而实现跨越式的发展。自贸区的建立将不仅有助于三国的市场更加开放，更加平衡，还会促进整个东北亚地区经济结构的调整和升级。

但是，中日韩自贸区的建立对成立本区域的金融部门提出了更加紧迫的需求。而设立东北亚银行将能够大大促进中日韩自贸区的进程。首先，本区域的合作开发银行为参与自贸区的国家提供了一个交流与合作的平台。东北亚的其他国家也可以在这个平台上参与中日韩自贸区的经济贸易交流，带动整个东北亚地区发展，实现自贸区的辐射作用。其次，东北亚银行可以为东北亚地区国家，尤其是中日韩自贸区涉及的企业或项目提供融资服务或信用安排，以促进自贸区的建设，更大地发挥自贸区对商品服务贸易的促进作用。最后，东北亚银行通过其所涉及的业务，掌握东北亚地区国家大量的经济贸易金融数据，也为自贸区以及整个东北亚地区国家提供经济往来过程中的争端解决通道以及研究评估平台。

3. 东北亚经济一体化对我国经济发展具有重要意义

为适应经济全球化的趋势，我国采取了通过扩大开放促进改革与发展的战略，从一个较封闭的发展中国家迅速融入世界经济体系。我国是一个具有巨大经济发展潜力的国家，经济保持了二十多年的快速发展，但并不意味着未来我国经济发展是一条坦途。我国经济可持续发展面临日益加剧的资源和环境压力，在未来发展中，区域环境的影响将越来越大。因此，我国有参与区域经济合作，促进东北亚区域经济一体化的需求。

首先，东北亚经济一体化有利于解决我国资源短缺的问题。我国是一个资源很不均衡的国家，劳动力资源丰富，但矿产等自然资源相对贫乏。在未来15年我国将处于工业化高速发展的时期，这一阶段是资源消费高峰。2003年，我国石油、铝、铜、镍、钢铁、煤炭和水泥的消费分别占全球消费的 7%、19%、20%、21%、25%、30%和 50%。[①] 我国对钢铁的需求超过了美国和日本需求的总和，而我国对铜、镍、锌、铁矿砂和水泥的需求也都超过美国。但我国

① 王梦奎. 世界经济格局中的中国[M]. 北京：人民出版社，2005（3）：1-1.

人均资源占有量远远低于世界平均水平，技术发展也比较落后。随着我国经济规模扩大，城市化加速发展，对矿产等资源的需求将进一步扩大，供求缺口日益凸显。矿产资源的国内供给率将进一步下降，对国际市场的依赖程度日益提高（见表 1-1）。

表 1-1 我国主要矿产品对国际市场的依赖程度

	进口依存度		
	2000 年	2010 年	2020 年预计
石油	31%	41%	58%
铁	33%	34%	52%
锰	16%	31%	38%
铜	48%	72%	82%
铅	0	45%	52%
锌	0	53%	69%

资料来源：国务院发展研究中心"十一五"规则课题组研究报告《"十一五"期间至 2020 年中国经济社会发展的突出矛盾、基本任务、前景展望和政策取向》。

事实上，在我国的周边地区国家中，俄罗斯远东地区、蒙古、朝鲜都蕴藏着丰富的资源，因此我国可以积极参与地区合作，通过地区交换解决资源短缺的问题，通过积极参与区域经济一体化推进本国的发展。同时，在扩大资源进口的同时，注重引进日本等发达国家的资金和先进的技术、装备，特别是有利于进一步提高资源利用效率的先进技术和设备。

其次，东北亚经济一体化有利于加强我国与周边国家经贸关系的发展。我国与东北亚地区各国互补性大于竞争性，经济一体化有利于加强我国与其他国家间的经贸往来，扩大区域内贸易，从而促进东北亚经济发展。一方面，我国在全球生产链中的重要地位和巨大的市场需求，使其成为东北亚各国产品出口的重要目标市场，各国对我国享有大规模的贸易顺差；另一方面，区域内贸易和投资的增加，短期内可降低生产成本、提高效率，长期效应是通过扩大区域内市场、优化资源配置和吸引外部投资，更好地抵御外部冲击，实现东北亚经济持续、稳定增长。另外，我国与东北亚资源丰富的国家建立自由贸易安排，既可使我国获得稳定的资源供应，又有助于这些国家的资源性产品打开我国市场、保证稳定的市场需求，是一种双赢的结合。

从经贸关系发展来讲，东北亚地区毫无疑问是具有巨大的经济利益的区域，其战略意义并不亚于东南亚地区。从全方位发展的战略角度看，东南亚和东北亚犹如带动我国腾飞的两只巨大的翅膀。正因为如此，20 世纪 90 年代初，我国政府继沿海地区改革开放的成功之后，把发展的战略目光转移到了东北亚区域。但客观地讲，与东南亚区域的经济合作相比，东北亚地区的经济合作远未达到我们的期望值。这种状况与我国在这一区域内所能追求的利益相差甚远，换言之，能够带动我国北方地区经济腾飞的东北亚这只翅膀并没有得到充分的展开。

最后，建立东北亚银行进而推进东北亚经济一体化，是我国在区域经济合作中发挥主导作用的窗口。

目前我国已参加了亚太经合组织（APEC），其合作模式是"开放的地区主义"，即多数成员国的对外经济和贸易活动对区外依赖很深，因而组织内各国的合作模式是松散的，而不是内向的、排他的。而且 APEC 内成员国众多，我国无法在其中占据主导地位，因此我国不能依赖 APEC 改善在区域经济一体化过程中的不利地位。此外，在未来的中国－东盟和"10＋3"自由贸易区中，我国由于不是东盟成员，无法发挥主导地位。

因此，我国应以地缘优势为基础，主动推进东北亚的经济一体化，并在地区经济合作中积极主动地发挥作用，进而在未来的东亚经济一体化中占据重要地位。我国的东北亚区域战略的核心只能是经济发展战略，我国在这个区域内的地位与影响将直接决定其未来的发展速度和规模。我国是东北亚区域经济合作的积极倡导者，很显然，我国旨在推动东北亚经济合作的战略，通过六国共同出资建立东北亚银行而前进了一步。东北亚银行将成为我国在区域经济发展中发挥重要主导作用的窗口。而且，在建立东北亚银行中，我国将用人民币参与国际金融合作，无疑会使人民币的国际地位进一步提升，必将对东北亚乃至亚洲的经济和金融稳定产生深远的影响。

目前，我国开展区域经济合作已具有法律保障。2004 年新《对外贸易法》第五条专门增加了相关内容："我国根据平等互利的原则，促进和发展同其他国家和地区的贸易关系，缔结或参加关税同盟协定、自由贸易区协定等区域经济贸易协定，参加区域经济组织。"①积极参与区域经济一体化是我国发展对外经济关系的长期战略，在中日韩领导人会议上，三国都曾多次提出推动三国朝着"经济一体化"方向发展。

4．东北亚地区经济一体化的发展前景

东北亚地区经济一体化具有内在的动力，即各国经济的互补互利。互补可以发挥各自优势，互利可以充分调动各国的积极性，从而不断地推动经济的发展。在区域内，俄罗斯远东地区、我国东北地区、朝鲜、蒙古均蕴藏着丰富的自然资源，是世界上少有的待开发的资源宝库，但是由于上述地区资金缺乏，技术相对落后，使相当一部分资源未能得到充分开发和利用，无法形成现实的经济优势。而日本和韩国却是自然资源十分匮乏的国家。日本国土狭小，本国的自然资源远远满足不了其现代化大生产的需要，尽管日本努力发展节能型产业，不断开发新技术、新能源，但自然资源对外依存度仍然很高，是世界上最大的自然资源进口国之一。韩国的自然资源也比较贫乏，国内的可开发资源非常有限，所需资源和日本一样，也需大量依靠进口解决。因此，东北亚地区国家通过合作开发自然资源，一方面，使俄罗斯远东及我国东北地区等以此形成新的产业，带动整个经济的起飞；另一方面，会使日本、韩国等资源贫乏国的

---

① 引自《中华人民共和国对外贸易法》第一章第五条。

原材料和能源从区域内得到解决，节省大量的运输费用。随着区域内资源开发利用和区域经济合作卓有成效地进行，将有力地推动东北亚地区经济一体化的进程。

（二）金融合作促进东北亚地区经济一体化的特殊意义

1. 金融合作是实现东北亚地区经济一体化的有效途径

同目前世界主要的区域性经济合作组织相比，东北亚地区的差异性十分明显。东北亚地区的地缘政治具有特殊的性质和历史背景，国家之间存在复杂的政治关系和安全形势，历史遗留问题较多；社会制度不同，意识形态各异；经济发展水平不同，经济体制不对接。除上述内部因素之外，还有来自区域外的美国的重要影响。从欧盟、东盟及北美自由贸易区三大区域化组织的组建和运行情况来看，美国的参与和支持是一个关键。而美国为维持在东北亚地区的控制力和实际利益，不支持东北亚地区建立区域合作组织。

考虑到上述特点，要实现东北亚地区经济一体化，比较现实的选择是从实际出发，找到各国共同关心的问题从而实现合作，将各国之间的共同利益汇集起来，培养和创造相互信任。

目前东北亚地区亟待解决的问题是区域开发资金短缺，特别是基础设施建设资金不足，这个问题已经严重制约了东北亚地区巨大发展潜力向现实优势的转化。从东北亚整体来看，资金的短缺与资金的盈余并存，我国、俄罗斯远东地区、蒙古以及朝鲜的经济增长和发展需要大量的资金，资金的短缺作为结构性矛盾在短期内依靠自身的力量难以解决，而日本作为该地区世界经济大国，拥有大量的资金盈余，同时韩国作为新兴的发达国家，其充裕的资金也需要寻找有利的投资场所。但是由于东北亚地区国家没有形成发达的金融合作机制，难以形成一个把最具潜力的资金需求市场与有效供给有机结合起来的互补循环机制。因此，为了促进东北亚地区经济合作，地区国家之间寻求切实有效的金融合作途径十分必要。

2. 东北亚银行是东北亚地区国家金融合作的载体

尽管目前东北亚地区国家经济联系越来越密切，贸易依存度越来越高，由于经济制度、经济发展水平、意识形态等方面存在一定差异，因此金融合作还面临着很多阻碍。从当前东北亚地区国家之间的合作条件来看，比较现实的选择是应积极开展功能性金融合作，即为解决某一具体问题而进行的金融合作。

当前东北亚经济发展的主要制约是开发资金短缺导致的基础设施建设不足，实现东北亚地区国家在地区基础设施开发投融资上的合作具有极大的现实性与必要性。根据美国东西方研究中心的研究统计，在未来15到20年内，东北亚区域每年发展基础设施的投资需75亿美元，而现存的国际金融机构如世界银行和亚洲开发银行，提供的发展资金最乐观的估计也只有每年25亿美元，也就是说留下50亿美元的缺口。[①] 正是由于现有的多边金融机构不能提供东北亚地区基础设施建设所需的全部资金，因此通过建立东北亚银行可以解决区域内资金盈余和资金短缺的结构性矛盾，以弥补东北亚资金缺口。通过建立东北亚银行这一投融资机制，韩、日等有强烈投资需求的发达国家的盈余资金，可以更加方便地、低成本地转移到俄、中、朝、蒙等有大量资金需求的发展中国家，从而使东北亚地区国家的资金需求和投资需求在本区域内部得以部分解决。同时，东北亚银行的建立及随之而来的东北亚地区的这种金融合作机制与合作秩序的形成，也有利于吸引世界资本流向东北亚地区，从而满足整个区域对开发资金的需要。

3．东北亚银行是东北亚经济一体化的推动力量

一方面，通过东北亚地区国家合作建立东北亚银行，将各国的共同利益汇集起来，为进一步合作解决瓶颈约束并培养相互信任。日、韩等发达国家通过东北亚银行投资于发展中国家，帮助其进行国家建设和发展，有利于东北亚地区国家间经济合作关系的改善。同时，我国经济建设的发展和经济水平的提高，也有利于东北亚地区国家的经济关系更加均衡，为东北亚经济一体化提供现实条件。

---

① 天津市《关于建立东北亚开发银行的可行性研究报告》。

另一方面，通过东北亚银行筹集区域内部资金，发展区域内基础设施建设，特别是交通、通信方面的跨国基础设施建设，有利于加强东北亚地区国家间的经济联系。从欧洲经济一体化建立和运行情况来看，欧洲投资银行的组建是一个关键。欧洲投资银行于1958年依据《罗马条约》成立，最初作为一个政策性的公共银行，以协助当时的欧共体整合为主要目的，同时为经济发展水平较低的地区提供支持。在欧洲国家和地区的发展建设中，欧洲投资银行扮演着和世界银行类似的角色，它所提供的低息或无息贷款为不少基础建设发展项目提供了资金支持。在欧洲投资银行的参与下，欧洲公路、铁路、机场、管道、光缆等大量基础设施的建设得以开展，欧洲各国在交通、通信方面的联系更加紧密，这就为欧洲各国加强经济联系、实现经济融合创造了基础。欧洲投资银行的成功经验值得我们借鉴，东北亚银行建立后将会在区域内发挥同欧洲投资银行类似的作用，通过投资于东北亚地区内基础设施的建设，使东北亚地区国家的联系更加便捷和广泛，从而为东北亚经济一体化提供客观条件。

二、东北亚地区国家自身发展及经济合作的需要

（一）东北亚地区基础设施建设投融资需求分析

1. 能源开发

（1）东北亚地区国家未来能源需求与供给分析

近十几年来，东北亚地区经济持续迅速发展，促使对能源的需求也在快速地稳定增长。按照国际能源组织的预测，未来世界能源需求的主要增长将基本产生在经济增势明显的亚太地区。而21世纪前30年，世界经济发展的热点在东北亚，该地区对能源的需求将增长最快，可达 8%～10%。目前，东北亚地区的能源需求占世界能源需求总量的比重已近 1/5，而日本、中国和韩国对石油、天然气和煤炭等能源的需求量则占到东北亚地区的 98%以上。

这种快速增长的势头继续下去的话，亚洲终要取代北美成为世界能源消费的中心。预计中国在 2020 年原油消费量将增加约 6 亿～

7 亿吨，需要进口原油 3 亿吨，进口依赖率将高达 50％以上，中国目前已经是全球第二大石油消费国，而且在未来 30 年内很有可能超越美国成为世界第一大石油消费国。同样天然气需求的增长也是迅速的，在未来 20 年内全世界天然气年需求量平均增长 2.2％～2.5％的情况下，东北亚天然气年需求量增长为 8％～10％。由此可见，东北亚地区的能源安全形势不容乐观。

中国的天然气消费将以年均 7.6％的速度迅速增长，2030 年的消费量将达到约 13 亿立方米/日，相当于欧盟 2010 年的天然气消费水平。中国在全球天然气需求增长中占 23％的份额。天然气在中国一次能源消费中所占的份额将从 4.0％增加到 9.5％。中国天然气产量的年均增速预计为 6.1％，煤层气和页岩气可能在增量中共占 46％的份额，但中国仍需通过液化天然气和天然气管道项目的扩建来增加进口。

虽然中日韩三国未来能源问题十分紧迫，但东北亚地区作为一个整体而言能源储量还是相当丰富的。目前的主要问题是东北亚各国能源未来供给和需求极不平衡，突出表现为中日韩的供不应求（以天然气为例，见表 1-2）和俄罗斯的自身供过于求（见表 1-3），因此东北亚地区的能源开发合作显得尤为重要。

表 1-2　东北亚地区国家未来天然气供求的不平衡性　　单位：10^8 立方米

	中国		俄罗斯 （远东和西伯利亚）		日本	韩国
	需求量	产量	需求量	产量	需求量	需求量
2010 年	450～1365	780	1152	7190	757～867	278～355
2020 年	2000	1100～1200	1627	8150	824～1062	481

资料来源：各国研究机构研究报告，数据引自《东北亚地区天然气资源状况与需求展望》。

俄罗斯在东北亚地区石油需求中有着特殊的地位。而且东北亚地区经济互补性强，也为俄罗斯参与当地经济合作提供了机遇。目前，远东和西伯利亚地区拥有俄罗斯石油资源的 72%、天然气资源的 19%，开发潜力很大，而且该地区靠近能源需求大国日本、中国和韩国，具有与巨大需求市场相连接的地缘优势。因此，俄罗斯于 21 世纪初提出了《开发远东及西伯利亚战略》，将会逐步加大对东西伯利亚和远东地区资源开发的力度。对中、日、韩、朝等国来说，从俄远东地区进口能源距离短、成本低，而且相对稳定，是能源进口多元化的较优选择。所以，加强本地区的能源合作对各方都是非常有利的选择。

目前，俄罗斯西伯利亚和远东地区能源开发的主要制约因素是现有的勘测、开采、运输等基础设施技术落后，而俄罗斯因为资金匮乏无力独自承担开发任务，因此，就需要东北亚各国加强合作，共同建立有效的投融资机制，利用国际上的长期资金加强基础设施建设和技术研发的资金投入，填补中日韩等国的未来需求缺口，同时促进俄罗斯的技术进步并获取资金收益。

表 1-3　俄罗斯远东和西伯利亚地区能源生产能力预测　单位：10^6 石油换算吨

		2000	2010	2015	2020
主要能源产量预测	西西伯利亚	1019～1064	963～1033	940～1017	927～1023
	东西伯利亚	87～96	105～133	124～174	154～202
	远东	42～49	52～63	67～89	80～110

资料来源：国际能源署研究报告《东北亚石油安全与合作》，2004 年 3 月。

（2）东北亚地区未来能源开发项目投融资需求预测

俄罗斯政府已制定并公布多项油气开发计划，并积极与中、日、韩、朝等国开展合作建设。目前，已基本确定的开发建设项目有：建立四大天然气开采基地（萨哈林、伊尔库茨克、雅库特、克拉斯诺亚尔斯克）、修建远东—中国—韩国的天然气管道、面向中日美的"泰舍特—太平洋"石油管道，等等。同时，根据《2001—2015 年水电发展纲要》，俄罗斯将兴建远东和西伯利亚水电系统，到 2020

年发电装机容量将达到 8.1×10^6kW，并向中国、朝鲜、韩国输出电力。

　　上述项目的投资额巨大，据俄罗斯专家估计，今后 30 年内俄罗斯现有基础设施的更新和改造方面的投资至少就需要 1500 亿美元，而新建输油、输气管道的费用则约为每公里 100 万～200 万美元，水电系统建设总共需要 84 亿美元。由于俄政府的政策限制，俄境内的能源基础设施属国家所有，目前不能采取特许经营方式建设，所以能源开发项目无法吸收国际私人部门投资，只能通过贷款方式提供建设资金支持。

表 1–4　东北亚地区主要能源开发项目投资需求预测　　单位：亿美元

天然气工程项目	投资需求预测	石油工程项目	投资需求预测
萨哈林 1 号	120～152	安大线	17
萨哈林 2 号	100	安纳线	52
萨哈林 3 号	285	太平洋线	110
萨哈林 4 号	330		
伊尔库茨克	110～160		

资料来源：韩国能源经济研究所研究报告《东北亚能源安全：现状、能源供求预测和投资需求》，2004 年。

表 1–5　中俄未来能源累积投资情况预测　　单位：亿美元

	2001－2010	2011－2020	2021－2030	2001－2030
俄罗斯	2,690	3,910	3,890	10,500
中国	5,780	7,870	8,880	22,530

资料来源：国际能源署预测。

2．东北亚交通运输网络建设

　　东北亚区域地跨中、俄、蒙、日、朝、韩欧亚 6 国，地理环境复杂多样，交通线路组合方式也较多。随着东北亚各国之间的经济合作日益紧密，交通运输方面的合作问题也得到了相应的重视。各国不仅在理论上加强了对交通运输合作途径、具体线路以及存在问题的探讨，而且在实际建设过程中各国也都表现出向构成东北亚交通运输网的方向努力的倾向。

东北亚交通运输网的未来建设主要包括三个方面：铁路运输网络、跨海交通网络、空港海港物流体系。前两者的意义在于扩展了东北亚陆路交通的广度，一方面将欧亚大陆桥的起点延伸至日本和朝鲜半岛，另一方面将环渤海、黄海发达城市连为一体。空港海港物流体系建设的意义在于整合东北亚地区海空运输资源，形成优势互补，使东北亚成为世界的海空联营的枢纽地区。

（1）东北亚铁路运输网建设

在东北亚地区国家中，除日本为岛国必须借助海运之外，中、俄、蒙、朝、韩均可通过陆路交通合作而相互连接起来。这5个国家背依欧亚大陆，有较为丰厚的交通运输合作资源。从东北亚区域6国之间及其与欧亚其他国家、地区之间的经济合作需要来看，东北亚地区陆路交通运输的基本框架主要包括十大交通运输线路：

①瓦尼诺—波谢特运输走廊：瓦尼诺—波谢特—西伯利亚大陆桥（TSR）；

②西伯利亚大陆桥运输走廊：西伯利亚沿海港口—俄罗斯内地—欧洲；

③满洲里运输走廊；

④绥芬河运输走廊：俄罗斯沿海地区港口—绥芬河—哈尔滨—满洲里—扎巴依克里斯克—TSR；

⑤图们江运输走廊：图们江地区—长春—蒙古东部—TSR；

⑥大连运输走廊：大连—哈尔滨—黑河—布拉戈维申斯克—TSR；

⑦天津—蒙古运输走廊：天津—北京—乌兰巴托—TSR；

⑧中国大陆桥（TCR）运输走廊：连云港—哈萨克斯坦—欧洲；

⑨朝鲜半岛西部运输走廊：釜山—汉城—平壤—新义州—沈

阳—哈尔滨—TSR；

⑩朝鲜半岛东部运输走廊：釜山—首尔—罗（津）先（锋）—哈桑—乌苏里斯克—TSR。

陆路运输的 10 条线路在实际利用方面差距较大，既有已经得到充分利用的线路，也有尚处于构想阶段的线路。这种现象主要是由基础设施建设不平衡造成的。其中有待开发建设的线路有：图们江运输走廊、朝鲜半岛东部运输走廊、朝鲜半岛西部运输走廊。

- 朝鲜半岛运输走廊（TKR）

朝鲜半岛运输走廊分为东西两线，西线即"釜山—汉城—平壤—新义州"线路是环渤海、黄海快速通道的重要环节，现已开工，建成后将使朝鲜半岛铁路直接与中国东北铁路网连接。

而东线即"釜山—罗先地区—俄罗斯境内—欧亚大陆桥"线路为待建工程。TKR 和 TSR 铁路的连接是 21 世纪韩国同俄罗斯经济合作的核心项目之一，俄罗斯的态度也较为积极，表示先投资 2 亿多美元改善西伯利亚铁路设施，支持韩半岛中段铁路的连接及与西伯利亚铁路的贯通。远东地区沿海各州的地方政府也认为，TKR 与 TSR 铁路的连接有利于地方经济的发展，可使俄罗斯的技术、市场与韩国的资金、技术，朝鲜的劳动力有机地结合起来，符合朝鲜、韩国和俄罗斯三国的经济利益。

朝鲜半岛运输走廊建设的最大障碍在于朝鲜铁路基础设施老化和朝俄铁路轨距标准不一，造成了运输线路的实质中断。俄方预计，修复现有俄、朝、韩铁路网至少需要 20 亿美元的投资，同时新建铁路需 5 亿美元，而韩国专家预计可能达 50 亿美元。

- 图们江运输走廊

（具体内容详见后面章节"跨国经济合作区建设投融资需求分析"）。

（2）跨海通道建设

东北亚地区国家远期计划修建三条海底隧道，分别是韩日海底隧道（对马海峡隧道）、渤海海峡隧道、俄日海底隧道。

韩日海底隧道和渤海海峡隧道属于东北亚环黄海、渤海城市通道的重要组成部分。这条通道自日本的北九州市发端，穿越对马海峡，通过韩国京釜高速公路和铁路，进入朝鲜，经过开城、平壤、新义州，连接中国丹东、大连市，继而连接中国同（江）三（亚）交通大动脉，向北辐射中国东北地区，向南跨越渤海海峡，延伸到中国东部沿海开放城市。这条通道是被称为"21世纪伟大壮举"的国际大通道（日本—朝鲜半岛—中国—南亚—中东—莫斯科—英伦三岛）的重要组成部分。通道将彻底消除中、日、韩、朝的环渤海、黄海城市的交通制约，依托这条快捷通道，城市间空间距离将大大拉近，相关城市的投资环境将会得到极大改善，国家和城市的经济技术合作与交流将推向更高层次。

俄日海底铁路隧道属于西伯利亚大陆桥的延伸，它的建成将会使日本北部与欧亚大陆桥实现连接，会大大缩短日本与欧洲之间的货物运输时间。

目前，环渤海、黄海城市通道建设的重点项目包括：韩日海底隧道、渤海海峡隧道、俄日海底隧道等。

· 韩日海底隧道

修建跨国海底隧道的构想最初由日本学者提出。日本的设想是在韩国釜山和日本九州之间修一条超过200公里的海底隧道，并从20世纪80年代初就开始对这一区域的地形、地质状况进行调查，由"日韩隧道研究会"于2004年8月第三届亚洲七国建筑工程大会上提出了详细的修建方案。目前提出的路线有三条，两条从韩国巨济岛经对马海峡到日本九州的唐津市，一条从韩国釜山经对马海峡到日本唐津，长度均在200公里到230公里之间。按照此计划，韩日海底隧道的长度将是英法海底隧道的4倍。

据韩国权威的《韩国时报》报道，韩国专家预测工程工期将达30年，造价为600亿到1,020亿美元。[①]

---

① 《韩日海底隧道的可行性》，韩国时报，2004年8月16日报道。

- 渤海海峡隧道

2005年中俄工程科技研讨会上，专家表示"在最近的20至30年内，我国正考虑建造大连到烟台的渤海湾跨海隧道，而且该项目已列入铁道部的远景规划"。未来的渤海海峡隧道直线距离约110公里，每年最大货运通过能力可达8,000万吨以上，客运通过能力可达3,000万人次，按国际通行的隧道电气化通过方式（每小时160公里），通过海峡时间只需40分钟，仅相当于轮渡时间的1/13。

根据英吉利海峡隧道（全长49公里，总投资128亿美元，但施工难度比渤海海峡隧道高）等国际经验，以及我国基础设施建设材料、人力成本较低等特点，初步预测，渤海海峡隧道总投资应在140亿美元[①]到200亿美元左右。

- 俄日海底隧道

俄罗斯交通部宣布俄日正在商讨建设连接北海道至萨哈林岛、最终通往俄罗斯内陆的海底铁路隧道的构想。预计铺设的隧道中，日本北海道至俄罗斯萨哈林段长42公里，萨哈林至俄罗斯内陆段长7公里。

投资需求方面，根据俄交通部的研究，俄罗斯自主建造此类隧道每公里的花费约1亿美元，引进外国先进技术可将成本控制在3,000万至3,200万美元。以此推算，俄日海底隧道的投资需求在15亿到50亿美元之间。

从已有经验来看，像日本青函隧道、英吉利海峡隧道这样的世界知名海底通道的建设，资金需求大，金融机构一般无力单独向项目提供融资。英吉利海峡隧道高达150亿美元的工程总投资就是向210家银行贷款和发行股票筹集起来的。因此，东北亚跨海通道建设适用联合融资方式，而东北亚银行凭借其信用和影响力，应是联合融资的牵头银行的最佳选择。

---

① 陈钺. 寻求东北亚区域经济合作的新突破[J]. 南开学报（哲学社会科学版），2002（6）：21-30.

（3）国际空港、海港物流体系建设

一般情况下，海空的复合型运输线要比全区域内的海上运输线缩短三分之二的时间，比全区域内的航空运输线节省 60% 以上的时间。因此在环黄海地区的 10 个城市中的海港要分别确定是枢纽港口还是支线港口，区域内机场要确定哪些是国际机场，哪些是地方性的机场，这样有利于国际机场的开辟和形成区域间物流体系，从而能提高区域物流的资源优势，增强竞争力。在环黄海地区，应该选择釜山、北九州、天津、大连等大港口作为东北亚地区的枢纽港口，这样有利于发挥区域港口网络资源的优势，节约国际物流的成本，促进区域网络的发展。例如仁川在面向全世界的海空联营中处于优势。中国的天津、大连在使用中国大陆桥、华北大陆桥、东北大陆桥以及西伯利亚大陆桥到欧洲的海陆联营方面具有优势。釜山港在面向欧美、东南亚的海上运输方面处于中枢航路，将欧洲、美洲及东南亚的货物通过陆海运输到中国大陆及欧洲方面有较大的优势。日本的北九州、下关在往日本的海陆联运方面具有优势，而从日本通过到中国、亚洲、欧洲的货物海运方面具有优势。

3．环境保护项目建设

东北亚地区的首要环境问题是中国和蒙古的荒漠化、沙化问题及沙尘暴的防治。中国和蒙古由于人口的增长和对土地的掠夺式经营，加上恶劣的自然环境，导致耕地的大量退化。截至 2004 年，中国荒漠化、沙化土地总面积分别为 263.62 万平方公里和 173.97 万平方公里，分别占国土总面积的 27.46% 和 18.12%[①]，而且沙化土地面积还在以每年 2,640 平方公里的速度扩展。土地沙化不仅恶化生态环境，使土地生产力衰退，威胁江河安全，而且加剧了沙区贫困程度，据专家测算，中国每年因土地沙化造成的直接经济损失高达 540 亿元人民币，直接或间接影响近 4 亿人口的生存、生产和生活。目前中国政府每年要拿出 100 亿至 150 亿美元用于防沙治沙工程建设。

---

① 国家林业局. 中国荒漠化和沙化状况公报[J]. 2005.

中国西部和蒙古的大规模土地的沙化和荒漠化，不但威胁到中、蒙经济的进一步发展，而且也正在影响甚至威胁到了日本、朝鲜半岛。沙尘暴是近几年东北亚地区日益严重的跨国环境问题。东北亚地区沙尘暴主要有五大源区：蒙古国东南部戈壁荒漠区、哈萨克斯坦东部沙漠区、内蒙古东部的苏尼特盆地或浑善达克沙地中西部、阿拉善盟中、蒙边界地区和新疆南疆的塔克拉玛干沙漠和北疆的库尔班道古特沙漠。沙尘暴危害极大，据统计，全世界每年因沙尘暴损失 480 亿美元，我国损失也达 65 亿美元。而且近年来沙尘暴还影响到日本、韩国，造成首尔中小学放假和电子工厂停产，甚至波及美国夏威夷。

东北亚地区的大气污染日趋严重。尤其是许多高人口密度的大城市、重工业地区以及矿物燃料高耗地区，污染物浓度已超过国际卫生组织对颗粒物和二氧化硫的推荐极限值。中国、日本和韩国是全球较大的废气排放国家，中国 2001 年向大气中排放的二氧化硫为 1,947 万吨，烟尘 1,069.1 万吨，工业粉尘 990.6 万吨，成为全球仅次于美国的第二大废气排放国[①]。由大气污染引起的酸雨问题也日益严重，中国已经成为世界三大酸雨区之一，而且也波及韩国、日本。

海洋污染也是东北亚地区面临的环境问题之一。由于沿海诸国无节制的污水排放，海上过往的船只向海里倾倒工业垃圾甚至核废料，日本海、东海、黄海等国际公海海域污染相当严重。

东北亚地区大规模的区域环境治理，特别是跨国环境问题，仅仅依靠某一个国家是不现实的，除了资金投入的局限性外，区域环境的治理必须要有效地组织东北亚各国共同进行，否则其效果将事倍功半。建立东北亚银行，筹集资金治理东北亚地区的环境问题，将使东北亚区域各国受益，使东北亚各国的投资环境、生产环境、生活环境都得到根本的改善。

---

① 国家统计局网站（www.stats.gov.cn）。

4．电信设施建设

东北亚地区的日本、韩国由于经济发展水平较高，通信设施网络比较完善。而中国的东北地区、蒙古、朝鲜、俄罗斯的远东地区经济比较落后，电信基础设施比较落后，无法满足东北亚地区经济发展的需求，需要建造更多的信息高速公路并扩展相关设施。对互联网、海底电缆、陆地光纤、数码电话、移动电话和中转站的需求日益增加问题，也亟待解决。同时也要求相关方面有所提高，如互联网和电脑网络的进一步发展、卫星发射、移动卫星系统（MSS）安装、软件开发和人员培训等。以上这些都需要动员大量的资金，这样才能激发实现该地区的增长潜能。

（二）跨国经济合作区建设投融资需求分析

1．图们江地区开发

（1）开发进程及存在的问题

图们江地区位于中、俄、朝三国接壤地域，包括中国吉林省的珲春、延吉、图们、龙井四市，俄罗斯滨海边疆区的哈桑区、海参崴、纳霍德卡等地以及朝鲜的罗津—先锋地区和清津地区，土地面积约 33,000 平方公里，其中，我国境内的土地面积 10,229 平方公里。图们江具有独特的区位优势，既是东北亚地区各国的"几何中心"，又是新欧亚大陆桥的东端起点，同时这一地区也是世界上最落后的地区，因此，联合国开发计划署把图们江地区开发作为首选开发项目，以充分发挥图们江地区国家区位和资源互补的优势。

1991 年 7 月，联合国开发计划署（UNDP）与中国、朝鲜、蒙古和韩国合作提出拟用 20 年时间筹资 300 亿美元，对图们江地区进行国际合作开发。1995 年 12 月，联合国开发计划署在总部纽约召开图们江地区开发项目管理委员会第 6 次会议，会上签订了三个正式协议：《中、朝、俄三国政府关于建立图们江地区开发协调委员会的协定》《中、朝、俄、韩、蒙五国政府建立图们江经济开发区及东北亚开发协商委员会的协定》和《图们江经济开发区及东北亚环境准则谅解备忘录》，为图们江地区国际合作提供了必要的法律基础和框架。这标志着图们江地区开发项目从前期研究阶段转入区域合作开发阶段。

1995 年以来，图们江地区开发取得了显著的成果：一是交通、通信、环境等基础设施建设得到了明显改善；二是对外贸易、边境旅游快速发展；三是经济总量不断扩大。但是，由于图们江周边各国复杂的政治经济环境，图们江地区开发仍存在诸多问题，阻碍了图们江地区的进一步发展，导致目前图们江区域国际合作开发进展迟滞，成效甚微，徘徊不前。首先，目前图们江地区开发采取的是"半松散型"的国际合作开发模式，各国以自主开发为主，国际协调为辅，两个委员会只是松散的、具有论坛性质的、没有约束力的、非制度化的国际经济组织，各国之间的合作缺乏制度性保障。其次，目前图们江地区开发面临的突出问题是资金约束。到 2001 年底，图们江地区吸引外商直接投资仅 18 亿美元。但这与联合国开发计划署最初设想的 20 年筹资 300 亿美元的目标相去甚远。虽然目前没有一个准确的统计数字，但根据各方面资料显示，图们江地区仅基础设施建设投资就需要大约 10,000 亿元人民币，约合 1,000 多亿美元。到目前为止，图们江地区在资源、交通、环境、通信等基础设施建设方面的投资还远远不能满足图们江地区经济发展的需要。

（2）图们江地区主要基础设施建设问题

① 交通运输

图们江地区交通运输网络主要由港口、铁路及公路系统组成。图们江地区的主要港口有俄罗斯滨海边疆区南部的波谢特港、扎鲁比诺港和朝鲜罗津先锋自由经济区的罗津、先锋港。其中，波谢特港主要是一个承担煤炭运输的港口；扎鲁比诺港近年来发展成为承担对外贸易运输的港口，我国目前正在利用这个港口开展与韩国和日本的外贸运输；朝鲜的先锋港为一个专业化的油港，为当地的先锋炼油厂服务；罗津港为一个多功能的商港，我国租借了其中的一个码头专门从事对韩国的集装箱运输。为促进图们江地区开发，需投入大量资金，对俄罗斯和朝鲜的港口进行改造和建设。

图们江地区现在已运行的铁路包括珲春至马哈林诺铁路、中朝之间从罗津到我国图们口岸的铁路、图们—珲春铁路、长春—图们铁路、牡丹江—图们铁路、长春—白城—阿尔山铁路。未来图们江地区铁路建设包括：中俄铁路换装站的换轮换装工程和图珲铁路9.16公里改线工程、中蒙铁路及复线建设、中朝铁路、朝韩铁路连接、朝鲜铁路与西伯利亚铁路连接等。根据初步估算，仅中俄铁路换装站的换轮换装工程、图珲铁路9.16公里改线工程和中蒙铁路及复线建设就需要投入262亿元人民币[①]。

图们江地区公路系统有珲春到俄罗斯滨海边疆区南部哈桑区首府斯拉夫扬卡的公路、罗津到我国圈河口岸和珲春的公路、图们—珲春公路、延吉—图们高速公路、延吉—敦化—吉林公路和长春—吉林高速公路。近期公路建设项目有长春—珲春高速公路、珲春—罗津、珲春—扎鲁比诺港的高架桥高等级公路建设等，仅长春—珲春高速公路建设就需要投入72亿元人民币[②]。

② 环境保护与治理

目前图们江地区面临的严峻环境问题包括土地沙漠化、森林减少和生物多样性降低、大气污染及酸雨、水污染、湿地的减少等。对于上述环境问题的解决到底需要多少资金尚未有准确的估计，但是仅靠图们江地区各国政府的支持和世界各地的环保组织的捐款肯定是远远不够的，必须开发新的融资渠道，设立东北亚银行对图们江地区的环境保护和治理以及对整个地区的开发都可以提供必要的支持。

③ 通信设施建设

当前本合作区所在地域的经济发展水平属中俄朝三国边陲后发地带，信息产业的现状与本地区开发的战略目标差距较大，加快发展邮电通信和信息咨询业，用信息化带动合作区的城镇化、工业

---

① 吉林大学东北亚研究院. 图们江地区国际合作开发通道物流规划研究[J]. 研究报告，2010年.

② 同上。

化和市场化是当务之急。要加快发展宽带因特网、卫星通信、电子政务和电子商务、计算机软件、邮电速递以及移动通信等业务，为合作区开发开放提供覆盖全球准确及时的信息通信服务。近期开发项目包括铺设珲春—波谢特—扎鲁比诺—斯拉夫扬卡光纤电缆及罗津—珲春光纤维电缆工程，开通罗津—珲春信息高速公路，建立敬信、防川、新杰列夫梁、卡梅绍娃亚、马哈林诺、苏哈诺夫卡、雄苟、厚昌电信局。

（3）图们江开发投融资需求预测

为加快图们江地区的发展，需要为基础设施建设筹集资金，筹资对象包括捐款国、外国投资者、银行和其他金融机构。相关资料显示，图们江地区基础设施建设开发需求的资金大约在每年 10 亿～20 亿美元之间，而到目前为止，图们江开发十年来，仅吸引外商直接投资约 18 亿美元，且由于基础设施建设投资回收期较长，大部分并未投向基础设施建设。多边银行机构能满足需求的一小部分，但是世行，亚行等多边金融机构不可能把图们江项目作为重点，而双边援助又不能成为支持基础设施项目的主要渠道，私人投资又很少，实际上上述融资渠道最多能满足基础设施相关投资的 1/3。东北亚银行的建立可以满足图们江地区的融资需求，促进图们江地区各国的经济发展。

2. 东北亚地区的其他跨国经济合作区建设

由于东北亚地区各国经济发展水平差异较大，开放度和在世界经济中的地位不同，各国实行的经济改革和发展思路不同，因此，现在还没有较成熟的建立自由贸易区的条件。根据东北亚地区各国政治经济形势的变化所带来的机遇和东北亚地区周边国家双边及多边合作所具备的条件，在东北亚地区建立跨国经济合作区应该是比较现实的选择。

由联合国开发计划署（UNDP）图们江区域项目秘书处组织制定的《中俄珲春—哈桑边境（跨国）经济合作区规划》《中朝珲春—罗先边境（跨国）经济合作区规划》《中蒙二连浩特—扎门乌德边境

（跨国）经济合作区规划》和《中俄朝珲春—哈桑—罗先边境（跨国）经济合作区规划》已经完成，规划制定了具有可操作性的区域政策，通过签署双边投资贸易协定，积极有效地吸引国际资本。规划主要围绕基础设施包括与铁路、港口、口岸、公路等衔接合作，以相关旅游、贸易等产业开发为主体，由成员国自主开发转向联合开发，进而实现双边与多边区域经济的联动发展。根据规划内容，2008年以前仅珲春—哈桑—罗先边境跨国经济合作区预计投资就超过100亿美元，仅靠中、俄、朝三国政府投资是远远不够的。

　　由于东北亚地区的中、朝、蒙、俄远东地区经济较为落后，特别是基础设施无法满足经济发展要求，因此东北亚地区的跨国经济合作需要大量投资于基础设施。建立东北亚银行可以为东北亚地区各国提供新的融资途径，推进东北亚地区跨国经济合作。通过中俄、中朝、俄朝、日韩等双边合作促进东北亚地区多边合作，最终建立东北亚自由贸易区，实现东北亚地区国家的整体合作。

三、东北亚地区国家投融资的体制和管理创新的需要

（一）东北亚银行与政府直接投资的比较

　　政府直接投资是传统的政府投资建设模式，对于较为重要的基础设施建设项目采用此种方式仍有一定的必要。其项目特点是社会效益好、国家的控制力度高等，但在资金来源和使用效率等方面存在缺陷。

　　1. 资金来源规模和成本

　　政府用于基础设施建设直接投资的主要资金来源是相关财政拨款和政府负债，在规模和成本上存在缺陷。

　　其一，财政直接承担的能力是有限的。以中国为例，20 世纪80 年代基础设施投资占 GDP 的 4.4%，90 年代达到 8% 到 9%，目前根据世界银行的统计要超过 13%，而与此相对的，中国的财政支出占 GDP 的比重在不断下降，在这个过程中，财政支出用于基础设施投资很难满足它的增长。而东北亚地区其他国家中，朝鲜、蒙古

等发展中国家的财政支出的很大一部分要用于维持本国正常的生产生活，并需要着力解决贫困、教育等问题，而工业化国家中，韩国也面临着迁都这样的高成本工程。因此，东北亚地区国家可用于基础设施建设的财政支出并不充足。

其二，政府可利用发行债券等手段从国际资本市场筹集资金进行直接投资，但这种方式就东北亚地区国家而言存在制约。目前，国际知名的信用评级机构（如标准普尔、穆迪等）对东北亚各国的主权评级并不高，就连日本也与美国、欧盟等发达国家有所差距，因此，东北亚地区国家在国际资本市场融资（尤其是长期融资）的规模受到了限制，同时也提高了成本，这就直接影响到政府对基础建设的投资规模。

与之相比，东北亚银行资金来源更加广泛，不但可以吸收各国政府投资，而且可以通过发行银行债券、联合融资（牵头银团贷款）、设立专项基金等方式在国际金融市场上大规模融资，由于其创建初期的主要投资方向（即东北亚地区基础设施建设）比较固定，能够满足基础设施建设资金来源的充足性要求。此外，从现有经验看，国际上对多边金融机构的信用评级一般都是最高的，因此东北亚银行的融资成本较低，也就满足了公共性开发项目资金来源的低成本要求。

2. 资金运用的效率

基础设施建设具有消费的准公共物品性、经营的自然垄断性和投资的资金集合性等特点，这就使得政府在管理的时候常常陷入两难的境地。一方面，基础设施建设必须由政府出面引导和监管，以维护公众利益；另一方面，政府必须引入竞争机制，以提高效率。而以政府财政资金为主体进行基础设施建设投资，存在很大的效率问题，因为其本身缺乏足够的激励机制去追求资金的使用效率，相反很有可能由于管理不善增加政府负担。

从国际经验来看，多边金融机构能够比较好地解决效率问题。由于多边金融机构建立了类似于商业银行的风险管理机制，其会在项目投资的考察、论证、审批、放款、监督、还款等过程中，组织国际专家进行专门的研究，并利用自身地位优势帮助该项目引进发达国家先进的技术和管理，甚至在一些情况下少量参股直接参与项目管理，从而使资金的运用更有效率。

（二）东北亚银行与私人部门投资的比较

这里的私人部门指的是资本、技术实力较雄厚的大型国际企业，其向基础设施建设投资有多种形式，包括股本投资、留存利润、母公司贷款、技术转让、提供设备、私有化进程中所产生的公私合营，以及债券（债务）的收购。[1] 当前私人投资建设公共设施已成为国际流行趋势，有利于节约政府财政资金，而且私人部门投资完全按照市场化运作，其资金运用的效率比政府部门高。

但是，由于追求利益的经营目标所限，私人部门在投资基础设施建设过程中，存在投资扭曲、减少社会福利等缺陷，而东北亚银行作为非盈利性投资机构，完全可以克服这些缺陷。

1．投融资取向

一方面，基础设施建设对私人部门的吸引力较小。作为企业，私人部门投资的出发点是利润最大化，而基础设施建设投资风险大、周期长、回报不确定，因此对私人投资者来说几乎不具有吸引力。联合国统计表明，大多数私人直接投资是投到生产、加工、设备及服务领域，只有很少数量投入基础设施建设。数据表明，在经历了20世纪90年代初期的快速增长后，由于市场利润空间缩小和亚洲金融危机的影响，全世界范围内私人部门基础设施建设投资（尤其是发展中国家）呈下降趋势（详见图1-1）。根据东西方中心的研究，"在最佳状况下，私人在基础设施上的投资只占东北亚地区预期需要的一小部分"。[2]

另一方面，私人投资会影响国家的基础设施重点。正如斯坦

---

① 斯坦利·卡兹. 成立东北亚开发银行的必要性. 东北亚论坛会议发言稿，2000 年 5 月.

② 南德佑. 为什么需要建立东北亚开发银行. 韩国国际经济研究院（KIEP）会议纪要，1999年 10 月.

利·卡兹在其论文《成立东北亚开发银行的必要性》中的举例："每种类型的基础设施，如电信、设备和成套系统可以现货形式供应，大多数此类设备的卖主可以从它们的国内银行获得出口信贷。这样，私人投资，例如在电信设施的投资就可以轻而易举地完成。在其他方面，若有私人投资者的话，很少会对投资灌溉系统感兴趣，或者是对农场至市场的二级道路感兴趣，而这也许更确切地反映了国家的优先发展重点。"

建立东北亚银行这样的非盈利性机构，直接目的是执行东北亚地区多边政府的投资政策，因此可以克服上述私人部门投资的缺陷。首先，东北亚银行的资金运营不考虑盈利因素，适于投向投资回报率低、周期较长的建设项目，在总量上保证了本地区基础设施建设的需求。其次，东北亚银行是各国财政出资创建的投资机构，各成员国政府可以通过银行决策部门来控制其投资侧重，能够突出本地区国家的发展重点。

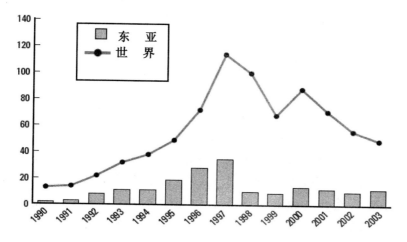

图 1-1　私人部门对发展中国家基础设施建设投资的变化趋势

资料来源：世界银行-日本国际合作银行-亚洲开发银行联合研究报告《连接东亚：基础设施的新框架》。

2．社会收益

基础设施建设在本质上是社会性、公益性的，即体现的是对国家或地区公民整体的投资增值效益而不是针对某一个人。然而，如果基础设施投资是由私人部门投资建造或所有，那么社会收益就被转化成为私人利益，政府部门本可以用于改善生活条件或增加国内结余和投资的经济盈余，甚至国家经济命脉，都会落入私人手里。这也就是俄罗斯政府不允许外国企业自主投资开发本国自然资源的原因。

基础设施建设投资回报周期长，一般在 10 年以上，私人部门则需要在短时期内收回投资，为此他们必须提高价格或征收各种费用，而成本则转嫁给本应成为基础设施建设受益者的本地区居民，从而降低了社会效益。

东北亚银行可避免私人部门投资的这种弊端。东北亚银行只向项目的投资方（本地区政府或本国企业）和建设方提供资金融通，从而保证了建设项目的社会收益仍保留在国内用于公共目的。

（三）东北亚银行与其他多边金融机构投资的比较

多边金融机构的一个主要作用，就是作为一种有效的中介，引入发达国家的资金与技术，以促进待开发地区的建设。与现有的其他多边金融机构相比，东北亚银行投融资业务对本地区来说更具有针对性，主要体现在资金运用和技术流动两个方面。

一方面，东北亚银行更能满足本地区资金融通的需求。东北亚地区经济的特点是发展不平衡，既存在资金富裕但缺乏资源的发达国家，又存在自然资源富足但缺乏开发资金的发展中国家和地区，需要建立有效的资金流通渠道，使本地区达到优势互补。而目前有东北亚地区国家参加的多边金融机构，例如世界银行和亚洲开发银行，由于成员国众多，需投资和援助的项目数量庞大，因此其在吸收东北亚地区剩余资金的同时，却不能及时有效地满足东北亚地区的投资需求。而东北亚银行完全代表本地区国家的利益，更能够协调本地区的开发资金的供求，优先发展本地区经济。

另一方面，东北亚银行更能满足本地区技术流动的需求。现有多边金融机构尤其是区外机构虽然也向东北亚地区提供低息贷款，但是往往有附带的条件，例如北欧投资银行在向亚洲某建设项目提供贷款时，要求该项目必须从北欧引进 60％以上的所需技术和原料。这种做法不利于东北亚地区自身技术的流动，也很难带动本地区内的相关行业的发展。而东北亚银行从本地区国家利益出发，优先引进本地区先进技术，有利于带动各国各项产业的整体发展，进而加快经济一体化的进程。

（四）结论

目前，东北亚地区基础设施的资金来源主要有：政府直接投资、私人部门信贷及投资、现有多边金融机构贷款及援助，等等。然而上述投资主体并不能有效满足东北亚地区基础设施的投融资需求。①在国际资本市场上，满足本地区需求的长期资金是可以筹集到的，关键在于如何建立一个能够将长期资金融通到东北亚并用于基础设施建设的新的融资机制，而创建东北亚银行正是实现这一目标的最优选择。

东北亚银行作为东北亚地区非盈利性多边金融机构，适用于具有明显的外部性且风险较大的基础设施建设。一方面，东北亚银行融资功能强大，能够更好地满足本地区基础设施建设对总量大、成本低的资金来源的需求。另一方面，东北亚银行将采取全新的资金运营方式，即政府政策引导与市场化运作相结合的方式，既能够保证东北亚地区重点项目建设的顺利实施，又有利于提高资金的使用效率和推动地区资源的有效互补。

---

① 根据东西方中心 2000 年的研究，通过私人部门投资、现有多边金融机构贷款、双边官方援助等渠道，乐观估计，每年可以融资近 25 亿美元。而东北亚地区基础设施的融资缺口至少在每年 50 亿美元左右。

第二章 建立东北亚银行的可行性分析

第一节 东北亚地区内外国家（地区）的认知态度

东北亚银行作为次区域性多边金融机构和政府间合作的产物，需要各国政府的共同努力，这其中不仅包括东北亚地区国家基于扩大投融资规模和引进先进技术的需要，更需要争取更多的国家、地区和国际组织的积极参与。因此，各方对东北亚银行的认知和支持态度将是银行建立的主要推动力量。

一、东北亚地区国家的认知态度分析

（一）日本

1. 日本的区域发展战略分析

任何国家的对外经济战略，都要受其地理条件、经济结构和发展水平的约束以及世界经济发展格局的影响。日本资源匮乏，同时拥有世界首屈一指的加工制造技术，因此其推行"全球化"经济战略，在全球范围内推动贸易和投资的自由化，尤其把富裕的西方国家设定为制造业的销售场所。20世纪80年代后，由于土地价格和劳动力成本升高，日美、日欧贸易摩擦升级，东亚其他国家实行经济开放政策等因素，日本开始对其发展战略加以调整，其中重要一环就是通过多种方式增强同亚洲的联系，"重返亚洲"成为其区域发

展战略的重点。

日本在东北亚地区采取了整体的等待观望和局部的积极介入相结合的战略形式：由少数大公司重点介入局部地区的石油、天然气开发，由地方自治体和地方中小企业出面积极推动邻近国家的跨地区经济合作，而中央政府却无意扮演推动整个地区的经济开发合作的主导角色。^①在日本制定的《新全国综合开发计划》中明确指出面向东北亚地区经济合作的国土构想并不是国家主导的，而是地方主导的，即通过地方政府直接与国内外的地方开展交流以增强周边地区的经济活力。^②这主要是因为东北亚地区虽然近年来大国关系日趋缓和，但是仍然属于世界上形势最为复杂的地区之一。这里的政治体制和发展水平存在差异，文化、语言方面缺乏深入沟通的基础，国家（地区）间关系复杂多样，区域内经济结合程度低，基础设施与民间经济网络又欠发展，难以组建推进多国（地区）间经济合作的制度性框架。另外，日本如果由中央政府出面推进东北亚地区的合作，极有可能遭到美国的反对。而地方政府和民间企业积极参与小地区经济合作，则在有效避免"坐失良机"的同时，又可以回避政治、安全防卫等问题。

2. 日本在建立东北亚银行过程中的相关利益和态度分析

日本是东北亚地区开发的重要投资者和能源开发的主要受益者，但由于各国对日本的政治和经济扩张存有戒心，例如2005年7月俄罗斯就否决了日本直接投资"泰纳线"建设的方案而选择了自主投融资。可见日本在推动东北亚地区双边合作方面存在一定的困难，因此日本更需要一个多边合作的平台，与本地区利益相关国家共同进行投资开发，在承担协助地区开发的义务的同时实现本国利益，而东北亚银行的建立则为日本提供了这样一个参与多边合作的机会。

---

① 高连福. 东北亚国家对外战略[M]. 北京：社会科学文献出版社，2002.

② 日本国土审议会计划部会、国土厅、调整局. 21世纪的国土规划——新全国综合开发计划的基本设想. 1995.12.

日本研究机构曾专门对建立东北亚银行进行了多方面的研究论证。其中,东京财团在 2002 年向日本政府提交的研究报告中,认为建立东北亚银行对日本和东北亚地区国家均是有益的。日本许多比较有影响力的学者如金森久雄(日本经济研究中心顾问)等,都在其研究报告中阐述了类似的观点。

但是,日本政府对建立东北亚银行的态度并不明确。1991 年在天津召开的第一届东北亚经济论坛上,日本态度还是比较积极的,但在一些问题上也有不同观点。在第九届东北亚经济论坛提出建议将银行总部设在中国天津后,日本的态度更加模糊。而在 2000 年 5 月召开推动东北亚开发银行筹建工作非正式会议时,韩国明确表示应以各国财政部作为联系窗口,而日本代表则表示日本政府将以大藏省下属的国际局作为对话窗口,可见日本在这一问题上仍然回避高级别政府部门的直接参与。同时日本国内也存在一些不同的观点,主要是认为有亚洲开发银行就可以了,并提出了在亚洲开发银行下设立东北亚基金的建议。

日本官方态度一直不明确的一些原因可能在于:①日本对于争取银行领导权问题没有信心,而更希望在亚洲开发银行框架下主导东北亚地区开发;②对于周边大国的顾忌。东北亚银行成立后,最大的受益国是中国,而各方又在银行总部选址问题上倾向于中国,日本认为不利于实现本国利益;③受日美战略关系的影响,日本在经济政治等很多方面又要依附于美国,而日本过快地融入东北亚,会对美国在东北亚的战略利益造成不利影响。日本在这个问题上要等待美国的明确态度。

但是,日本政府对建立东北亚银行的态度在中国推动设立了亚洲基础设施投资银行(简称亚投行)之后有了很大的变化。日本随同美国一起拒绝加入亚投行,但是这并不意味着日本不想参与东北亚金融事务。因此日本政府支持建立东北亚银行的可能性大大增强。东北亚银行的建立和运作涉及日本在本地区的利益,如果中、韩、俄等国先行成功推进银行的建立,基于"重返亚洲"的战略目标,日本是不愿被排除在这个东北亚地区经济合作机制之外的，因此其不会像面对亚投行一样长期持观望态度。此外，若争取美国加入，日本的态度也会积极起来的。

（二）韩国

1．韩国的区域发展战略分析

韩国作为东北亚新兴的外向型经济国家，安全稳定的区域政治和经济环境对其发展至关重要。目前，韩国面临国际政治经济、双边关系、区域化和全球化等几个方面的挑战。为应对来自外部的挑战和适应周边环境的变化，韩国区域发展战略的重点放在对外经济关系的多元化上，强化双边、区域、国际等多层次经济外交，具体包括：对外经济关系多元化、积极参与区域经济合作、能动地开展经济外交、争取建立朝鲜民族经济共同体等内容。

近年来，围绕"构筑韩半岛和平体制"和"建设东北亚经济中心国家"两个目标，韩国先后提出建设"东北亚经济中心"和"和平与繁荣的东北亚时代"的政策[①]，强调"东北亚时代要从经济开始，要将东北亚建设成为'繁荣的共同体'，在东北亚地区建立起和平与共生的秩序"。[②]

根据东北亚经济中心促进委员会发表的内容看，东北亚经济中心是通过内部力量的强化和构筑合作基础的两个轴心来促进的（如图 2-1 所示）。

韩国的东北亚构想分为三个层次：①从东北亚的角度来看，建立统一和合作的新秩序及实现和平与繁荣的、具有良性循环结构的对外合作战略；②从韩半岛的角度来看，考虑到韩半岛的和平问题也是建立东北亚和平的核心问题，必须通过相关利益国家的合作和对话来解决朝鲜核问题及探索建立韩半岛和平体制的战略；③从本

---

① 由于"东北亚经济中心"这一构想与本地区其他国家存在矛盾和对立，同时也考虑到朝鲜半岛安全问题的长期性，韩国政府于 2004 年将政策目标名称改换为"和平与繁荣的东北亚时代"，原先设立的"东北亚经济中心委员会"改组为"东北亚时代委员会"。

② 引自 2002 年韩国总统卢武铉在就职典礼上的演讲。

国的角度来看，通过对东北亚变化形势进行相应的调整和改革，强化国家综合国力，是实现全体国民幸福和平安的福祉战略。[①]

综上所述，目前韩国的区域发展战略核心和目标，就是建设和平与繁荣的东北亚共同体，即缓和并结束朝鲜半岛对立的历史，建立互信、互惠关系及追求享有共同发展价值的地区共同体。

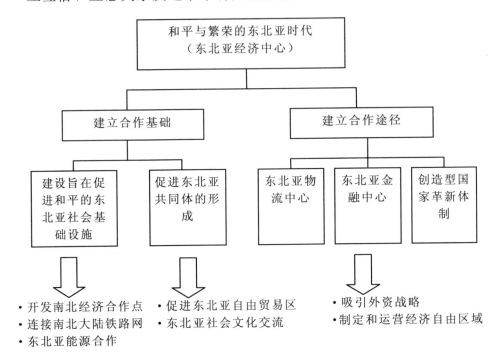

图 2-1 韩国的"和平与繁荣的东北亚时代"设想

资料来源：韩国东北亚经济中心促进委员会. 东北亚经济中心促进理想及课题[R]// 李日荣. 韩国的东北亚构想：新地经战略的探索[J]. 当代韩国，2005。作者系韩国 Hanshin 大学教授、韩国东北亚经济学会理事。

2. 韩国在建立东北亚银行过程中的相关利益和态度分析

东北亚银行的建立，对韩国实现"和平和繁荣的东北亚时代"

---

① 韩国东北亚时代委员会、国家安全保护会议. 和平和繁荣的东北亚时代构想：理想和构想[R]// 李日荣. 韩国的东北亚构想：新地经战略的探索[J]. 当代韩国，2005.

的国家政策目标有很大的促进作用。在政治外交即"和平"目标方面，作为东北亚银行这样的区域合作组织的发起者和重要组织者，韩国可以提高在东北亚地区乃至世界范围的政治影响力，此外，东北亚银行可为朝鲜半岛合作项目提供资金支持，加快半岛经济发展，以经济合作带动政治和解。韩国政府认为[①]，东北亚银行有可能筹集并管理重建朝鲜所需的"特别基金"。也就是说，东北亚银行将成为搞活朝鲜经济的"朝鲜版马歇尔计划"的轴心。如果改变盲目支援朝鲜的态度并与东北亚大开发连在一起，则有可能摆脱"填朝鲜无底洞"的指责，达成国民共识，并且从长远来看，有利于朝鲜半岛的和平以及经济共同体的建立。

在经济繁荣方面，东北亚银行的建立可以进一步促进韩国和东北亚地区国家的经济合作，提供更多的机会利用其他国家的比较优势以拓宽韩国的经济发展空间。东北亚银行可为韩国计划中的"钢铁丝绸之路"、东北亚能源合作组织、物流枢纽的建设提供资金融通，进而促进韩国建设东北亚地区经济贸易枢纽目标的实现。

对于建立东北亚银行，韩国方面的态度一直是比较积极的。1991年在天津召开的东北亚经济论坛第一次会议上，韩国前总理南德佑第一次提出了创建"东北亚开发银行"的建议。1999年10月在天津召开的第9次会议上，韩国和其他国家代表就推动"东北亚开发银行"的筹建工作进行了有益的探讨，而南德佑首次提出将银行总部设在中国天津，会议将这一建议写入了《天津宣言》中。2003年，韩国总统的智囊团"总统政策企划委员会"在向卢武铉总统发表《和平与繁荣的东北亚时代新构想》报告时，将"创建东北亚开发银行"列为"东北亚时代十大新构想"之一，十大新构想中还包括"铺设贯穿朝鲜半岛和日本的天然气管道计划""完成朝鲜半岛纵贯铁路和与欧亚大陆接轨的'钢铁丝绸之路'"等，这些内容也

---

① 韩国政府财政经济部观点，引自韩国《朝鲜日报》，2003年12月16日网络版报道。

与建立东北亚银行直接相关①。

2015 年 8 月 26 日，东北亚经济论坛在北京召开东北亚金融合作专题讨论会。来自中、日、韩等国各方面的专家学者、前政要等围绕东北亚区域的金融合作问题进行了广泛讨论并交换了意见。会议认为，国际金融秩序的改革任重而道远，亚投行在这一道路上迈出了坚实的一步，但是东北亚各国还应该继续推进次区域性金融合作。以中日韩为核心的东北亚国家的金融合作安排可以与世界银行、亚洲开发银行、金砖银行、亚投行形成互补，也可以促进东北亚地区的投融资需求，更能够提供一种使日韩等成熟经济体同样受益的新型开发性金融机构的机制，从而能够改变目前日本方面参与区域金融合作的疑虑态度。

韩国前副议长、议员洪在馨在会上介绍，韩国朝野对东北亚银行非常关注。自 2014 年 3 月时任韩国总统的朴槿惠在德国发表演讲时提到韩国支持设立东北亚银行，之后，韩国崔炅焕副总理在 2015 年 9 月 7 日召开的 G20（二十国集团）财长会议上与中国财政部部长楼继伟举行会谈时提出东北亚（开发）银行是亚投行（AIIB）的补充。他强调，东北亚开发银行将有助于中国正在推进的"一带一路"延伸至朝鲜半岛和促进亚洲地区经济的融合。

这种积极的态度事实上并未受到前任总统朴瑾惠下野的影响。韩国新任总统文在寅当选后对区域局势改善都会有迫切的需求，将对设立东北亚银行有非常积极的态度，其竞选委员会负责人韩国国会议员、前副议长洪在馨本人也是东北亚银行一直以来最坚定的支持者，这将为我们筹建东北亚银行带来很好的契机。

综上所述，推动建立东北亚银行已成为目前韩国政府的主要政策之一，由于东北亚银行涉及韩国巨大的政治经济利益，韩国未来的态度应是非常积极的。

---

① 中央社 2003 年 7 月 19 日专电《卢武铉智囊团提出东北亚时代十大新构想方案》。

（三）俄罗斯

1. 俄罗斯的区域发展战略分析

冷战结束后，俄罗斯一度推行重视欧美的外交战略，对东北亚外交和经济合作重视程度较差，但欧美并没有像当初许诺的那样给予其经济援助。在这种情况下，俄罗斯外交战略做出调整，特别是确立了"全方位"外交战略，强化与亚太国家的外交关系，重返亚太大舞台也成为俄罗斯区域发展战略的核心内容。

俄罗斯将亚太经济合作与安全对话的重点放在东北亚，完全是为国家经济发展战略的需要服务的。由于地缘关系，俄罗斯进入亚太地区直接的通道是经远东、自北太平洋南下，因此与东北亚的中、日、韩、朝等国的关系，是俄罗斯能否打开亚太通道以及亚太政策能否成功的关键。在这样的思路下，俄罗斯主动采取了一系列缓和东北亚地区紧张局势的积极措施，如签署《中俄睦邻友好合作条约》《俄朝睦邻友好合作条约》《俄韩基本条约》等双边文件等。此外，俄罗斯也积极倡导和参与东北亚地区资源合作开发、交通网络建设、图们江开发等跨国合作项目。

东北亚经济的崛起，为俄罗斯通过资源的跨国开发进入亚太提供了有利的外部环境。俄罗斯选择加强和中日韩等东北亚国家进行合作，并做出了对其资源进行联合开发、资源共享的决策，就是希望通过与亚洲各国的合作，充分利用其国内的丰富资源，以尽快恢复和发展壮大俄罗斯的经济实力。在俄联邦政府制定的《2020年前俄罗斯能源战略》中，向东北亚地区油气输送工程建设被放到了重要地位。俄罗斯天然气工业股份公司公布的《俄联邦21世纪发展亚太地区能源市场战略》研究报告中，特别提到21世纪上半叶亚太地区的重要性，主张应调整自身的对外经济战略，从西欧市场转向不同方向，需要重点开发远东、西伯利亚的油气资源。这些都显示了21世纪俄罗斯向东发展的意愿。

2. 俄罗斯在建立东北亚银行过程中的相关利益和态度分析

东北亚银行的建立，将在很大程度上为俄罗斯解决远东和西伯利亚地区建设资金不足的问题。俄罗斯于 2003 年制定了《开发远东和西伯利亚战略》，明确将远东和西伯利亚的开发建设作为未来一段时期内国家经济发展的重点。而开发这个地区，急需的是巨额资金和先进技术，这恰恰又是俄罗斯目前最缺乏的。俄罗斯远东地区与东北亚各国的生产和消费结构有很大的互补性，东北亚银行的建立可以为俄罗斯提供大规模、低成本的资金供给，利用发达国家的资金和技术提高资源开发和经济建设的效率，加速推动经济发展。此外，参与创建东北亚银行，将是俄罗斯融入东北亚地区的经济合作，更多地参与东北亚地区事务以实现其发展战略目标的重要途径之一。

目前，俄罗斯正在积极与多边金融机构开展远东开发方面的合作①，俄罗斯科学院专家还提出了创建远东开发银行以助地区发展的构想②。对于俄罗斯来说，参与东北亚银行与同其他多边金融机构合作相比更具有主动权，与建立远东开发银行相比资金来源和合作范围更为广泛、成本更低、效益也更明显。因此，俄罗斯应对东北亚银行的建立持积极态度。

（四）朝鲜

1．朝鲜的区域发展战略分析

朝鲜的发展战略目前有诸多争议。在这种背景下，我们理解朝鲜和平安全发展的诉求需要大量的外界援助，特别是帮助朝鲜升级基础设施。既然如此，我们应该突破原有的解决东北亚问题的思路，力求寻求新的利益共同点，寻求共赢的格局。东北亚银行将有可能成为各国对半岛未来发展做出的进可攻、退可守的重要策略。一方面，在和平的框架下，开发性国际金融机构不属于某一个单一国家，便于各国透明公正地参与半岛事务，非常有利于打消美日对朝援助的顾虑，从而使得国际社会逐渐解除对朝鲜的封锁，消除朝鲜的敌

---

① 俄罗斯新闻通讯社 2005 年 8 月 4 日报道，远东联邦区俄罗斯总统全权代表普里科夫斯基指出，欧洲复兴开发银行积极在俄罗斯远东地区开展工作，该银行准备参与有地区或联邦预算参加的俄罗斯项目的拨款，并打算提供不低于项目总值 30%～35%的贷款。

②《黑龙江成中俄交流枢纽》，香港大公报网站（www.takungpao.com），2005 年 8 月 1 日报道。

意。而朝鲜作为受援方也可以更加开放包容地参与；另一方面，一旦朝鲜半岛发生战争，东北亚各国将面对汹涌的难民潮和战后重建的艰巨任务。东北亚银行作为区域内的多边金融机构，必将发挥极大的作用，帮助朝鲜半岛迅速恢复稳定。

2．朝鲜在建立东北亚银行过程中的相关利益和态度分析

朝鲜曾经为实现"引进国外先进技术和资金以改建国民经济"的战略目标做出了努力，尤其是建立了多个经济特区，但随着政治局势的紧张，这些开放性政策最终倒退，并没有产生太大的经济成果。其主要原因是：一方面，朝鲜半岛地缘政治的不稳定性影响了外国投资者的信心；另一方面，朝鲜基础设施落后，铁路交通基本是 20 世纪四五十年代建成的，硬化道路仅仅占全国公路的 8%，电力、通信系统也很落后，基础设施改造的成本太大，在竞争上必然处于劣势。据韩国政府估计，朝鲜未来 10 年的基础设施建设需要投入近 150 亿美元[①]。这仅依靠韩、中、俄等国的单边投资和援助是远远不够的，而朝鲜目前没有加入任何一家国际多边金融机构，也就无法通过获取开发贷款来解决基础设施建设的资金需求问题。

东北亚银行的建立则可以将单边投资转变为多边投资，可以因此暂时搁置复杂的政治障碍，对朝鲜来说更为现实。东北亚银行对朝鲜的交通、能源、农业、水利等薄弱环节的投资，不仅有利于朝鲜更好地引入充裕资金和先进技术，发展本国的经济，缩小南北地区的经济差距，也有利于朝鲜半岛南北双方的接触与合作，有利于缓和双方的紧张关系并进而推动朝鲜半岛的和平与统一。因此，在建立东北亚银行的过程中，尽管会受到经济实力的限制，但是朝鲜还将是积极的参与者。

（五）蒙古

1．蒙古的区域发展战略分析

冷战结束后，蒙古放弃了"一边倒"的外交战略，实行"多支

---

① 韩国政府财政经济部预测，引自韩国《朝鲜日报》，2003 年 12 月 16 日网络版报道。

点"的外交战略。这个战略的主要依据是"地缘政治"和"第三邻国"理论以及对整个国际尤其是东北亚战略格局变化的重新认识，核心内容是既加强与中俄两大邻国的合作，同时又重视在东北亚区域经济合作的框架下发展与美日韩等"第三邻国"的关系，以求在政治上平衡中俄的影响并广泛获取经济援助。

蒙古高度重视外资的引进和利用，将外资重点用于基础行业及基础设施建设。为了吸引外资，蒙古于 1990 年制定了《外国投资法》并于 1993 年进行了修订，此后陆续制订了《税法》《矿产资源法》等，为外商投资提供了法律保障和一系列优惠条件，例如：合资企业的机械设备可免交关税和销售税；投资电力、运输、通信等部门 10 年内免交企业所得税，后 5 年减税 50%；投资矿产、化工、机械及电子等部门 5 年内免交企业所得税，后 5 年减税 50%；外资企业可自由汇出所得合法利润，等等。1990 年以来，蒙古将外国援助和外国贷款的 70% 用于基础设施建设，使原来比较落后的交通、通信和能源动力供应有了一定程度的改善。

蒙古经济基础较为薄弱，苏联解体后原有外部经济联系又被切断，因而无法单独承受经济体制转轨带来的巨大压力。东北亚地区的经济活力使蒙古看到了摆脱目前的经济危机、振兴本国经济的机遇，因此蒙古政府高度重视并积极参与有关东北亚地区经济合作的各项倡议及活动。1991 年 8 月，蒙中两国政府签署了《关于蒙古通过中国领土出入海洋和过境运输的协定》，中国将为蒙古过境货物经由天津港和通过中国领土的过境运输提供便利；同时，蒙古政府积极响应图们江地区国际开发项目，并承办了首届图们江地区开发国际会议并签署了相关的三个重要文件，希望借助图们江开发，打通更便捷、更经济的出海通道，促进经济发展。

2. 蒙古的相关利益和对建立东北亚银行的态度分析

通过参与东北亚银行，蒙古可以更好地参与区域合作，融入东北亚地区，灵活运用"多支点"外交战略，提高本国在本地区的政治、经济地位，同时加强同各国的经济联系，获得更广泛的外部援助以及诸如出海通道等多方面的便利，在"多支点"外交政策中求得平衡。东北亚银行的建立，可为图们江开发、中蒙铁路建设、本国自然资源开发等大型项目以及本国居民生活状况的改善提供资金支持，使蒙古可以利用东北亚地区发达国家的资金拉动本国经济发展。所以，蒙古会支持并积极参与到东北亚银行的建设中。

二、东北亚地区以外国家（地区）和国际多边机构的认知态度分析

（一）美国

1. 美国的东北亚战略分析

东亚地区一直是美国对外政治和经济关系的重点课题，自冷战结束后，美国—东亚关系中的经济因素的重要性已然显露，20世纪90年代中期美国政府逐渐将突出经济因素、淡化意识形态色彩作为政策内容，在参与亚太事务、发挥美国主导作用方面更为积极，这主要表现在：进一步提升亚太地区在美国全球战略中的地位，同时"经济考虑逐渐取代军事考虑"；积极争取在亚太地区经济和安全组织中发挥主导作用；寻求妥善处理同亚太主要国家或国家集团的双边、多边关系。这表明美国一方面正在主动适应冷战后的东亚形势，有意与东亚大国发展互利合作关系。另一方面又力图主导亚太事务，其亚太安全构架明显立足于它在冷战时期所建立起来的同盟关系，特别是日美同盟。

就东北亚而言，美国在这个地区不但有政治和安全方面的利益，而且存在巨大的经济利益，主要体现在东北亚地区巨大的资金需求和适宜的投资环境，为美国资金进入东北亚市场提供了机会和条件。由于东北亚一些国家劳动力和土地价格低廉，而制成品的当地价格又较高，随着东北亚内需的增加，在东北亚投资可以获得比在其他地区更高的投资回报率。在东北亚地区的巨大利益，驱使美国积极介入东北亚地区事务，采取全方位的渗入战略。

而美国在与东北亚的关系构建中处于"两难"境地：一方面，

美国在东北亚地区有着重大利益，不愿放弃任何与东北亚各国合作的机会；另一方面，美国在东北亚地区没有领土，不能堂而皇之地参与东北亚地区经济合作，也无法分享地缘经济的便利和机会。在这种背景下，美国采取双边与多边相配合的方式：一方面，与东北亚各国分别建立双边经贸关系，有利于美国分享各国经济高速增长之利；另一方面，极力主张建立亚太自由贸易区，把东北亚地区国家纳入开放的多边经贸体系之中，不但可以消解东北亚各国加强合作的愿望，而且可以通过制定"自由贸易"规则谋求美国的主导地位。

2. 美国的相关利益和对建立东北亚银行的态度分析

东北亚银行将是东北亚地区国家发起建立的第一个区域合作机构，美国不占主导地位，有可能降低美国在东北亚地区的影响力，同时美国会担心东北亚银行与其主导的国际货币基金组织（IMF）及亚洲开发银行等机构相冲突，因此在东北亚银行的创建过程中，美国最初的态度不会是很积极的。

从长远看，建立东北亚银行对美国来说存在利益点，尤其是能在一定程度上解决上述"两难"困境。美国加入东北亚银行，可以享受成员国的相关权利，参与东北亚银行的决策以表达本国的利益要求，同时本国企业可以比非成员国企业优先参与东北亚地区基础设施的竞标和投资，这样美国将获得一条正式参与东北亚地区经济合作的合理途径。

当初在亚洲开发银行筹建过程中，美国也曾因为担心亚洲开发银行会降低其在亚洲的经济影响而表示反对，但亚洲开发银行成立后美国意识到这是其参与东亚经济合作的机会，于是立即加入进来并逐步占据了第一大股东（股份额与日本相等）的地位。美国的这种担忧也导致了美国拒绝加入亚洲基础设施投资银行，使得美国失去了一次参与亚洲事务的宝贵机会。因此可以预期，美国在东北亚银行建立过程中将从完全、消极的态度转变过来，当东北亚银行正式成立并正常开展工作的时候，美国的态度会有所变化。

（二）欧亚其他国家（地区）和国际多边机构

1. 欧盟国家

作为欧盟的开发投资机构，欧洲投资银行目前已经对亚洲和东北亚地区的基础设施项目进行了一定数量的投资，由此可见，欧盟国家比较渴望打开东北亚地区的市场，以进行资本和技术输出。而东北亚银行与欧洲的政策性投融资机构相比，对本地区的开发建设重点和资金需求情况的熟悉程度更高，因此其开展投融资业务也就更有效率。欧盟国家通过参股东北亚银行，不但可以获得更为直接的投资渠道，而且本国企业也可享受一定的优先权利。因此，欧盟国家对参与东北亚银行应持积极态度。

2. 东亚地区其他国家（地区）

目前东亚"10＋3"的合作机制主要体现为东盟国家与中、日、韩三国在东南亚地区合作进行投资开发。从东亚地区经济一体化角度来看，未来东南亚国家参与东北亚地区的投资开发是两大区域经济融合的必然趋势，而东北亚银行的建立恰恰为东南亚国家提供了这样一个参与东北亚经济建设的平台。此外，中国香港和台湾地区金融市场发达、经济实力较强，但处于东北亚和东南亚的边缘地区，参与东北亚银行可以使两地更好地融入东亚经济合作体系中，避免未来被边缘化的风险。综上所述，东亚其他国家和地区也存在足够的理由支持东北亚银行的建立。

3. 国际多边开发机构

世界银行、联合国开发计划署（UNDP）、亚洲开发银行等国际多边开发机构的宗旨是筹集资金支持全世界或本地区国家的开发建设，但不同时期都有不同的投资侧重，不可能同时完全满足所有国家和地区的需求。东北亚银行的建立，可为这些国际机构提供一条长期的、持续的为东北亚地区建设融通和投放资金的渠道，例如可以设立专项基金委托东北亚银行管理，这将有助于提高这些国际机构的声誉，并为世界上其他待开发地区树立良好的榜样。由于实际操作难度和运营风险不高，且能更有效地实现国际开发机构的宗旨，它们应是乐于参与的。

第二节　东北亚地区国家建立东北亚银行的经济条件分析

一、东北亚地区国家的经济和贸易发展状况

（一）东北亚地区国家的经济发展状况

东北亚地区国家的经济具有各自不同的特点，其中日本、韩国属于经济发达的国家，亚洲金融危机后复苏并有所发展；中国、俄罗斯属于发展中大国，经济快速发展，两国将成为东北亚地区的两个新兴大市场，蒙古的经济也正在逐步走出困境。虽然各国经济体制不尽相同，但是都显示出了良好的经济发展趋势。经过三十多年的高速增长，中国经济发展取得了举世瞩目的成就，综合国力不断增强，国际地位显著提升，人民生活持续改善，在国际社会中扮演的角色越来越重要，在世界经济中的话语权逐渐增强。中国的发展和世界经济的发展已经融为一体，密切相关。中国在吸取世界先进知识、领先技术和资金发展的同时，也提供了广阔的产品市场、人力资源市场和投融资市场。

加入世界贸易组织以后，中国经济发展实现了历史性的巨大跨越。2006 年中国的外汇储备就已经超过日本，居世界第一位，外汇储备最高接近 4 万亿美元。2009 年中国货物出口额超越德国，居世界第一位。2010 年国内生产总值超越日本，居世界第二位，制造业增加值超越美国，居世界第一位，货物进口额超过德国，居仅次于美国的世界第二位。实际利用外商直接投资（FDI）也一直位居世界前列。近年来，中国对世界经济增长的贡献率始终稳居第一位。2003－2016 年，中国对世界经济增长的贡献率超过 20%，超过美、欧、日三大经济体。其中，2008－2010 年间的贡献率高达 75.1%。

中国是世界重要的制成品生产国和重要的消费市场。中国将大量价廉质优的消费品出口到其他国家，降低了这些国家消费者的负担进而缓解了这些国家消费者价格上涨的压力。此外，由于不断增强的居民购买力以及旺盛的国内需求，中国正成为日益重要的进口市场。中国是最有吸引力的投资目的地和重要的投资来源地。一方面，由于具有大量廉价而优质的劳动力资源，加上外资优惠政策，中国已连续多年成为全球最具吸引力的投资目的地。另一方面，近年来中国大力实施"走出去"战略，一大批具有竞争力的企业扩大对外投资，主权财富基金也通过多种形式大量对外投资。中国 FDI 流出占全球的比重已从 2002 年的 0.5%上升到 2015 年的 9%。

1967 年日本超过联邦德国成为世界第二大经济体，经历了繁荣发展的 20 年。1956 年至 1973 年，日本经济年平均增长率为 9.7%。日本政府通过推行"贸易立国"战略和重工业化政策，实现了经济持续高速增长，率先进入现代工业化。据经济合作与发展组织资料统计，1963—1980 年间，日本对美国的出口增长了 23 倍，是法国向美国出口增长率的 2 倍，是英国向美国出口增长率的 3 倍。但 20 世纪 90 年代，随着泡沫经济的破灭，日本经济陷入严重危机，经济的平均增长速度为 1.75%，通货膨胀率为 0.57%，日本居民消费的增长速度明显下降，由 1990 年的 4.4%下降到 1998 年的 0.6%。2008 年的全球金融危机又使日本陷入了新一轮的衰退。日本各项主要经济指标虽然呈现增长趋势，但占世界比重却在不断下降。

虽然近几年日本经济一蹶不振，但日本仍是世界第三大经济体，是汽车、电子产品、渔业的主要出口国家，具有高技术含量、高附加值的优质出口产品，在管理、竞争战略和技术研发方面处于世界领先位置。日本具备比较完善的金融市场体系，经济的复苏也增强了日元的国际货币地位。

韩国是典型的出口导向型经济体，2015 年为世界第六大出口国。近五年，出口对韩国经济增长的贡献率一直在 60%以上，对国内生产、国民所得和就业都呈现了积极的带动作用。中国是韩国的第一大贸易伙伴和第一大出口市场。韩国对中国经济的依存度很高，对华贸易依存度从 1991 年的 2.9%提高到 2015 年的 23%。韩国技术创新水平仅次于芬兰和瑞士，居全球第三位。韩国也是目前世界上唯一与亚洲、欧洲、北美洲的全球几大区域经济组织（经济体）签订自贸协定的国家。这有望使韩国成为连接亚洲、欧洲和美洲的自贸区枢纽国家。

1991 年苏联解体以来，俄罗斯经济经历了急剧下降和稳定复苏两个阶段。1999 年俄罗斯进入经济恢复性增长时期，政府提出了不同时期的经济增长目标和发展模式、政策措施，加快了融入世界经济的速度，大力发展工业、贸易，完善财政金融系统。后来在 2000 年逐渐恢复，但是进入 2010 年以后，由于种种原因，俄罗斯经济再次出现下跌趋势，但速度趋缓。2014 年，在油价下跌和西方制裁的双重打击下，俄罗斯的经济增速一度下降到 0.6%。2015 年，形势进一步恶化，全年经济衰退达 3.7%，GDP 总额按年均汇率 1 美元兑 61 卢布折合只有 1.31 万亿美元。但是进入 2016 年后，俄罗斯经济经历年初的动荡之后逐渐趋稳。面对危机，俄罗斯政府执行了维持卢布汇率自由浮动、保国际储备的政策。截至 2016 年 12 月 9 日，俄国际储备余额 3870 亿美元，卢布汇率经年初的剧烈波动之后保持了稳中有升的态势。

蒙古在当今世界上是一个发展中的经济小国，但近十多年来，蒙古经济总体上保持平稳快速增长。同时，蒙古的对外经贸合作不断扩大，商品贸易已经初步形成了多元化发展的格局。蒙古的贸易伙伴由刚开始的三十多个国家发展到了八十多个国家和地区。蒙古的主要贸易伙伴有中国、俄罗斯、美国、日本、韩国等，中国是蒙古商品的第一大出口市场。

1945 年前，朝鲜一直是农业生产国，建国后，经济发展逐渐向工业生产转移，属于中等偏后国家。近几年，朝鲜经济建设不断取得成绩，经济形势有所好转，电力、冶金、煤炭和铁路四大先行部门的经济渐有起色，也在某些领域，如资源开发、基础设施建设、农业、信息产业等允许外来资本进入。朝鲜有丰富的森林资源，煤、铁、石墨、金、银和铅等矿产储量可观。铁路、公路、港口的基础设施相对落后，交通运输工具比较缺乏，服务设施、办公和居民用房等需求量很大，涉及居民生活的轻工产品相对短缺。朝鲜的农业技术水平相对落后，迫切需要增加农业的科技含量，另外，朝鲜渔业存在很大优势，沿海捕鱼、海水养殖、海产品加工等都有很大的开发空间。

（二）东北亚地区国家的贸易发展状况

20 世纪 90 年代以来，世界各国的对外贸易和国际资本流动迅猛发展，各类区域经济一体化组织不断涌现。参与区域经济一体化组织，扩大对外经济交流，已经成为世界各国推动本国经济发展的重要途径。

近年来，在世界金融市场屡遭冲击的背景下，东北亚各国已对通过经济交流与合作维护区域经济稳定达成共识。作为目前世界上经济最具活力的地区之一，区内各国在地缘、经济、人文等方面相互融合，交往历史悠久，合作潜力巨大。区内各国经济各具特色，互补性强，各国相互开展经济合作具备优越的条件。

从经济总量上看，2016 年，东北亚六国 GDP 达到约 19 万亿美元，占全球 GDP 总量的 1/4 左右。从贸易上看，东北亚地区国家之间的贸易往来也是世界上最活跃的地区。目前，东北亚区域各国相互贸易总量也已经超过全球贸易总量的 1/4。2014 年和 2015 年，中日贸易额分别达到了 3,125 亿美元和 2,785 亿美元，中韩贸易额在 2014 年和 2015 年分别达到了 2,904 亿美元和 2,757 亿美元，接近了中日贸易总量。东北亚各国的贸易量都是呈上升趋势。中俄贸易额则在 2014 年和 2015 年分别达到了创纪录的 953 亿美元和 680 亿美元。

在众多金融合作中，投资的增长对促进区域内贸易的增长起到了关键性的作用，区域合作中，贸易—投资链条的加强也成了区域经贸合作的一个显著特征。贸易规模的扩大和直接投资的发展正在使东北亚各国潜在的互补优势转变为现实优势，也使东北亚各国间的金融合作变得越来越必要。20 世纪 80 年代以来，东北亚各国间的贸易依存度越来越高。中、日、韩三国间的贸易合作是东北亚各国间贸易合作的主体。

改革开放以来，日本一直是中国重要的贸易伙伴和主要直接投资国，同时又是中国政府资金合作的主要伙伴。21 世纪以来，随着中日两国的经济发展，双方的互补性进一步加强，经贸合作不断扩大，日本已经连续 4 年成为中国的第三大贸易伙伴。三十多年来，中日两国进行了全方位的经济合作，特别是双边贸易、直接投资以及政府间资金合作构成了中日经济合作的三大支柱。截至 2014 年底，日本对中国的直接投资项目 37,000 多个，总金额已超过 579.7 亿美元，是对中国直接投资最多的国家。目前，中国也已经超过美国成为日本的第一大贸易伙伴，而日本是中国的第五大贸易伙伴。2016 年我国对日本双边贸易进出口总值是 1.82 万亿元，增长 5%，占我国外贸进出口总值的 7.5%。其中对日出口 8,527.5 亿元，增长 1.3%，自日进口 9,627.5 亿元，增长 8.5%。对日贸易逆差 1,100 亿元，扩大 1.4 倍。

中韩投资合作虽然起步较晚，但目前韩国已超越日本成为中国引资第三大来源地。韩国是中国第三大贸易伙伴国和第四大外商直接投资来源地。而中国已连续多年成为韩国最大的贸易伙伴、最大的出口及进口市场，也是韩国最大的贸易顺差来源国。对华贸易在韩国整体对外贸易中的比重达 19.9%。2015 年中韩贸易额为 2,758 亿美元。

中国与俄罗斯是两个互相接壤且历史渊源颇深的国际大国，相互间的贸易对两国今后的经济发展有着极为重要的战略意义。随着两国间政治关系的不断升温也进一步促进了两国贸易关系的不断发展，中俄之间的贸易额在逐年增长。2016 年中俄双边贸易额达到 695 亿美元的历史新高，俄罗斯是中国前十大贸易伙伴国，而中国是俄罗斯的最大贸易伙伴国。中俄贸易有很强的地域性、互补性，俄罗斯出口的石油、天然气、有色金属等原材料，是中国市场所需要的，中国出口俄罗斯的纺织品、食品和动植物产品等也弥补了俄罗斯市场的不足。

中蒙两国于 2003 年建立了睦邻互信伙伴关系。自 1990 年以来，中国一直保持蒙古第一大贸易伙伴、蒙古第一大投资来源国地位。据统计，2014 年和 2015 年中蒙双边贸易额分别达到 73 亿和 53 亿美元，占蒙古对外贸易总额的一半以上。

投资、贸易、技术转让等的扩大与发展需要各国在结算、计价支付手段上进行有效合作，以便利区域内双边、多边贸易与投资的发展。日益扩大的贸易、投资以及技术转让，扩大了实体经济的存量与增量，必然增加对资金的需求。金融合作有利于形成区域内有效的融资支持和供给机制。经贸关系的密切化加大了各国关系的内在联动性，一国金融变化增加了对其他国家的影响程度，从而使各国在防范金融危机方面的共性增加，加强了金融合作的动因。

此外，区域内各国地方交流合作活跃，建立了不同层次、形式多样的友好联系机制。中国与俄罗斯、朝鲜、韩国、蒙古、日本结有 405 对友好城市或友好省（州、道、县），其他各国也相互结下了众多友好省市。截至 2010 年 3 月，中国还与俄、朝、蒙等建立了满洲里、绥芬河、珲春、黑河、丹东、二连浩特 6 个国家级边境经济合作区。

以上数据表明，东北亚地区双边经济合作取得了令人瞩目的成绩。东北亚地区国家间的经济联系不断加强，经济依存关系在不断加深。这对于促进东北亚地区的经济发展和区域合作有着重大的意义，也有利于东北亚银行的成立和运行。

二、东北亚地区国家的外汇储备状况

我们讨论建立的东北亚银行是次区域性的政策性银行（关于东北亚银行的定位将在第三章详细论述），必须由各国政府以外汇储备出资入股。因此，东北亚地区国家外汇储备的数量将成为建立东北

亚银行的直接影响因素。截止到 2017 年 2 月，东北亚地区六国外汇储备总量已经超过 5 万亿美元，占全球外汇储备总量的 50%左右。中、日、俄、韩四国的外汇储备比较充裕，分别列全球外汇储备的第一、二、四、八位，蒙古和朝鲜受经济发展水平的限制，外汇储备较少。其中中国拥有世界上最多的外汇储备，最高时接近 4 万亿美元，目前达到 3 万亿美元；日本为 1.25 万亿美元；韩国与俄罗斯的外汇储备分别为 3,973 亿美元和 3,759 亿美元；蒙古 2015 年底的外汇储备额为 15 亿美元；朝鲜没有公布具体的数据，但从其贸易状况来看，朝鲜外汇储备数额十分有限。[①] 东北亚地区国家特别是日、中、韩、俄四国高额的外汇储备是东北亚银行筹集资本金的保证。

从现有多边金融机构的经验来看，其资本额分为实缴资本和待缴资本，实缴资本占的比例比较小。其中待缴资本不要求各成员国实际支付，而是出现紧急情况如银行经营严重亏损或出现其他危机的时候，才要求各成员国政府缴纳。目前国际复兴与开发银行的实缴资本比例为 20%，而亚洲开发银行设立时实缴比例为 50%，现在的实缴比例仅为 7%，其他的多边政策性银行如欧洲复兴开发银行的实缴资本比例为 25%，美洲开发银行的实缴资本比例为 4.3%，北欧投资银行的实缴资本比例为 10.1%。[②]

东北亚地区国家充足的外汇储备为东北亚银行面临突发事件急需资金时提供了资金保证。同时，东北亚地区国家外汇储备不仅仅是美元，还包括欧元、英镑、日元等国际上主要的可自由兑换货币。作为区域性政策性银行，东北亚地区国家的高额外汇储备和丰富的币种结构将会提高东北亚银行的信用评级，增强国际投资者对东北亚银行的信心，从而有利于东北亚银行在国际金融市场上的融资活动的进行，降低融资成本，提高融资效率，充分发挥东北亚银

---

① 中国的数据来源于中国人民银行网站（www.pbc.gov.cn），日本的数据来源于日本财务省网站（www.mof.go.jp），韩国的数据来源于韩国中央银行网站（www.bok.or.kr），俄罗斯的数据来源于俄罗斯中央银行网站（www.cbr.ru），蒙古的数据来源于中国驻蒙古大使馆经济、商务参赞处网站（http://mn.mofcom.gov.cn），朝鲜的数据来源于韩国中央银行网站（www.bok.or.kr）。

② 引自各银行官方网站。

行作为东北亚地区新型融资中介的作用，促进东北亚地区国家的经济发展。

三、东北亚地区国家的经济和金融体制基础

建立东北亚银行，需要各国的经济体制特别是金融体制提供外部保障，它们直接影响到东北亚银行的投融资渠道畅通与否和资金运作效率的高低。目前，东北亚地区国家的经济金融体制为东北亚银行的建立和良好运行奠定了基础。

（一）日、韩先进的经济金融体制基础

日本的经济体制以市场经济为主导，市场机制和国家的宏观调控同时发挥调控经济运行的作用，国家对经济运行过程的干预调节不是单纯依靠经济手段，政府同各利益集团的协商、合作已成为协调整个社会经济发展的重要手段。这种日本式的市场经济在东北亚六国中处于相对重要的地位，一方面有利于推动整个区域经济的市场化进程，另一方面政府的指导作用对于处于转型期的国家也有借鉴作用。

随着日本经济的发展成熟和全球经济一体化的推进，以主银行体制为代表的关系型融资的政府管制性产业金融体制难以适应日本经济结构调整的需要，金融体制开始出现变革，政府的管制开始放松。日元贸然升值造成的巨大危害使日本政府开始对汇市进行干预，阻止日元升值，主要是为了保证企业产品的出口，以外需来弥补因长期萧条带来的内需不足。同时在通货紧缩环境下，让日元贬值，还能起到缓和通货紧缩的作用，从而带来国内经济的稳定。这种汇率政策在稳定国内经济的同时也给联系广泛的东北亚地区带来了稳定性，并且随着日本与东北亚地区其他国家之间的贸易和劳务往来越来越频繁，日元的流动性加强，这是东北亚银行运作的有利条件。

日本作为世界上最大的债权国，是重要的资本输出国，并且东京是国际金融中心，截至 2001 年，在东京的外资银行已有 240 家，以东京为基础的金融活动对亚洲经济尤其是东北亚地区经济具有

重要影响。

1997 年亚洲金融危机后，韩国进行了一系列的金融体制改革：成立了金融监督委员会、金融监督院和存款保险公司，从而加强了金融监管的力度；实施新的银行法案，着力提高银行经营透明度，促进银行重组和民营化，并且对现有银行进行进一步的整合和并购，大胆引进外资参与金融改革，特别是倡导强强联合，自愿并购，从而促进了韩国银行业的规范发展，确保在世界市场上的竞争力。韩国政府继续采取措施完善金融体制，稳定韩国股市，促进银行、证券和保险业之间的联盟，从而吸引更多的外国投资，促进了国际资本的流动。韩国具有较开放的商业环境和很大的金融市场，韩国也提出建设东北亚金融中心的设想，这对于东北亚银行的建立有重大的意义。

韩国对韩元实施浮动汇率制度，亚洲金融危机后，韩国政府采取措施入市干预，维持韩元汇率稳定。随着中韩、日韩等国之间的贸易和服务流动越来越旺盛，资金的流动也更加频繁，韩元在东北亚银行中也将起到越来越重要的作用。

（二）中、俄、朝、蒙经济金融体制的改革与发展

东北亚地区的中、俄、朝、蒙四国的市场经济体制和金融体制都很不完善，中国和俄罗斯正处于向市场经济的转轨过程中，朝鲜和蒙古的市场经济体制改革才刚刚起步，经济体制和金融体制的完善需要一个长期的过程。

自 20 世纪 70 年代起，中国就开始探索改革开放的道路，并把改革开放列入了基本国策，经过二十多年的摸索和总结，最终确立了以公有制为主体、多种所有制经济共同发展的基本经济制度。中国向现代市场经济转化的过程中，产权、土地、劳动力和技术等各种生产要素的市场化程度显著提高，2002 年和 2003 年中国经济的市场化指数分别为 72.8% 和 73.8%[①]。政府在适应中国经济体制转型

---

① 《2005 中国市场经济发展报告》。

中转变职能，规范政府行为的硬约束日趋完善，政府监管的效率也是逐渐提高。中国的金融体系正在逐渐由政府主导转到以市场为主导的模式。利率市场化步伐加快。金融监管不断完善，金融体系防范和化解风险的能力逐步增强。同时，外汇市场不断发展，风险管理工具不断丰富，汇率形成机制日趋完善，促进了人民币汇率的稳定和良性发展。总之，中国经济形势的乐观预期和人民币汇率的稳定，对东北亚银行的建立具有重要意义。

俄罗斯在向市场经济转变过程中，实行全面私有化和自由的市场体制，确立了"可控制的市场经济"的发展战略，虽尚未与世界市场经济完全接轨，但新的经济增长机制基本形成，已被美国和西欧肯定为市场经济国家。在金融体制方面，俄罗斯政府实行金融自由化政策，金融业对外自由开放，经常项目和资本项目均实行"有管理的"浮动汇率制，建立二级银行体系并逐步成为世界金融体系一部分，目前俄罗斯还在致力于建立一个有效的证券市场。

朝鲜和蒙古是东北亚地区市场经济最为落后的地区，经济体制改革刚刚起步。朝鲜借鉴中国的经验，从 2002 年 7 月开始实行一系列的措施启动国内的经济体制改革，改变运行了几十年的单一计划经济模式，尝试发挥价格杠杆和利益机制的调节作用，金融体系方面也要求开展更深层次的金融体制改革。蒙古由传统的计划经济向市场经济全面过渡的步伐开始于 20 世纪 90 年代初期，通过国有资产的私有化改革，确立了私有制在国民经济中的主导地位。在私有化改革的过程中，股份公司、有限责任公司、私营企业不断出现，市场经济体制不断完善。同时，金融体制日趋完善，确立了中央银行和商业银行的二元银行体制，金融监管和金融调控水平不断提高。

第三节　东北亚地区国家建立东北亚银行的 其他条件分析

东北亚银行作为多边金融机构，其运行后的资金投向将主要是东北亚地区基础设施建设，而在这个过程中涉及对具体项目的评估、实施、管理等相关问题，这就意味着需要项目所在地具备一定的人才、技术、管理等条件作为支撑，发挥当地的优势，配合项目的顺利完成。

一、东北亚银行对人才、技术、管理的需求

（一）金融人才和管理

东北亚银行的运作不同于一般商业银行，主要体现在：（1）资金来源方面，由于属于政策和开发性质，要求融资规模大、成本低；（2）资金运用方面，由于项目投资期限长、规模大，需要根据具体情况使用不同的投资方式，同时要有完善的风险管理机制。因此，东北亚银行需要大量具有相应操作、管理经验且从事政策性、开发性金融工作的人才。

（二）相关投资项目所需的人才、技术、管理

根据现有多边金融机构的经验，东北亚银行进行项目投资，需要参与项目的考察、鉴定、监督等环节，因此也形成了对基础设施建设相关领域的人才、技术、管理的需求。

在投融资问题上，银行与借款国一旦对贷款计划达成共识，银行方面就要派出项目鉴定团到实地了解项目的基本情况，同时做出项目的可行性分析调研与相应的融资计划。项目鉴定团一般由经济学家、技术专家、财务分析专家和环保专家等组成，专家大部分来

自银行内部，有时还会聘请当地的相关人员及专家参加项目鉴定工作。项目鉴定团通过实地考察，判断项目是否可行，了解借款国有关方面利用贷款的资金投向与还款计划，以决定银行对所鉴定的项目是否有继续介入的必要和可能。

项目选定后，即进入项目准备阶段。项目准备工作主要由借款国承担直接责任，银行仅派出由各方面专家组成的代表团来配合借款国顺利完成这个阶段的任务。项目的执行也是由借款国具体负责，银行主要是协助执行并负责对项目的监督。

二、东北亚地区的人才、技术、管理基础

日本作为一个发达的工业化强国，在东北亚地区的产业结构层次相对来说是最高的，其技术优势主要在于信息工程、生物技术、医药和多用途媒体等方面。同时，日本在参与多边金融机构（尤其在亚洲开发银行）的运作过程中积累了丰富的经验，且东京作为世界主要的国际金融中心，培养和吸引了众多熟悉国际金融市场投融资业务的高级专业人才，有助于帮助东北亚银行有效地进行投融资方案的设计和操作。

韩国作为一个新兴的工业国家，资本和技术密集型的产业发展程度较高，拥有先进技术和雄厚资金，并且具有众多的与多边金融机构相关的人才和管理经验。

中国作为一个发展中的大国，在一些领域如航天、石油勘探等技术上处于领先优势，可以为东北亚银行对投资项目的考察、论证、监督提供帮助。此外，中国国内建立了三大政策性银行，从事国内开发建设投融资，因此，中国与日韩相比，在发展中国家基础设施建设的投融资领域的经验更加丰富。

俄罗斯则继承了苏联科技潜力的 70%[①]，科研水平和人才实力居世界前列，不仅拥有众多世界一流的科研成果和技术，基础研究

[①] 李传勋. 俄罗斯远东市场研究[M]. 北京：社会科学文献出版社，2004.

水平也位居世界最先进的国家之列。俄罗斯远东地区的资源开发，将是东北亚银行未来投资方向的重点，而本地的技术和人才，将为项目投资的开展提供有效支持。

另外，东北亚银行如果吸收欧美等成员国的加入，还可以获得欧美发达国家的人才、技术、管理方面的支持。

综上所述，日、韩、美等发达国家的尖端技术和先进的金融开发、管理经验和人才，以及与中俄等国的本土化技术、管理优势，将为东北亚银行的建立和发展提供有力的保障。

第三章　东北亚银行的框架设计

东北亚银行的框架设计是对东北亚银行具体结构的设计，内容包括东北亚银行的框架设计原则、定位、资本金制度、治理结构和运营管理制度五个部分。

第一节　东北亚银行的框架设计原则

一、建立东北亚银行的政治外交原则

（一）合理协调、分配各国利益，尽力做到实现多方共赢的局面

东北亚地区国家间存在着诸多历史遗留问题，在建立东北亚银行时，应该本着平等互利、优势互补、真诚合作、共同发展的原则，与相关各国对话，消除不确定因素，为东北亚银行的建立与发展创造良好的环境。东北亚银行应该是一个为各方带来政治、经济各方面的利益的机构，而不是仅为某一个或某几个国家服务。因此，在进行框架设计时，要以共赢为出发点，合理协调、分配各国在东北亚银行中的权力和利益，如要帮助中国、俄罗斯、蒙古、朝鲜的基础设施建设和自然资源的开发，使得日本和韩国的基础设施得到更新和为其开发低成本的能源等，使得东北亚银行成为一个有利于推进各国经济发展的投融资载体和平台。

（二）各国权利对等，防止权力过于集中甚至出现操纵现象

平等互利、权利对等是建立东北亚银行的主旨，应体现在框架设计的每一个部分之中。尤其是在对股权结构的设计时，更要求各国权利对等，而不是像世界银行和亚洲开发银行那样被某几个国家主导和操纵，使得其他国家的利益得不到保证，进而将东北亚银行变为某一个或某几个国家操纵东北亚地区的工具。因此，借鉴欧洲复兴开发银行与欧洲投资银行等国际金融机构的成功经验，在股权设计中以权利对等、避免少数国家操控为先导，按照各国客观的经济实力和主观的出资愿望，合理而公平地分配东北亚银行的股权，使各国利益都能得到切实的保证，使东北亚银行真正成为一个体现平等互利、权利对等原则，保证所有成员国应得利益的国际金融机构。

二、建立东北亚银行的经济原则

（一）考虑各成员国的综合国力，尽量做到使各成员国各尽所能、各取所需

东北亚地区各国的经济实力（如 GDP、经济增长率、对外贸易额、外汇储备）存在着很大差异，表现出很强的不平衡性（见表 3-1），因此在股权设计时将尽量考虑到各国的承受和支付能力，使东北亚地区国家可以根据自身的经济实力获得适当的股份，发挥其能够发挥且愿意发挥的作用，优化东北亚银行的资金配置，使东北亚银行发挥出最大的功能效应。

（二）尽可能满足东北亚地区国家的融资需求

设计东北亚银行的总股本和运营管理制度时，应以满足东北亚地区国家的融资需求为主要原则，使得东北亚银行能够很好地服务于东北亚地区。东北亚地区各国的经济具有很强的互补性，归纳起来即是：中国具有高速成长的巨大市场潜力，以及高素质、低成本的劳动力资源；日本、韩国具有技术、管理和资金等方面的优势；俄罗斯具有技术、资源和市场潜力的优势；蒙古和朝鲜更具有开发

表 3-1　2015 年东北亚地区国家的经济指标数据　　单位：亿美元

	中国	日本	韩国	俄罗斯	朝鲜	蒙古
国内生产总值（GDP）	110,647	43,831	13,779	13,659	174	117
经济增长率	6.92	1.22	2.61	-2.83	1.00	2.36
对外贸易	64,288	15,601	11,690	6,730	76	106
外汇储备	34,053	12,331	3,667	3,680	—	1,322

注：中、日、韩、俄四国对外贸易数据来自于 WTO 网站（www.wto.org）的年度统计，GDP 数据来源于世界银行（www.worldbank.org）的统计结果；朝鲜的数据来自韩国央行网站（www.bok.or.kr）的公布结果。由于朝鲜的 GDP 数据无法得到，表中的 GDP 数据是朝鲜 2015 年的韩国估算的朝鲜国民收入（NI）；朝鲜的外汇储备数据无法得到，估计其数额不会很大，下面的计算将把它做 0 处理；蒙古的对外贸易数据来源于蒙古国家统计局的统计结果，GDP 数据来源于世界银行的统计结果，外汇储备数据来源于中国驻蒙古大使馆商务参赞处网站（mn.mofcom.gov.cn），其他国家的外汇储备的数据来源为该国相应政府部门的网站。

资源，发展基础设施的巨大需求。因此，组建东北亚银行对东北亚地区各国来说，其各自融资需求必然各不相同。日本和韩国主要体现在本国企业的项目竞标和项目采购方面，这与项目本身的资本（包括资金、技术、管理等）收益率有关；蒙古和朝鲜则主要体现在获得国内建设资金不足方面，即弥补投资缺口；而对中国和俄罗斯来说，可能两者兼而有之。因此，在进行框架设计时，要尽可能地考虑到各国的融资需求，设计出一个有层次、选择面广、变通性强的东北亚银行制度框架。

第二节　东北亚银行的定位

一、东北亚银行的性质

东北亚银行的性质是次区域、非盈利性的政策性银行，由各国政府出资发起且该银行对股东没有股利，是一种新的融资机制或中介。

东北亚银行是东北亚地区各国政府的财政投融资载体或中介，其作为政策性银行具有以下特征：首先，它是在大力发展商业性投融资渠道的同时构建的一种新型投融资渠道。其次，政策性银行的目的性很强。东北亚银行主要是为东北亚地区的基础设施和其他开发项目提供资金，这类项目资金需求缺口大、期限长、需要低成本的资金来源，只有政策性银行才能够较好地满足这种要求。最后，政策性银行的政策性和计划性很强，但并不能完全脱离市场，要以市场参数作为配置资金的重要依据。同时具有与现代商业银行相同的投融资手段，其优点是信用评级高、投融资规模大、发放贷款的利率较低等。

除了在东北亚地区设立政策性银行观点以外，目前国际上还有设立东北亚基金和商业银行两种观点，下面针对这两种观点给予分析。

（一）对设立基金观点的分析

目前有一种观点认为应在亚洲开发银行下设立一个东北亚基金，然后通过该基金向东北亚地区基础设施提供资金。东北亚基金与东北亚银行相比存在以下缺点：首先，基金不能满足东北亚地区的投融资需求，基金的资金主要来源是其他发达国家或多边金融机构的赠款，具有很强的目的性和不稳定性，与东北亚银行相比其资金来源窄。其次，东北亚银行是新的融资中介，可以以债券发行、联合融资等方式将国际资本市场上的资金转投于东北亚地区，具有杠杆效应，即以少量的资本撬动较多的资金，这一优点是基金不具备的。最后，目前亚洲开发银行由少数国家主导，下设东北亚基金同样受其影响和主导，而建立东北亚银行可以使得东北亚地区经济建设的投融资的主动权掌握在东北亚地区国家手里。

（二）对设立商业银行观点的分析

另一种观点是设立商业性质的银行，但商业银行也不能很好地满足东北亚地区经济建设的投融资需求，主要有以下原因：一方面，商业银行以盈利性为经营目标，所以它不能提供政策性银行所能提供的低息或无息贷款，不愿意向那些社会效益大但盈利空间小的项目提供资金，无法满足东北亚地区国家的融资需求。另一方面，与商业银行相比，政策性银行创立时的成本小而影响大，因为政策性银行只需要缴纳一部分实缴资本，不需要缴纳所有股本，主要是政府出资的背景为其提供了信心和保证。例如，亚洲开发银行在 33 亿美元的自有资本的基础上，能够筹集到 870 亿美元的资金。目前国际上也不存在为某一个地区发展专门提供资金的国际性商业银行。

另外，按照国际惯例和经验，政策性银行又分为开发银行（如世界银行、亚洲开发银行、欧洲复兴开发银行、美洲开发银行等）和投资银行（如欧洲投资银行、北欧投资银行）两种。这两者的区别在于：投资银行更多地关注重大项目的投资，如基础设施建设投资等，而开发银行经营范围更广泛，包括无偿援助等，主要是对发展中国家进行扶贫支持。例如，亚洲开发银行的目标是实现一个没有贫困的亚太地区，其许多项目直接着眼于改善贫困人民的生活水平，这就是典型开发银行的定位。欧洲投资银行其宗旨为促进欧盟一体化、欧盟的平衡发展以及各成员国的经济和社会统合，主要通过提供低息或无息贷款，为欧盟公共机构和私营企业的项目提供资金便利，以支持欧盟落后地区的发展和产业转轨，并促进欧盟交通、通信和能源等方面的发展。因此，投资银行定位于整个地区的整合与发展，没有明确的扶贫倾向。

东北亚银行成立初期的主要功能是为本地区基础设施建设融资，其性质类似于多边投资银行，但是随着东北亚银行的发展和东北亚地区的经济发展，将来东北亚银行可以把经营范围和业务领域扩大，如为其他行业或项目提供资金支持，为其他国家提供无偿援助等。

二、东北亚银行的宗旨

东北亚银行的宗旨是通过对东北亚地区开发建设特别是基础

设施建设提供资金，以促进本地区的经济发展和一体化。

为实现以上宗旨，东北亚银行应具有下列功能：①促进和引导政府资本投资，以加快东北亚地区的发展；②利用自有资本、筹集资金以及其他现有资源，为东北亚地区的发展融资，通过贷款或其他投资方式来促进东北亚地区的基础设施建设；③通过联合融资，引导私人资本投资于有利于经济发展的项目、产业及其他领域；④东北亚银行与各成员国政府合作，调整发展政策以更好地利用资源，使之与全面发展经济的目标相一致，同时促进东北亚地区国家间合作的有序发展；⑤为项目的准备、融资及执行提供技术援助，包括特殊项目的优先权和组织化研究。另外，银行还应尽可能与其他国家和国际金融机构合作，为本地区发展联合提供资金。

三、东北亚银行与现有多边金融机构的关系

东北亚银行与现有多边金融机构是互补、合作、共存的关系，而不是替代的关系。它与世界银行和亚洲开发银行等多边金融机构不冲突，不仅可以弥补其他多边金融机构的投资缺口，而且可以代理其他多边金融机构管理东北亚地区的投资。

首先，分析亚洲开发银行和世界银行的资金投向国家或地区的侧重。亚洲开发银行作为亚洲地区的多边开发金融机构，其 2015 年的贷款总额为 138 亿美元，具体情况见表 3-2：

表 3-2　亚洲开发银行 2015 年贷款国家分布

国家或地区	贷款数额（亿美元）	所占比例
印度	30.53	22.1%
中国	21.05	15.3%
东北和环渤海地区	3.7	2.7%
印度尼西亚	17.27	12.5%
阿塞拜疆	13.25	9.6%
巴基斯坦	13.18	9.6%
孟加拉国	8.55	6.2%
菲律宾	8.33	6.0%

续表

国家或地区	贷款数额（亿美元）	所占比例
哈萨克斯坦	4.40	3.2%
越南	3.69	2.7%
缅甸	0.85	0.6%
其他地区	16.88	12.1%
总计	138	100%

资料来源：表中数据来自亚洲开发银行官方网站。

根据表 3-2 对各国进行分类，亚洲开发银行 2004 年贷款流向按地区分类如表 3-3 所示。

表 3-3　亚洲开发银行 2015 年贷款流向按地区分类

	东北亚地区	东南亚地区	南亚地区	亚洲其他地区	总计
金额（亿美元）	3.7	30.14	52.26	51.9	138
比例	2.7%	21.8%	37.8%	37.6%	100%

注：表中东北亚地区包括中国东北和环渤海地区、日本、韩国、蒙古和俄罗斯；东南亚地区包括菲律宾、越南、印度尼西亚等国家，南亚地区包括印度、巴基斯坦、孟加拉国、斯里兰卡、尼泊尔等国家；亚洲其他地区包括中国除去其所在东北亚地区后的部分、中亚以及其他国家。

世界银行作为世界上最大的开发银行，从表 3-4 发现，其资金主要投向拉丁美洲地区和非洲地区。

表 3-4　世界银行贷款投向地区列表

排序\地区\年度	2001 年	2002 年	2003 年	2004 年
1	拉丁美洲	欧洲和中亚	拉丁美洲	拉丁美洲
2	非洲	拉丁美洲	非洲	非洲
3	南亚	南亚	南亚	欧洲和中亚
4	欧洲和中亚	东亚和太平洋	欧洲和中亚	南亚
5	东亚和太平洋	中东和北非	东亚和太平洋	东亚和太平洋
6	中东和北非	非洲	中东和北非	中东和北非

资料来源：世界银行官方网站（www.worldbank.org）。

由上述对亚洲开发银行和世界银行的分析可以发现，亚洲开发银行和世界银行都有各自投资侧重地区，不能够满足东北亚地区的融资需求，东北亚银行的建立是填补世界银行和亚洲开发银行投资区域的盲点。

其次，从现有案例分析，区域性与次区域性多边金融机构是可以并存的。欧洲有欧洲复兴开发银行和欧洲投资银行，还有北欧国家为了本地区的经济发展成立了北欧投资银行；美洲有美洲开发银行和北美开发银行，也是彼此互补的关系；非洲有非洲开发银行和西非开发银行；还有跨洲的阿拉伯开发银行。这些多边机构投资侧重各有不同，也存在合理的合作机制，因此，东北亚银行和亚洲开发银行在亚洲是可以并行不悖地开展工作的。

最后，东北亚银行可以与世界银行和亚洲开发银行开展各层次的合作。例如，东北亚银行可以与世界银行和亚洲开发银行合作，共同为东北亚地区的项目融资，达到双赢或多赢的局面。东北亚银行所需资金，也可由亚洲开发银行予以协助，而亚洲开发银行在东北亚的项目也可交由东北亚银行来具体执行。在本部分第五章将对此有详细的叙述和分析。

第三节　东北亚银行的资本金制度

一、资本金的确定和出资方式

东北亚银行的股东（成员）为各国中央政府和其他多边金融机构。其中，成员分为区域内成员和区域外成员，区域内成员包括中国、日本、韩国、俄罗斯、蒙古和朝鲜；区域外成员包括美国、欧盟、亚太发达国家（地区）及其他多边金融机构（如世界银行、亚洲开发银行等）。

（一）资本金总额的确定

东北亚银行的资本金总额的多少与东北亚地区各国的国内生产总值（GDP）、东北亚地区的投资需求以及东北亚银行的性质定位有关。下面将以其他多边金融机构的资本金总额来类比和分析。

表 3-5 是四个多边金融机构的区域内国家 GDP 和资本金总额比例关系。

表 3-5　多边金融机构的区域内国家 GDP 和资本金总额比例关系表

指标＼银行	亚洲开发银行	欧洲开发银行	北欧投资银行	美洲开发银行
区域内成员 GDP（亿美元）	100,353.89	144,833.33	10,843.67	146,416.16
资本金总额（亿美元）	520	240	50	850
资本金总额/GDP 总额	0.50%	0.16%	0.46%	0.58%

注：表中数据中 GDP 总额根据世界银行网站数据整理而成，资本金总额来自各多边金融机构的官方网站。亚洲开发银行区域内成员包括其亚太地区国家和地区，欧洲开发银行区域内成员为其欧洲成员国，北欧投资银行的区域内成员包括北欧 5 国和波罗的海 3 国，美洲开发银行的区域内成员包括美洲和拉丁美洲成员国。其中欧洲开发银行和北欧投资银行的资本金总额是以欧元表示，表中是换算为美元为计量单位，欧元兑美元比例为 1.2∶1。

由表 3-5 可以发现，目前亚洲开发银行的资本金总额是区域内国家 GDP 总额的 0.5%。亚洲开发银行 1966 年建立时，资本金总额为 10 亿美元，就是按区域内成员（亚太地区国家）的 GDP 总额的 0.5%确定的。所以东北亚银行的资本金总额的确定同样可以参照亚洲开发银行的经验，在综合考虑东北亚地区的投资需求以及东北亚银行的性质定位情况下，以东北亚地区内各国的 GDP 总额为主要标准，然后类似地确定一个资本金总额与 GDP 总额的比例，这样就可以计算出东北亚银行的资本金总额。

由表 3-5 可知，亚洲开发银行的资本金总额占 GDP 总额的 0.5%，欧洲开发银行是 0.16%，北欧投资银行是 0.46%，美洲开发银行是 0.58%。首先，亚洲开发银行、欧洲开发银行和美洲开发银行都是开发性的政策银行，都为各自地区的发展中国家提供援助和扶贫。相对而言，欧洲开发银行所在的欧洲发展中国家数量少，亚太地区和拉美地区的发展中国家相对较多，而且相对比较贫困，所以需要的支持也较多。故欧洲开发银行的资本金总额也相对少，资本金总额占 GDP 总额比例仅为 0.16％。北欧投资银行作为北欧国家的基础设施融资的政策性银行，和东北亚银行的定位与宗旨相符合，东北亚银行旨在为东北亚地区的基础设施提供资金。综上所述，东北亚银行的资本总额占区域内成员 GDP 总额的比例可以定为 0.2％～0.5％左右。表 3-6 是东北亚六国的 GDP 总量表。

表 3-6　2015 年末东北亚六国的 GDP 总量　　　单位：亿美元

中国	日本	韩国	俄罗斯	朝鲜	蒙古	总和
110,647	43,831	13,779	13,659	174	117	182,207

资料来源：以上各国 GDP 数据来自世界银行网站。

根据表 3-6 的数据，考虑到各国的实际压力，我们按照最低额确定出东北亚银行的资本金总额为：182,207×0.2％＝364.41 亿美元。

于是，东北亚银行初始的资本金总额可以设计为 400 亿美元。

（二）出资方式

东北亚银行作为政府间政策性多边金融机构，其股本分为实缴资本和待缴股本。实缴资本是各会员国实际缴纳的资本，也就是东北亚银行开始运营时的初始资本金；待缴股本是不要求各成员国实际支付，只有在出现紧急情况时，如东北亚银行经营严重亏损或银行出现其他危机时，东北亚银行才要求各成员国政府缴纳剩余股本。

对于确定东北亚银行的实缴资本比例，必须要考虑东北亚地区国家的经济实力和其他多边金融机构的经验。表 3-7 是其他多边金融机构当前的实缴资本比例表。

表 3-7　现有主要多边金融机构实缴资本比例表

银行	实缴资本比例	待缴资本比例
世界银行	20%	80%
亚洲开发银行	7%	93%
欧洲开发银行	30%	70%
美洲开发银行	4.3%	95.7%
北欧投资银行	10.1%	89.9%

资料来源：上述各多边金融机构的官方网站。

由表 3-7 可以发现，亚洲开发银行和美洲开发银行的实缴资本比例分别为 7% 和 4.3%，与其他银行相比相对偏低，主要因为亚洲开发银行和美洲开发银行已经将股本扩充了几次，才使得实缴资本比例下降，由此东北亚银行成立的实缴资本比例应该高于亚洲开发银行和美洲开发银行的实缴比例。东北亚银行主要是为东北亚地区的基础设施提供资金支持，而基础设施所需资金量大、项目周期长，这就要求东北亚银行的实缴资本比例应该高于 10%。另外，因为银行的总股本为 400 亿美元，考虑到少数东北亚地区国家的经济实力，东北亚银行的实缴资本比例则应该低于 30%。再参照世界银行的情况，可以考虑将东北亚银行的实缴资本比例设计为 20% 左右。

以下是东北亚银行的具体出资方式：

（1）东北亚银行的资本金总额为 400 亿美元，以 400 万股为认购凭证，每股价值 10,000 美元。

（2）东北亚银行的实缴资本比例为 20%，即实缴资本总额为 80 亿美元占 80 万股，待缴资本为 320 亿美元占 320 万股。

（3）实缴资本 80 亿美元，将分 4 年支付，其中一半用可自由兑换货币（如美元等）支付给东北亚银行，余下的一半可用本币支付。待缴资本是东北亚银行在国际资本市场借用长期资金的抵押。

二、股权比例设置分析

（一）股权比例设计原则

1．反映各国的客观经济现实

一国的客观现实不仅包括了该国的经济现状，还包括了该国的发展潜力。GDP、外汇储备和对外贸易额三个经济指标可以在很大程度上反映各国的经济现状，但是经济变化非常迅速的东北亚国家，要客观公正地反映这一经济现状就必须加入各个经济指标的变化趋势，即要反映各国的发展潜力。无疑各种指标的增长率是一国发展潜力的最好反映。因此，在进行股权设计时要考虑到现实经济实力和经济增长潜力双方面的因素来客观地考量各国在东北亚银行中应占的股权份额。

2．体现平等互利

股权比例设计要获得本地区成员国的赞同，必须体现平等互利，因为这是处理现代国际关系的基本原则，为国际社会广泛接受。中国作为地区大国，正是以平等互利作为处理各国关系的基本出发点，无论是在地区合作还是在国际事务中都树立了良好的国际形象。因此，在设定东北亚银行的各国出资比例时，必须坚持平等互利这一原则。

3．充分体现成立东北亚银行的目的和宗旨

成立东北亚银行的目的和宗旨是为了弥补该地区基础设施长期投资不足，从而加快地区的经济发展和一体化的步代。拟建中的东北亚银行的设计框架，不能完全照抄亚洲开发银行（ADB）的模式，因为 ADB 的运作基本上被其大股东所操纵，不能很好地体现其他中小股东的利益。鉴于此，东北亚银行的设立绝不能被某一国家或某几个国家所操纵，各国要在平等的基础之上，使东北亚银行更好地服务于这一地区，而不是让成立这一银行所带来的收益流入某个国家。

（二）世界银行的股权比例设置——简单加权平均方法

世界银行成立于 1945 年，是最早成立的政府间开发金融机构，以后成立的区域性政府间开发金融机构（如亚洲开发银行等）都或多或少地借鉴了它的成功经验和运营模式。因此，这里以世界银行为范例，具体分析各国股权比例的设计方法。

1. 股权比例设计的指标选择

世界银行在股权比例设计时主要考虑了 GDP、外汇储备、对外贸易三种经济指标。这些指标在很大程度上较好地反映了各国的经济实力，具有很强的可操作性。其中，GDP 和外汇储备属于存量因素，衡量了一国的支付能力；对外贸易属于流量因素，形成了对一国支付能力的制约，因为一定的对外贸易额往往需要一定国际储备支撑。综合起来看，这三个变量形成了一国出资能力的基本架构，符合当时的国际形势，为世界银行在成立时各成员国利益的协调，起到了很好的促进作用。

2. 股权比例的计算方法

区域内成员国（Regional Countries）股权比例的计算采用了一种可称之为加权平均的方法(简称为简单加权平均方法)。具体来说，首先计算出区域内成员国的某项经济指标（GDP、外汇储备、对外贸易）的总和，然后用总和去除各个区域内成员国的该项经济指标，得到该国的这项经济指标的相对大小，最后针对每个国家，把三项经济指标的相对大小加权求和，所得之和即为区域内成员国在本地区的股权比例大小。若要求某个区域内成员国在银行全部股本中的比例，只要用这个国家在区域内的股权比例乘以区域内所有国家在银行全部股本中的份额即可。用数学表达式表示如下（用 R 表示国际储备，用 T 表示对外贸易额）：

$$g_i = \frac{GDP_i}{\sum_{j=1}^{n} GDP_j} \times 100\%$$

$$r_i = \frac{R_i}{\sum\limits_{j=1}^{n} R_j} \times 100\%$$

$$t_i = \frac{T_i}{\sum\limits_{j=1}^{n} T_j} \times 100\%$$

$$\eta_i = \alpha \cdot g_i + \beta \cdot r_i + \gamma \cdot t_i \tag{1}$$

$$\pi_i = \kappa \cdot \eta_i \tag{2}$$

其中：$\alpha + \beta + \gamma = 1$，世界银行取 $\alpha = 0.50$，$\beta = 0.25$，$\gamma = 0.25$，η_i 为国家 i 在本地区股份中的股权比例，π_i 为国家 i 在银行全部股本中的股权比例，κ 为本地区所有国家在银行全部股本中的股份份额总和，n 为区域内成员国数量，g_i、r_i、t_i 分别表示国家 i 的 GDP、外汇储备、对外贸易额在本地区所有成员国中的相对大小，用百分比表示。

（三）东北亚银行应对简单加权平均方法的改进

1. 充分考虑各国对建立东北亚银行的不同利益诉求

如前分析，简单加权平均方法只考虑了一国的国际支付能力，然而它却忽略了区域内成员国对于建立东北亚银行的利益诉求。对于世界银行和亚洲开发银行，在其创建时由于其成员国或区域内成员国较多，且在当时的情况下，大部分成员国的经济状况比较落后，相差无几，各国的利益诉求方式也趋于一致，仅考虑一国的国际支付能力已经足够。但是，对于东北亚银行来说，由于各国经济状况相差很大，成员国数目相对很少，简单加权平均方法显然已不再适用。具体分析如下：

一个国家之所以愿意在东北亚银行的组建中出资认股，是因为这个国家能够从中获得利益。当然，对于东北亚六国来说，每个国家获得的利益又有很大的差别。东北亚地区国家的经济具有很强的互补性（如表3-8所示），归纳起来即是：中国具有高速成长的巨大市场潜力，以及高素质、低成本的劳动资源；日本、韩国具有技术、管理和资金等方面的优势；俄罗斯具有技术、资源和市场潜力的优势；蒙古和朝鲜更具有开发资源、发展基础设施的巨大需求。

表 3-8 东北亚地区经济社会要素情况

国家或地区	经济要素	市场与资金	经济管理体制	法制与法规
中国东北地区	生产原料丰富、劳动力资源丰富、质量一般、生产技术水平一般	需求市场较大、资金较为缺乏	社会主义市场经济管理	正在健全市场经济法规
日本	生产原料缺乏、劳动力数量较丰富、质量高、生产技术水平高	需求市场一般、资金供给缺乏	市场经济管理	健全的市场经济法规
俄罗斯东部地区	生产原料丰富、劳动力数量少、质量一般、生产技术水平一般	需求市场较小、资金较为缺乏	转型期市场经济管理	不太健全的市场经济法规
韩国	生产原料较为缺乏、劳动力数量丰富、质量一般、生产技术水平较低	需求市场一般、资金供给较好	市场经济管理	调整期的市场经济法规
朝鲜	生产原料一般、劳动力数量较少、质量一般、生产技术水平较低	需求市场小、资金较为缺乏	社会主义计划经济管理	计划经济法规
蒙古	生产原料一般、劳动力数量较少、质量较低、生产技术水平较低	需求市场小、资金供给缺乏	转型期市场经济管理	不太健全的市场经济法规

资料来源：东北亚地区各国官方网站。

因此，组建东北亚银行对东北亚地区国家来说，各个国家从中受益方式必然各不相同。对日本和韩国来说，主要体现在本国企业的项目竞标和项目采购方面，这与项目本身的资本（包括资金、技术、管理等）收益率有关；对蒙古和朝鲜来说，主要体现在获得国内建设资金不足方面，即弥补投资缺口；而对中国和俄罗斯来说，则可能两者兼而有之[①]。然而，无论是投资收益还是投资缺口，都不是仅仅由 GDP、外汇储备和对外贸易额这三个经济变量所决定的，它们还受到其他经济变量的影响，其中最重要的是经济增长率，对此后面还会有更加详细的分析。

2. 反映各国的发展潜力

对于东北亚地区国家，尤其是对中国，随着改革开发的逐步深入和经济体制的不断完善，上述各项经济指标每年都会发生巨大的变化。如果在股权比例设计中没有考虑这种潜在的变化，就不能很好地反映各国的发展潜力，从而也就没有充分地反映客观现实。因此，东北亚银行的股权比例设计必须要考虑到这种发展潜力的影响。

3. 反映各国在该地区的利益均衡点

需要说明的是，世界银行和亚洲开发银行采用简单加权平均方法计算股权比例，结果都导致了某个国家一股独大，最终银行为某个国家所控制。拟建的东北亚银行当然要吸取前车之鉴，不能完全照搬他们采用的简单加权平均方法。我们应当既考虑到各国的综合实力和国际地位，又考虑到实现各国在该地区的利益均衡，中、日、韩三国应该有一定的平衡。

4. 实现成立东北亚银行的宗旨，符合现代国际关系的主流

由上面的计算结果可以看出，采用简单加权平均方法计算各国的出资比例将有可能出现某一国家一股独大的现象，使东北亚银行最终为某一国所控制，进而使东北亚银行成为"第二个亚洲开发银行"。显然，这种"一股独大"的股权模式将造成该国为了自己的国家利益而操纵银行的运营，势必导致与成立东北亚银行的宗旨相冲突。

现代国际关系的总体趋势是多边合作、平等互利，银行最终为某个国家所操纵则往往意味着单边主义，这是国际社会所不能接受

---

① 这里并没有体现各国受益的大小，而只体现各国受益的途径和方式。

的，必将为国际社会所摒弃。因此，从这个意义上来说，采用简单加权平均方法计算的股权比例必将不会被地区成员国所广泛接受，成员国所能接受的必定是一种客观公正的计算方法。

（四）东北亚银行区域内国家的股权比例设计

在考虑到朝鲜外汇储备和其他影响因素的条件下，对上述结果调整如下：

（1）中国和日本作为两个地区大国，在经济总量上中国领先一筹，在人均发展水平和国际金融经验和地位上，日本有一定优势。考虑到亚洲基础设施投资银行上日本的抵触情绪，可以进行相应的调整。因此我们设计为中国和日本在区域内成员国的股份总额中占有的比例均为30％。这一结果防止了出现一股独大的情形，避免了东北亚银行在设立过程中出现股权的争端。

（2）对于韩国和俄罗斯，两国均具有先进的技术，但韩国在资金和管理方面具有优势，而俄罗斯在能源和科技方面具有优势，参考两国在其他区域性开发银行的股权比例（见表3-9），俄罗斯均高于韩国。所以，两国股权比例的调整结果应是：韩国为14％，俄罗斯为16％。这一结果反映了两国的实力和潜力。

表 3-9　韩国和俄罗斯在其他开发银行的股权比例

	世界银行	欧洲复兴开发银行
韩　　国	1.01％	1.00％
俄罗斯	2.85％	4.00％

资料来源：世界银行和欧洲复兴开发银行官方网站。

（3）对于朝鲜和蒙古，注意上述计算过程将朝鲜的外汇储备假设为零，蒙古虽然国内经济状况不佳，但蒙古在世界银行、欧洲复兴开发银行、亚洲开发银行均有认股，所以两国股权比例的调整结果应是：朝鲜为4％，蒙古为6％。

综上所述，东北亚地区国家在东北亚地区的股权比例分配如表

3-10 所示。

表 3-10   东北亚各国在东北亚银行中的股权比例分配

中国	日本	韩国	俄罗斯	朝鲜	蒙古
30%	30%	14%	16%	4%	6%

（五）东北亚银行区域外国家的股权比例设计

为了吸收更多的资金入股和更多的国家参与，增加银行的资信度，东北亚银行的股本构成当中除了有区域内的国家参资，还要接受区域外的国家入股。前面主要分析了东北亚银行区域内国家的股权比例构成，下面将具体分析区域外国家的股权比例构成。

1. 东北亚银行区域内、外国家的股权比例构成

各区域性开发银行的区域内、外国家所占总股本的百分比如表3-11 所示。在这三个区域性开发银行的股本构成中，区域内国家所占股本最低为亚洲开发银行，为 63.2%，最高为美洲开发银行，为84.0%。从这三家银行的股本构成，可以看出一个简单的规律，即区域内国家的 GDP 相对总额越大，则区域内国家持股总额就可以相对大些。因此，对于拟建的东北亚银行，其区域外国家在总股本的比例设计可以主要考虑区域内国家的 GDP 总额，在此基础之上再考虑其他相关因素的影响。

表 3-11   各区域性银行中区域内国家与区域外国家的持股比例

	亚洲开发银行	欧洲复兴开发银行	美洲开发银行
区域内国家	63.2%（28.4%）	74.4%（42.4%）	84.0%（48.1%）
区域外国家	36.8%（71.6%）	25.6%（57.6%）	16.0%（51.9%）

注：括号中的数据为区域内、外国家分别占银行所有成员国 GDP 总额的百分比；资料来源于各银行官方网站。

对于东北亚银行，由于无法事先确定哪些国家将会出资入股，

因此也就不能计算区域内成员国 GDP 的相对大小。但是我们可以通过计算 GDP 的绝对数额，并将其与上述三家银行做比较，粗略地估算出一个合理的比率。如表 3-12 所示。

表 3-12　各区域性开发银行的地区内、外国家 GDP 总额　　单位：亿美元

	亚洲开发银行	欧洲开发银行	美洲开发银行	东北亚银行
区域内国家	10035.39	14483.33	14641.62	7557.11
区域外国家	25273.17	19665.22	15777.22	—

从表 3-12 可以看出，在四家区域性开发银行区域内成员国 GDP 的比较中，东北亚银行最小，约为美洲开发银行、欧洲开发银行的一半，同时明显小于亚洲开发银行。所以，可以据此确定出东北亚银行区域内国家股权比例总额的上限：该比例总额应当小于亚洲开发银行的相应比例，即 63.2％。另外，确定一个上限以限制区域内国家的出资比例，可以广泛吸引区域外国家的资本，从而可以大大增强银行的资本实力和提高银行的资信水平。

当然，区域内国家的股权比例总额也不应太小，因为如果区域内国家资本比例太小，以至于区域内国家的股权比例小于区域外国家，则较容易导致银行为区域外某个国家或某些国家操纵，银行就不能较好地服务于东北亚地区，银行的业务运营就会与银行成立的宗旨相冲突，银行实际上已成为区域外国家掠夺东北亚资源的工具。所以，我们可以据此粗略地确定出东北亚银行区域内国家股权比例总额的一个下限，为 50％。

综上所述，东北亚银行区域内国家股权比例总额的取值范围应该是 50％～63％之间。参照国际上的相关经验，以及秉承银行应更好地服务于东北亚地区这一原则，建议东北亚银行的区域内国家股权比例总额为 60％，其余 40％为区域外国家认购。

　2．区域内国家在银行总股本中的比例大小

综合前面的分析可以知道，区域内国家在银行总股本中的股权

比例大小等于区域内国家在银行的股本比例总额（即前述的60%）乘以区域内国家在该区域内的股权分配比例。计算结果如表3-13和图3-1所示。

表3-13　区域内成员国在东北亚银行总股本的股权比例设计

| | 区域内国家：60% | | | | | | 区域外国家 |
	中国	日本	韩国	俄罗斯	朝鲜	蒙古	
区域内股本	30%	30%	14%	16%	4%	6%	40%
总股本	18%	18%	8.4%	9.6%	2.4%	3.6%	40%

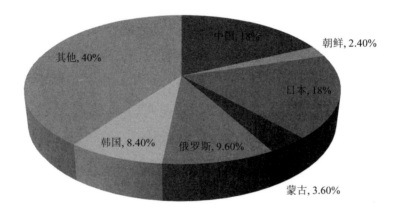

图3-1　东北亚银行区域内成员国的股权比例设计

3. 东北亚地区外国家（地区）的资本来源

（1）区域外国家

吸收哪些区域外国家参资入股，主要考虑以下两方面的因素：第一，要考虑哪些国家愿意入资，也就是哪些国家在东北亚有其自身利益；第二，考虑哪些国家有能力参资入股。综合这两方面的因素，建议东北亚银行注意吸收美国、亚太发达国家以及欧盟的一些成员作为区域外成员国。其中，美国作为世界超级大国，其股权比例尤为重要，因为有了美国的参与，东北亚银行作为地区开发和合作的一部分便有了非同寻常的意义。当然，作为"世界第一强"的美国也不愿排除在某一地区合作之外。建议给予美国 10%～15%的股权比例。

（2）其他国际组织和地区

为了获得更加广泛的资本金来源，提高东北亚银行与其他国际性组织（主要指其他多边金融机构）的协调性和信息共享，东北亚银行还可以吸收其他国际性组织（如亚洲开发银行等）作为成员。关于这一点早有先例可循，因为在欧洲复兴开发银行的股东中，欧洲投资银行和欧盟就是以单独的身份加入的。对于东北亚银行可以吸收入股的国际性组织主要有亚洲开发银行、世界银行、欧洲复兴开发银行、欧洲投资银行等。

除了上述的国家和国际性组织这两类成员外，东北亚银行还可以允许中国香港、中国台湾、中国澳门等以地区的身份加入。其中，中国香港和中国台湾由于具有较强的经济实力，将其吸收为成员意义重大。

（六）获得最优股权分配的可选方案——平均法

根据平等互利的原则，可以寻找一种非常简单且可行的方法来分配各国的股权比例。简单来说，就是平均分配法。

1. 平均分配法的基本原理

平均分配法简称平均法，其基本原理是：在确定出东北亚地区国家在银行股本中所占的总的比例之后，让东北亚六国平均分配这一比例。当然，这一比例还不是最终的出资比例，因为如果某一国家认为这一比例是其不愿承受的水平时，可以提出放弃部分股权比例，让其他成员国家重新平均分配剩余股份；如果重新分配的股权比例仍不是某个国家愿意接受的比例时，这个国家也可以放弃部分股份，再让其他国家重新分派……如此下去，最终得到一个均衡值（最优结果）。

2. 平均法与加权平均法的关系

加权平均法（简单、综合）选取了几个重要的经济指标，据此确定各国股权比例大小，各个国家采用同样的计算标准，纳入同一个分析框架，只要经济指标选取合理，可以在很大程度上体现公平原则。这种方法具有很大的可操作性，已为其他国际性开发银行所采用；平均法原理简单，体现了新时代国际关系准则——平等互利，较容易为大多数国家所接受，但往往也容易遭到少数发达国家的反对。

无论是平均法还是加权平均法，两者都只是股权比例设计的一种方法，在这一点上两者是并行不悖的，各有利弊。股权比例设计究竟采取哪一种方法，最终取决于各国的利益协调，建议东北亚银行优先采用综合加权平均法，把平均法作为一种备选方案，同时综合二者的优点，最大程度上反映东北亚各国的利益。

3．平均法的优点

与加权平均方法相比，平均法有其自身的优点。首先，平均法较容易为大多数国家所接受。平均法的最大特点是它充分地体现了平等互利原则，无论大国小国都一视同仁，这是现代国际关系的主流，为大多数国家所认可。因此，以平等互利原则为基础的平均法也必将得到大多数国家的赞同。其次，平均法简单易行。影响一国出资比例的经济因素有很多，如各国 GDP、外汇储备、财政状况、各国的投资需求等。在这些因素中，有些因素具有很大的不确定性，如投资需求等，在理论上很难界定。另外，每个国家都有其尚未被公布于众的经济参数，有些可能是其国家机密。采用平均法，可以让每个国家自己去综合考虑该国的各种经济指标，能够更好地体现该国的国家利益。最后，成本较小。无论采用何种方式预先为各国设定出资比例，都将耗费巨大的人力、财力，而且这种论证成本往往由某一个单一机构或团体承担。采用平均法，就可以将论证成本国别化，由各个国家承担其各自的论证成本，从而在一定程度上节约了设立成本。

4．几点说明

（1）只要意愿认购比例小于平均比例，放弃股权的顺序是无关紧要的。这就是说，对于朝、蒙、韩、俄四国来说，由于假设其愿意认购的比例小于平均值 10%，故对这四个国家来说，无论让谁优先放弃股权，然后再让其他国家平均分配，其结果都是一样的。

（2）只要某个国家的意愿认购比例小于平均值，可以采取预先认购的方式。但对于意愿认购比例大于平均值的国家，则不得采取预先认购的方式，原因是以防某些国家出于特殊目的故意多认购股份。另外，在实际中，预先认购可能会影响到各国的意愿认购比例，所以最好对任何国家都不要采用预先认购的方式。

（3）这种股权比例分配方式往往会导致出现几个国家股权比例相等的情形，从而可以有效地避免东北亚银行被某一个国家操纵。因此，从这个意义上来说，这种分配方式的最大缺点就是，它往往不能调动实力强大成员国的参与积极性。

第四节　东北亚银行的治理结构

东北亚开发银行的治理结构包括理事会、执行董事会和以行长为首的办事机构。

一、理事会的设计

理事会是东北亚银行的最高权力机构，东北亚银行的一切权力授予理事会。东北亚银行的每一个会员国选派理事和副理事各一名，组成理事会。根据其他国际多边金融机构的经验，由政府出资的政策性多边金融机构的理事和副理事通常由成员国的财政部长或中央银行行长担任，东北亚银行的理事和副理事同样这样安排。理事和副理事任期 5 年，期满可以连任，但须由派出国家自己决定。同时规定副理事没有投票权，只有理事缺席时，副理事才有权投票。理事会应选举 1 名理事为理事会主席，为了体现公平的原则，理事会主席每年由东北亚地区国家轮流换班，在每届理事会会议结束时选举产生，任期到下届理事会会议结束时为止。每年召开一次理事会年会，除年会外，如理事会或执行董事会认为有必要，也可举行特别会议。每次参加会议的理事必须过半数，而且持有不少于投票权总数的 2/3 以上的理事出席，才构成法定人数。

除若干必须由理事会行使的职权外，一般委托执行董事会代行。作为东北亚银行的最高权力机构，必须由理事会行使的职权主要有：①批准接纳新会员国及决定其加入条件。随着东北亚银行的发展，例如美洲开发银行和亚洲开发银行在成立后都接受了其他国家的进入，但其他国家想加入必须要经过理事会的同意；②增加或减少银行资本总额股。增加银行资本金总额是每个多边金融机构发展过程中出现的情况，例如欧洲开发银行曾经扩充资本金一倍，亚洲开发银行也几次增加资本金总额，以利于银行更好地为其所在地区提供充足的资金；③暂停会员国资格；④选举董事和行长；⑤裁决对执行董事会在解释银行协定时所产生的异议；⑥处理与其他国际机构的合作办法；⑦决定永远停止银行业务及其资产的分配；⑧决定银行净收益的分配；⑨决定董事、副董事的酬金和行长的薪金和其他条款，等等。

二、执行董事会的设计

东北亚银行的执行董事会为其日常业务经营的机构。执行董事会负责处理东北亚银行的日常业务，行使东北亚银行授予或由理事会委托的一切权力。

东北亚银行理事不可以兼任董事，执行董事会成员由会员国按股份份额的大小选举产生。根据其他多边金融机构的情况，东北亚银行执行董事会的董事成员共 8 名，副董事 8 名，董事和副董事任期四年，同时执行董事会选举一位主席和副主席，任期两年。董事和副董事分别由 8 个选区选出。选区根据股份的大小分配，其中中国、日本、韩国、俄罗斯和美国分别派出董事和副董事各 1 名，朝鲜和蒙古共同选出董事和副董事各 1 名。以上国家所占股份大约为 70％，共派出 5 名董事和 5 名副董事。剩下的 30％股份的国家和地区共选出董事和副董事各 2 名，可以分为两个区（其他国家 A 区和其他国家 B 区），两个区的成员可以由各成员国自愿组成，只要两个区的股份相差不显著即可。具体情况如表 3-14 所示。

表 3-14　东北亚银行执行董事会成员具体情况表

本地区选区（5 名）	非本地区选区（3 名）
（1）中国	（1）美国
（2）日本	（2）其他国家 A 区
（3）韩国	（3）其他国家 B 区
（4）俄罗斯	
（5）朝鲜、蒙古	

每一名委派董事，按委派他的国家所拥有的投票总数投票，但每一名选举产生的董事所代表的投票权总数只能作为一个统一单位使用，不能分开使用。另外，执行董事会会议必须有拥有投票权总数半数以上的董事出席，才构成法定人数。每个董事应指派一名副董事。董事缺席时，副董事代为行使董事的一切权力。当董事出席时，副董事应参加会议，但是没有投票权。

执行董事会对行长提出的贷款和担保项目的建议书进行讨论和做出决定，并对东北亚银行各项业务政策进行审定。执行董事会还负责在年会上向理事会提交财务审计报告、行政预算、有关东北亚银行业务活动和政策的《年度报告》，以及其他需要提交讨论的事项。为了对贷款的情况进行把握和分析，东北亚银行的董事和副董事还可以不定期地到借款国进行访问，以了解贷款项目在这些国家的进展情况。

三、行长及其高级管理人员的安排

东北亚银行行长是公司办事机构的首脑，在执行董事会的决定方针政策的指导下负责领导银行和办事机构的日常工作，任免银行的高级职员和工作人员。除了行长外，东北亚银行还需要选出几名副行长，副行长由行长提名，但必须由执行董事会通过。副行长协助行长工作，行长、副行长共同对东北亚银行负责。

为了保持职责分明，东北亚银行的理事、副理事、董事和副董事均不得兼任行长。执行董事会以简单多数选举产生东北亚银行行长，并由其兼任执行董事会主席。行长无投票权，只有在执行董事会表决中双方票数相等时，可以投出起决定作用的一票。

行长、副行长和其他管理人员在经营管理和执行任务时，应完全对东北亚银行负责，而不对其他成员国当局负责，各会员国应尊重他们工作职责的国际性和独立性，不干涉他们的业务工作。为了保证东北亚银行的高管理效率，东北亚银行对高级管理人员任命的首要条件应该是良好的技术能力和业务素质。

第五节　东北亚银行的运营管理制度

一、资金来源

东北亚银行作为东北亚地区的融资中介，除了运用自身资本金以外，还必须通过吸收国际资本市场上资金的方式来为东北亚地区的基础设施融通资金，这就是所谓的用少量自身资本调动大量资金的经营方针。资金的来源主要包括债券发行、基金方式等。

（一）债券发行

东北亚银行可以通过在国际资本市场上发行债券的方式，获得大量的资金。特别是面向其他国际金融机构发行的金融债券，可以使东北亚银行获取更稳定、数额更大的资金来源。作为各国政府出资的多边金融机构，其信用等级可以高达最高级 AAA/Aaa（标准普尔和穆迪），因为其他类似的多边金融机构，如世界银行、亚洲开发银行、欧洲复兴开发银行、北欧投资银行等，其信用等级都是 AAA/Aaa。这样有利于东北亚银行在国际资本市场上筹集到低成本的资金。

东北亚银行可以在各成员国国内市场上发行债券，包括中短期债券和长期债券。中短期债券可以为 2～3 年，到期后可以不偿还而换为新的债券。东北亚银行还可以通过公募的方式发行长期债券，即通过投资银行、商业银行等中间包销商向私人投资者公开发售，期限可以为 5～10 年，更长的有 20 年或 30 年。对于东北亚银行的债券发行数量一方面要考虑自身资本金的多少，另一方面还可以参考其他多边金融机构的债券发行状况，表 3-15 和表 3-16 为欧洲复兴开发银行的债券发行状况及其分析。

表 3-15　1998—2004 年欧洲复兴开发银行的债券发行量

年份	1998	1999	2000	2001	2002	2003	2004	总量	年平均量
债券发行量（亿欧元）	29.12	26.98	21.60	27.78	20.03	19.59	21.83	166.93	23.85

资料来源：欧洲复兴开发银行官方网站。

表 3-16　欧洲复兴开发银行债券发行量与资本金的关系分析

	总股本	实缴资本	未到期债券价值	年平均债券发行量	债券发行量/总股本	债券发行量/实缴资本
数量（亿欧元）	200	50	122	23.85	0.61 倍	2.44 倍

资料来源：欧洲复兴开发银行官方网站。

　　从表 3-15 和表 3-16 可以发现，欧洲复兴开发银行自 1998 年以来每年债券发行量波动性不大，债券发行量也考虑到了自身的总股本和实缴资本的多少。因此，东北亚银行的债券发行量要考虑到自身的资本金状况，可以确定一些相应的指标，也有利于东北亚银行的稳健经营。

　　另外，为了分散风险和降低成本，东北亚银行可以在国际资本市场上发行多种货币的债券。例如，北欧投资银行已经在全世界使用 34 种货币完成了 866 项交易（截至 2005 年 3 月 29 日）。具体如图 3-2 所示。

　　最后，东北亚银行在债券发行方面还要考虑各国经济基本面的状况，如果某一个国家的国内储蓄率下降，利率过高，或者发生国际收支不平衡的情况，则就不应在该国发行债券，以避免借款的成本增加。

（二）基金方式

　　东北亚银行还可以向世界银行和亚洲开发银行学习，设立各种基金，这些基金主要来自各会员国和其他国际组织的赠款。由于通过基金方式筹集的资金主要是赠款，成本很低，所以这些资金可以用于无息贷款或者技术援助等。

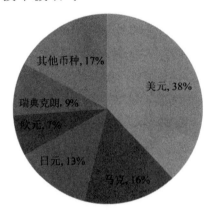

图 3-2　北欧投资银行债券发行的币种结构

对此，亚洲开发银行给东北亚银行提供了良好的经验。亚洲开发银行下设各种基金，包括亚洲开发基金（ADF）、技术援助特别基金和日本特别基金。其中亚洲开发基金主要由亚洲开发银行发达成员捐赠，专门用于对亚太地区贫困成员发放优惠贷款；技术援助特别基金用于发展中成员聘请咨询专家、人员培训、购置办公设备、项目准备、项目执行、制订发展战略、加强机构建设、加强技术力量、行业发展研究、编制国家或行业的发展规划等，以此提高这些国家人力资源的素质。日本特别基金的资金来源是日本政府的赠款，主要以赠款的形式帮助亚洲开发银行发展中成员调整经济结构，以适应整个世界经济环境的变化，开拓新的投资机会。

因此，东北亚银行也可以下设各种基金，例如技术援助基金用于筹集资金来帮助东北亚地区国家的人力资源素质的提高。针对目前东北亚地区沙漠化、酸雨、沙尘暴及海洋污染等环境状况，还可以考虑成立环保基金为东北亚地区环境保护和治理筹集资金。

（三）其他方式

除了债券发行和基金方式筹集资金外，东北亚银行还可以在国际金融市场上通过直接向其他金融机构借款的方式来弥补短期的资金不足或者满足流动性的需要。另外，当东北亚银行成立后，虽然是非盈利性的政策性银行，但是通过贷款也会有少量的经营收益，而东北亚银行不对各会员国股东进行股利分配，所以这也将是资金的一种来源渠道。

二、资金运用

东北亚银行的资金运用就是把筹集到的资金投放到东北亚地区的基础设施等项目上，以此来实现东北亚银行的宗旨。资金运用方式包括贷款、股权投资、联合融资等。

（一）贷款

向东北亚地区国家提供长期生产性贷款、促进其经济发展和人们生活水平的提高是东北亚银行的根本任务。贷款业务也是东北亚银行资金运用中最核心和最主要的业务。

1．贷款对象

东北亚银行的资金主要作为长期贷款用于东北亚各成员国的基础设施建设。这些基础设施建设包括交通（铁路、公路、机场、海底隧道等）、能源开发、电信、环境以及区域开发等。贷款对象是东北亚地区基础设施的开发商、各国政府，以及各国政府成立的合作开发机构。

2．贷款原则

东北亚银行作为东北亚地区的多边金融机构，目的主要是为东北亚地区基础设施提供长期资金支持，所以其贷款原则应该是有利于东北亚银行的宗旨和任务的。贷款原则包括：

（1）非政治化贷款原则。东北亚银行向东北亚地区国家提供贷款一般考虑经济因素，不管申请国家的政治条件和政治制度。

（2）特定项目使用原则。东北亚银行在发放项目贷款时，贷款一般必须用于借款国的特定项目，而不是交给会员国政府，由其自己自由安排使用和挪作他用。

（3）贷款总额限制原则。为了保证东北亚银行的稳健经营，东北亚银行每年的贷款总额不得超过实缴资本的总额。

（4）有偿还能力原则。东北亚银行的贷款不但具有政策性，而且具有市场性，其资金来源主要是市场化的融资，是有偿的，所以东北亚银行的贷款必须考虑到市场化因素，即要考察借款方的偿还能力，这主要通过银行对贷款项目的调查、论证、审核及监督来实现。

3．贷款方式

东北亚银行贷款方式可分为项目贷款、规划贷款、部门贷款、开发金融机构贷款、综合项目贷款、特别项目贷款等。

（1）项目贷款（Project Loan）。东北亚银行的贷款业务主要为具体项目提供资金，这些项目可以是一个国家发展规划的一部分，也可以是一个地区规划的一部分。

（2）规划贷款（Program Loan）。规划贷款是对某一个需要优先发展的行业或所属部门提供资金，目的是使这些部门通过进口生产原料、设备及零部件，扩大现有生产能力，使其结构更趋合理化和现代化。这种贷款把短期贷款与中期贷款结合起来，统一考虑。根据行业产业发展规划，对现行政策进行调整、改进和完善。

（3）部门贷款（Sector Loan）。部门贷款的目的是满足所选择部门的资本投资需要，提高部门执行机构的技术和管理水平，保证支持该部门发展的金融及其他政策的进一步完善。部门贷款的确定主要考虑部门发展政策是否适当，以及有关部门制订、评价、执行和监测其规划及相关项目的能力。部门贷款方式为借款在分项目的选择等方面提供了一定的灵活性。部门贷款的条件是部门发展重点明确，投资计划周密，机构机制健全。

（4）开发金融机构贷款（DFI）。这种贷款是通过发展中成员国的开发性金融机构进行间接贷款的一种形式，又叫中间转贷，通过开发性金融机构贷给需要资金的项目或产业。

此外，东北亚银行的贷款还可以按贷款条件划分。亚洲开发银行把贷款按贷款利率的高低分为硬贷款和软贷款两种，硬贷款为贷款条件严格、利率相对高些的贷款；软贷款是贷款条件优惠、长期无息或低息的贷款。东北亚银行也可以对不同的项目给予不同的贷款条件，对那些预期收益低但社会效益较高的项目（如环境保护）发放条件宽松的贷款（软贷款）。

（二）股权投资

股权投资也是东北亚银行对东北亚地区国家基础设施项目投资的一种形式，东北亚银行可以取得某一个项目少量的股权，前提是这项投资能带来适当的预期报酬。欧洲复兴开发银行 1991—2004 年的投资形式分类，如表 3-17 所示。

表 3-17   欧洲复兴开发银行投资（1991—2004 年）形式分类表

名称 \ 形式	贷款	股权投资	其他形式	总计
金额（亿欧元）	195.7	43.3	14.2	253.2
比例（%）	77.3	17.1	5.6	100

资料来源：数据经欧洲复兴开发银行的财务报表整理而得，来源于欧洲复兴开发银行官方网站（www.ebrd.org）。

从表 3-17 可以发现，股权投资也是欧洲复兴开发银行的一种重要的投资形式。东北亚银行可以只取得少数股权且有明确的退场策略（指未来退出股权）。这是因为东北亚银行作为非盈利性的政策性银行的特点决定了股权投资是其参与东北亚地区投资的另一种投资形式，所以东北亚银行未来必然退出股权。

东北亚银行进行股权投资可以在初期投资后 4 到 8 年内退出股权，年限则依项目而有所不同，其退场策略可以是将其持股转卖给项目共同投资者，或通过公开发行出售持股。东北亚银行可以在国际资本市场上购买上市公司的普通股、从属贷款和可转换贷款、优惠企业收入债券、可赎回特别股和承销公开上市或非公开上市企业的股份。为了灵活地参与投资，东北亚银行一方面可以借鉴欧洲复兴开发银行股权投资的经验，另一方面可以根据融资者的需要，双方进行协商，设计出合理的投资形式和股权投资工具。

（三）联合融资

联合融资是另一种为东北亚地区基础设施提供资金的重要形式，即东北亚银行联合其他多边金融机构、商业银行、官方共同融资机构、出口信用机构等共同对某一个项目提供资金，其形式既可以是贷款，也可以是股权投资。据统计，2004 年亚洲开发银行每贷出 1 美元的同时也利用了 46 美分其他官方渠道和商业机构的资金用于提供援助。

1. 联合融资的优点

第一，从发展效率的观点来说，联合融资可以使资金需求者突破单一开发银行的资金限制，有利于为东北亚地区筹集更多的资金，拓宽东北亚区域内融资来源，并改善投资环境。第二，共同融资也为开发银行、借款者及捐赠团体之间搭建了一个更加广泛的对话平台，有利于加强东北亚银行与其他机构的合作与协调。第三，东北亚银行可以借助这种方式将其资金渗透到更多的领域，援助更多的产业，从而放大银行的作用。第四，有利于风险分散和利益共享。

2. 联合融资的具体操作方法

在实践操作中，东北亚银行可以联合世界银行、亚洲开发银行或者其他金融机构，对同一个项目进行银团贷款和股权投资，主要有以下五种类型：

（1）采用平行融资方式，将项目分成若干个具体的独立的部分，以供东北亚开发银行和其他区外经济实体分别融资。

（2）采用共同融资方式，东北亚开发银行可以与其他经济实体按照商定的比例，对某成员国或地区成员的一个项目进行融资。

（3）采用伞形融资（或后备融资）的方式，在开始时由东北亚开发银行负责项目的全部外汇费用，但只要找到联合融资的其他经济实体，东北亚开发银行中相应的部分即取消。

（4）采用窗口融资方式，联合融资的其他经济实体将其资金通过东北亚开发银行投入有关项目，联合融资的其他经济实体与借款人之间不发生关系。

（5）采用参与性融资方式，东北亚开发银行先对项目进行贷款，然后由商业银行购买东北亚开发银行中较早到期的部分贷款。

（四）其他资金运用途径

除了贷款、股权投资、联合融资外，东北亚银行还可以有其他的资金运用途径，如技术援助和无偿赠款等。东北亚国家的技术援助主要体现在社会经济发展政策、建设项目、投资计划等方面，而且提供技术援助往往与提供贷款相结合。技术援助形式包括对建设项目进行可行性研究、协助培训人员等。技术援助的目的是提升东北亚各国的人力资本水平和其他非物质基础水平，因为有时候东北亚银行仅仅向东北亚各国提供资金的物质支持不够，还需要给予一些非物质支持。无偿赠款是对东北亚地区国家适当的项目给予赠款，这些都是东北亚银行长期发展所涉及和考虑的。

三、代理

前面章节已经阐述了东北亚银行资金运营的基本方式，除了具备融资和投资的功能外，东北亚银行还应具备另一种特殊的功能——代理中间业务，为东北亚经济区域内的资金运作提供一个更完善的管理服务体系。

世界上其他多边金融组织或政策性组织如亚洲开发银行、世界银行、联合国开发计划署等，为了支持东北亚地区项目建设和经济发展，每年都会有一定的资金投放，但在特定情况下，需要通过一个中间金融机构来代为管理和监督资金的运用，而东北亚地区恰恰缺少这种类型的中间金融机构。那么东北亚银行的中间业务正是为了适应这种需要而担当起保管项目资金的代理职能，而其代理经营活动正是与其他多边金融组织形成互补的一个具体体现，它和其他金融组织在对东北亚地区的基础建设项目和其他领域投融资上形成一种相互依赖、共同进步的关系。

（一）代理的具体业务程序

世界上其他多边金融机构将投放给东北亚地区的项目资金可以委托给东北亚银行，后者依照前者的指示或者特定目的进行收付、管理、运用和处置分配。此类代理业务中东北亚银行并不动用自身资金，而是依托资金、技术、信誉、信息、机构和人才等各方面的优势，作为中介人为其他多边金融机构承办收付和其他委托事项，主要是以实现对项目资金的控制管理和监督对资金运营的合理规划为目的，此外尽可能地提供项目执行技术援助和培训咨询。

（二）主要代理业务种类

从其他多边金融机构给银行授权权限的不同来划分，东北亚银行可代理的业务包括信息技术服务、贷款转贷业务和项目委托代理。

首先是信息技术服务，在区域内的金融资产交易或投资之前，其他多边金融机构需要对当地的市场等信息做详细调查。东北亚银行作为东北亚地区的投融资载体，公共关系比较发达，可以依赖其信息数据库和人才的优势，为它们提供信用调查咨询、利率、汇率、资本流动、货币政策以及立法等各方面的信息，帮助它们选择最合理的金融投资方案，提供信息咨询服务。其次是贷款转贷业务，它是指银行通过转贷协议的方式，将其他多边金融机构的贷款转贷给负责项目建设的单位，并对债务实施管理的业务活动，根据协议办理提款、还本付息以及实施项目管理的业务。最后是项目委托代理，即东北亚银行除了管理项目资金外还将代理其他多边金融机构的其他职能，如技术援助、人员培训、项目执行管理和高级技术员派遣等。

此外，按照金融服务品种的不同来划分，代理业务还可以包括代理资金融通、贷款代理、股权投资代理、保证代理、开发基金代理业务、债券发行代理活动等。

（三）代理业务的注意事项

首先，东北亚银行作为政策性银行，安全性是其经营中的首要目标。因此在进行代理业务时，要做好风险监督管理。代理业务虽然是低风险，但是不等于无风险，所以要实现项目管理日常化，对于项目的风险进行非定期化审查和监督。

其次，东北亚银行应对项目资金进行长期规划、合理安排。利用其人才和信息优势，决策管理层应该对项目计划的资金规模、期限做出长期的规划统筹，对每一年度发放及到位的资金进行年初预算，做出资金调度具体方案，努力做到项目进度周期和资金收付相互统一协调。

最后，代理业务是东北亚银行的一个特殊业务，但不是其主营业务,所以东北亚银行应该在其自身能力范围之内来承担代理业务,恰当地发挥其代理中介的作用。

四、东北亚银行的内部控制

东北亚银行作为次区域非盈利性的政策性银行,理所当然地要将安全性作为首要目标,但是作为一个投融资载体,在其经营活动中总会存在着一些不确定性因素,也同样面临着一定的风险。所以除了对风险的专业识别与预测之外,东北亚银行还需要建立相应的内部控制机制来控制风险,减少损失。

内部控制是由理事、管理层和其他人员在公司内进行的,识别风险并采取措施合理确保实现经营管理目标的过程。内部控制的目的是为保障贷款的安全性和稳定性,实现财务报告的可靠性、经营的有效性以及相关法律法规的遵循性,其中安全性对于东北亚银行这样的政策性银行来说是首要目标。我们把东北亚银行的内部控制按照国际惯例分为控制环境、风险评估、控制活动、信息和沟通以及监督五个方面。内部控制的五个方面和四个目标之间的关系可以用图 3-3 简单表示。

（一）控制环境

作为内部控制的基础,控制环境是指内部控制的执行者也就是银行管理层或者人事部门对于执行和维护有效的内部控制结构所持有的态度和承诺,是银行内部控制过程中的人的因素,影响到整个内部控制的质量。包括如下几个要素:

其一,明确东北亚银行的目标和政策,以便制定战略计划和预算过程。

其二,管理层作为内部控制的执行者,其经营理念和管理风格应该积极地支持内部控制,管理层所制定的行为准则、咨询和业绩评估措施也应该支持内部控制的目标。人力资源政策也是控制环境的要素之一,包括银行人员的雇佣、入行指导、培训教育、评估和咨询、升职以及纠正措施等,从员工招收直到工作过程中的每个环节都需保证工作人员具有职业道德和诚信、良好的教育背景以及岗位所需要的工作经验。良好的控制环境需要明确和顺畅的组织结构做保障，以便有利于划分职责和汇报路径的通畅，尽量减少出现由于职责不清造成的空白点或者重复点，从而导致效率低下。

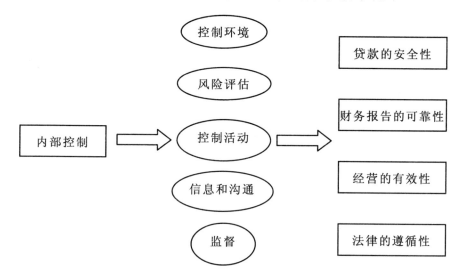

图 3-3　东北亚银行内部控制的五个方面与四个目标的关系

关于组织结构的详细阐述可参见本部分的第四节治理结构，另外，内部控制还需要执行董事会任命一个独立于管理层的内部审计委员会，该委员会直接向组织的最高层领导提交报告。

（二）风险评估

东北亚银行作为次区域性政策银行，主要面临信用风险、市场风险、经营风险和操作风险。其中经营风险指的是东北亚银行经营管理不善可能导致损失的风险，而操作风险是指由于不完善或有问题的内部程序、人员及系统或外部事件造成损失的风险。这两点是所有银行共有的风险。

东北亚银行的信用风险主要指国家信用风险，虽然多边金融机构的贷款由贷款国政府做担保，但是这担保最终是否能实现也是不确定的。国家信用风险分为三类：一是特性风险，是指由于某国自身的特殊原因而造成的累积过期未付欠款；二是协变风险，是指由于共同的打击（如东北亚地区政治危机或全球性经济形势逆转）而造成的部分国家的累积过期未付欠款；三是业务集中风险，由于贷款集中于少部分国家而造成的累积过期未付欠款。

东北亚银行市场风险主要表现为汇率风险。东北亚银行作为一个区域性的投融资实体，其汇率控制主要体现在资金运用中的货币选择。规避汇率风险主要是通过设计货币组合的方式来实现的，而当前在东北亚地区适合选择的货币主要有美元、欧元和日元，随着中国经济实力逐步增强，未来人民币也可以考虑作为一种货币选择。

（1）美元。美国具有强大的经济实力，美元作为世界第一大货币，具有强大的国际竞争力，无论当前美国的经济状况如何，美元世界货币的强势地位仍然不会动摇。因此，对于东北亚银行的货币组合，美元是必不可少的。

（2）欧元。欧元区集合了法国、德国、意大利等发达国家，其经济实力可与美国匹敌；欧元从其诞生之日起就具有强大的影响力，随着欧元区经济的复苏，这种影响力越来越大。因此，欧元也是货币组合的一种选择。

（3）日元。日本是东北亚银行地区成员国的一员，同时又是世界第二大经济强国，日元作为世界硬货币的状况在短期内不会随着日本国内经济的波动而改变。因此，货币组合中也应当包含日元。

（4）未来的人民币。从长远看人民币具有核心竞争力，最有可能成为东北亚地区的中心货币。首先，良好的经济形势为人民币币值稳定提供了有力保障。中国自改革开放以来保持了二十多年的快速增长，经济总规模已经升至世界第 6 位。2004 年中国 GDP 年增长率已经达 9.5%，中国经济的可持续竞争力是人民币坚挺的必要经济支撑；其次，人民币币值长期稳定能确保人民币可接受程度的提高。中国整体上还是一个以内需为主的国家，内外平衡的调整能力远大于日本，中国市场被国际看好。1997 年亚洲金融危机期间，中国保持人民币汇率稳定的承诺也是东南亚国家的信心源泉之一，这不仅为人民币赢得了良好的信誉，也使人民币在亚洲乃至东北亚地区内购买力和普遍可接受程度都得到了提高；最后，中国人民银行已于 2005 年 7 月 21 日对人民币实施有管理的浮动，人民币正在逐步开放，逐步实现可兑换。愈加完善的人民币汇率形成机制会进一步推动人民币的国际化进程，从而中国的金融体系也将逐步走向开放。

东北亚银行在进行贷款的币种选择时，要本着这样一个原则：以一种主导货币作为基础，同时还要有灵活的匹配原则将资金来源和资金运用相匹配，本着安全性的原则，银行在考虑贷款币种的时候也要考虑该国出口收入的主要币种，以保证确实有外汇到期支付款项。最终在权衡风险和成本后，实现货币选择的最优化。

（三）控制活动

控制活动是指一些确保管理层指令得以实施的政策和程序。第一，职责分离原则，又称"四只眼"原则，也就是避免让某位工作人员承担一些不可兼容的职责，通过相互牵制的方式，防止单个人办理业务时出现差错或舞弊行为。第二，授权有限原则。银行执行董事会向管理层及其下级机构赋予的有关权力是相关联、相匹配的。第三，会计销账原则，银行要经常进行账户的核对、核销工作，保证所有账户都能与控制账户以及对账单等相符，如发现问题要及时查询。第四，东北亚银行还要建立一套安全保卫措施和作业程序，对银行的资产、器具、重要空白凭证、业务秘密等予以充分的保护。第五，对于银行日常经营活动的监控，包括对银行各种报表和报告的检查以及对每日业务的发生情况、规章制度的执行情况以及银行的经营情况等予以经常性的监督和控制。第六，银行各部门利益的协调，当部门利益发生冲突的时候，管理层应该以实现银行总方针为目标，对各方当事人予以内部调控。第七，借助电子的信息技术系统来实现信息控制。信息技术系统可以分为：一是对于银行所有或大多数部门都适用的一般性控制，比如评估控制、应用软件的升级、维护和变更、系统软件控制以及软件的后续服务；二是针对个别应用系统而言的，可以用来预防、监测和修正信息流经过信息系统时出现的错误和非常规现象的应用性控制。

（四）信息和沟通

能否及时鉴别、挖掘、获取、处理丰富的内部信息和外部信息，实现信息在各部门、各层次、内外部间顺畅地传递，并且很好沟通、理解和利用信息，决定了组织目标的实现程度，也是组织及其员工履行职责的必要条件。

有效的交流在组织内部可以是自上而下、自下而上或者交叉进行的。所有的人员都可以从最高级管理层处得到清晰的指示，该指示表明应该严格履行控制职责。员工应该明白他们各自在控制系统中的作用，以及自己的任务与其他人的工作之间的关系。此外，还需要与外部人员进行有效的沟通。

（五）监督

监督是对内部控制过程的监督和保障，分为持续性监督和独立性监督。持续性监督指的是对于正常、反复出现的经营活动的监控，包括日常管理、监督以及人员履行职责的其他活动；独立性监督是指独立评估的范围和频率主要依赖对风险的评估和持续监控过程的有效性，为保证内部控制能达到理想结果，应同时将内部控制的缺陷报告给相关的管理层。

五、东北亚银行的发展前景预测

（一）未来银行资本的扩容

东北亚银行的资本结构并不是封闭的，而是一个开放的体系。一方面，区域内成员可以逐步增资，强化资本充足率和增加信用等级。另一方面，东北亚银行作为一个次区域性的政策性银行，经过理事会和执行董事会的审议通过，可以吸收更多的区域外成员国实现资本扩容，壮大银行的资金规模，更好地为区域内经济合作提供稳定持续的资金供应。

（二）未来地域范围的推广

东北亚银行建立之初，是把重心放在东北亚地区，改善和构建区域内的以通信、能源、交通为核心的基础建设网络，使其达到可接受的国内和国际标准，促进资源与资金的整合互动，实现东北亚区域经济的一体化。随着东北亚银行的不断完善发展，可以考虑在确保东北亚地区为中心和重心的前提下，进行地域范围上的推广，将自身的业务范围辐射到其他需要资金的国家和地区，如中东和北非地区。

（三）未来业务范围的扩大

东北亚银行成立之初，其资金投放集中在区域内的公共基础设施和能源交通方面，随着这些领域的逐步开发和升级，资金饱和后，可以考虑将业务范围扩展到金融贸易领域、落后国家经济转型领域和中小企业发展领域等。

首先，金融贸易领域。为地区各国的金融体系提供稳健的经验，派驻高级顾问人才参加筹建金融机构及金融体系，帮助成立并完善银行体系及资本市场体系。

其次，东北亚地区国家的经济转型领域。在这些国家市场经济体制改革的过程中，东北亚银行不仅能提供必需的资金融通，还可以有效地发挥经验指导和人员培训的作用，加速市场改制国家的转型过渡，实现区域经济的平衡发展。

再次，中小企业发展领域。中小企业的作用越来越受到关注，它为国家创造大量的国民生产总值和外汇收入，但是它的发展却总是受到融资增资的限制，东北亚银行可以成立一个发展中小企业的特别基金，用于支持区域内各国中小企业的发展壮大。

最后，根据区域内的具体经济状况建立多种专项基金（Special Fund）。如针对某些专门领域如农业开发、扶贫、教育、环境保护等，提供赠款、技术等各种服务。

（四）未来金融服务内涵的延伸

东北亚银行建立初期的主要任务是为本地区国家的基础设施

项目提供所需的资金，发挥一个提供大量长期资金的中介服务机构的功能。随着银行的经营理念和管理水平的不断提升和成熟，为了提高银行自身规避风险的能力和经营水平，保证资金的安全性和流动性，银行可以在金融服务内涵上实现延伸，实现综合化和现代化。

首先，除了现有的贷款、股权投资等基本的业务外，东北亚银行还可以扩展业务的广度与深度，挖掘金融服务的内涵，更好地满足客户的选择需要。

其次，发展金融工具的业务创新。利用衍生工具如期权、互换或者投资组合来防范风险和损失，提高资金的运用效率。

最后，服务体系日渐完善。在信贷资产质量管理、为客户提供方便的金融服务和快捷的现代化支付结算工具等方面，东北亚银行都具有相当的优势。

综上所述，东北亚银行的建成将大力促进各国的金融合作，随着各国资金融通的合作深化将进一步推进区域合作组织的诞生。

第四章　东北亚银行总部选址条件分析及建议

第一节　东北亚银行总部所在地应具备的条件

一、地理位置优越，交通通信便捷

东北亚银行总部所在地应有良好的地理位置和便捷的交通运输条件，从而方便总部与各支行、办事处及其他方面的联系，降低银行的运营成本，提高效率。而发达的通信网络条件可以确保更快、更新、更高流量的信息需求得到满足，与金融服务相匹配，从而提升政策银行的聚集效应。

二、稳定的金融环境

完善的金融交易、监管、司法以及规范信息披露规范体系，能够保障金融市场和金融机构的有序发展。金融政策的稳定性和连续性同样是很重要的因素，如果政府或监管当局制定的规则变化无常，金融机构将难以产生稳定的预期，其长远发展规划便难以制定和实施。

三、国家政治风险和法律因素

作为跨国金融机构总部的所在地，常常涉及资金的转移问题，这就涉及该地区政治稳定性的问题，因此，东北亚银行的总部所在地必须有稳定的政治、法律环境做支撑。

四、金融发展水平

金融发展水平主要从以下两个方面进行考虑:

(一)金融总量与效率指标

金融总量与效率主要考虑所在城市银行等机构的资产总额、外币存款与本币之比、所在城市外国银行和金融机构数量、金融人才供给等,这几个指标可以反映该地区的金融发展程度,除此之外,还要包括能够衡量金融运行效率的相关指标。

(二)运营成本

运营成本主要是考虑银行开展运营后的各方面费用开销,包括显性和隐性两个方面。其中,显性成本指可贷资金的供求决定的成本和相关运营开支,隐性成本指由于该地区对金融及资本的管制,阻碍竞争或扭曲竞争关系的制度(如限制金融机构的业务范围)而产生的银行经营成本。

五、现有多边金融机构总部选址的考量因素

以上内容从多边金融机构运行理论的角度进行了分析,而对当今世界上主要的多边银行及其总部选址的依据和经验分析也是非常必要的。当今世界上主要的国际金融机构的总部选址如表 4-1 所示。

表 4-1   现有多边银行总部所在地

多边银行	总部所在国	总部所在城市
国际复兴开发银行	美国	华盛顿
亚洲开发银行	菲律宾	马尼拉
欧洲复兴开发银行	英国	伦敦
非洲开发银行	科特迪瓦	阿比让
美洲开发银行	美国	华盛顿
欧洲投资银行	**卢森堡**	卢森堡

多边银行	总部所在国	总部所在城市
北欧投资银行	芬兰	赫尔辛基
北美开发银行	美国	圣安东尼奥
加勒比开发银行	巴巴多斯	布里奇顿

综合分析，我们可以发现，现有多边银行总部选址的考量因素的确同前文理论阐述中所论及的内容相互契合。简要分析如下：

（一）优越的地理位置和便利的交通条件

多边银行总部多设在港口城市或靠近港口，拥有优越的地理位置和便利的交通条件，如伦敦、马尼拉、阿比让、赫尔辛基均为重要的港口城市和交通枢纽。现有多边银行总部选址的事实说明，港口城市由于种种优势，吸引了各国资金的大量流入流出，成为资金和资本的集聚地。

（二）总部所在地多是地区性的金融中心或金融市场发达的城市

非洲开发银行（AFDB）的总部设在科特迪瓦的经济首都阿比让，阿比让是非洲的一个重要金融之都，拥有非洲国家最稠密的金融网，素有"非洲小巴黎"之称；而伦敦和卢森堡更是世界上重要的国际金融中心。总部选址在金融基础设施良好、运作效率高效的金融中心，便利于政策性银行的业务运作和战略规划的实施。

（三）总部所在地多邻近政治中心

北欧投资银行（NIB）的总部设在芬兰首都赫尔辛基，它是芬兰的政治文化中心，也是举行国际性会议的主要场所之一；亚洲开发银行（ADB）总部选址在菲律宾的首都马尼拉，马尼拉是东南亚的政治、文化中心；欧洲投资银行的总部所在地卢森堡则靠近欧洲政治中心布鲁塞尔。

第二节　东北亚银行总部设立在中国的合理性

一、中国的经济金融前景符合银行总部设立的要求

（一）中国的经济发展前景

1. 综合水平

中国改革开放取得了丰硕成果，社会主义市场经济体制逐步建立，公有制经济进一步壮大，国有企业改革稳步推进，个体、私营等非公有制经济发展较快，市场经济体制建设全面展开。国民经济持续快速健康发展，经济结构战略性调整取得成效，开放型经济迅速发展，商品和服务贸易、资本流动规模显著扩大，经济效益进一步提高，中国在对外开放中，抓住了全球化的机遇，选择了吸收外资、发展沿海加工贸易，加入全球分工体系的战略。中国已初步确立了作为世界制造业基地的地位，在亚洲贸易总额中，中国占17%的份额，在世界贸易总额中，中国所占的份额已接近 5%。在全球经济中的地位越来越重要，发展前景被世界各国普遍看好，中国的外国直接投资（FDI）连续几年位居世界前列，将东北亚银行总部设在中国可以充分利用中国吸引的外资，为东北亚银行成立后的运营后所需资金的来源提供了保障。同时，中国是世界上最大的发展中国家，其基础设施建设需要大量的资金投入，为东北亚银行的资金运用提供了广阔的市场。

2. GDP 指标体系

中国经济正在走向现代化，按不变价格计算，过去 20 年里中国人均 GDP 与美国的比值在上升，中国经济现代化在相对追赶（与世界先进水平的相对差距的缩小），这些大约发生在 20 世纪最后 20 年里。在经济全球化的浪潮中，中国扮演的角色已引起世界的关注。

目前中国经济的发展对世界经济的贡献和影响力越来越大。由于政府和市场力量的推动，从 1978 年起，中国保持了 9.4％的发展速度，成为全球经济最有活力的地区。据统计，中国正在接收发达国家和部分发展中国家的产业转移，中国吸引的外资连续几年超过 500 亿美元，已成为全球吸引直接投资最多的国家。

根据世界银行的预测，到 2020 年中国占世界贸易量的份额将上升到 10％，并且成为世界第二大贸易国，只略低于美国。类似的研究也同样表明了这一趋势，北京国民经济研究所的王小鲁博士根据过去 47 年经济增长的要素贡献和制度贡献分析，对 2001—2020 年的经济增长进行了模拟分析，模拟的基本结果之一是：这 20 年中国年平均经济增长率为 6.4％，其中，2001—2010 年为 6.58％，2011—2020 年为 6.22％。正如世界银行 1997 年出版的《二〇二〇年的中国》所声称的，如同美国在 19 世纪、日本在 20 世纪第二次世界大战之后的经济起飞一样，中国的经济崛起为世界发展带来机会，成为世界经济增长和贸易增长的驱动力之一。

3．竞争力的综合体现

从更宽泛的角度上看，一国综合实力的迅速壮大可以体现在不同的维度上：（1）经济规模与人均产值。中国已经实现经济总体规模处于世界前列，但是要达到人均生产总值在世界中等以上水平仍然具备巨大的发展潜力，各国可以"到中国来投资，分享中国的收益增长"；（2）贸易总量与产品竞争力。中国不但实现贸易总量处于世界前列，而且正在形成一批在国际上具有显著竞争力的产品；（3）产业结构与国际分工。中国正在调整和建设适应现代经济发展水平的产业结构，积极实现经济的服务化与信息化；（4）经济全球化中的主动地位。中国不但有能力吸引国际投资，而且开始注重摆脱跨国公司的全球战略控制，实施振兴民族企业的方针；（5）拥有和完善代表知识经济发展的生产要素。不但开始拥有工业经济的生产要素，并能以自己的富裕要素参与国际分工，更要能拥有知识经济的核心生产要素，在研究、开发、信息、技术和跨国经营管理等方面处于领先地位；（6）通过不懈的经济与金融领域的改革，中国正在逐步实现人民币的可自由兑换建立发达的金融体系；（7）人民币开始为国际交易所使用并成为其他国家的储备货币，币值稳定，拥有大规模的金融资产能承受国际金融市场的动荡；（8）中国的国际影响力和对外的抗风险能力逐步增强，开始能够在经济发展动向上影响世界经济，对世界经济的各种波动，有较强的抗震能力；（9）有效的管理和强有力的政府；（10）中国在国际经济体系中的地位逐步提高，能够以对世界负责任的方式影响体系的成长与运行。

（二）中国的金融改革进展与发展前景

经过改革开放后二十多年的努力，中国经济已基本实现了由计划经济向社会主义市场经济的转变，金融改革是中国经济改革的重中之重，建立适应社会主义市场经济的现代金融体制，在促进中国经济改革、开放和社会稳定中发挥了重要作用。加入 WTO 后，中国进一步实行金融开放政策，其中包括逐步放宽外资银行在中国设立金融机构的地域和条件，逐步开放外资金融机构经营人民币业务等。积极的金融开放政策无疑会为构建东北亚银行创造有利条件，提供良好的经济金融环境。

总体上看，一方面，中国长期以来拥有较高的储蓄率，充裕的国内私人储蓄为各类投资活动提供了坚实的资金支持；另一方面，自中国加速融入世界经济体系以来，就恰好面对国际资本最为充裕的时期，庞大的国际剩余资本在世界各地寻找着投资机会。具体而言，中国的储蓄率一直保持在 30%～40%的水平，2003 年以来居民储蓄存款高达万亿；同时，在货币资本市场高度发达、金融衍生工具层出不穷、货币调控手段相对丰富、国际资本流动日益便捷的现代社会，人们缺乏的不是货币，而是赢利机会。另外，中国目前的消费、投资和产业等正处于数量增长与结构调整齐头并进的阶段，其中蕴涵了无数的商机和投资需求，预计在较长一段时期内会保持足够的资本需求，进而对国际资本保持相当的吸引力。例如，中国不仅在多年以来保持了两位数的对外贸易增长，而且在 2003 年首次超过美国成为世界上最大的外国直接投资的接受国，这在一定程度上反映了内地旺盛的消费投资需求和无限商机。总结看来，经过二十多年的金融体制改革，中国的金融体系构架不断完善，效率不断提高，体现在以下几个方面：

1．资本市场改革和开放

2004 年初颁布的《国务院关于推进资本市场改革开放和稳定发展的若干意见》，对资本市场发展提出了九点指引。保险业改革已启动，取消了对保险业投资的一些限制。与此同时，按照入世承诺，我国金融服务业加快了开放的步伐，启动了合格的境外机构投资者（QFII）机制，允许外资进入国内市场。

2．银行业改革

为了建立良好的公司治理结构，最近中国政府开始对中国银行和中国建设银行实行股份制改革，并已经取得了一定的突破；其他银行和非银行金融机构的改革也将开始，所涉及的金融机构主要包括另外两家主要国有商业银行、股份制银行、城市商业银行和农村信用合作社。

3．利率市场化

在原来基础上中国利率市场化又走出了一大步。目前，中国已经放开了银行间利率、贷款回购利率、再贴现利率及国债发行利率和政策性金融债券利率，与此同时，放宽了商业银行贷款利率的浮动幅度。2004 年 10 月，中国提高了一年期存贷款基准利率，其他存贷款利率也随之相应提高，提高存贷款基准利率反映了经济手段在资源配置和宏观调控中的作用，有助于巩固宏观调控的成果。

4．金融监管体系建设

中国已经建立了由"一行三会一局"（中国人民银行、中国银行业监督管理委员会、中国证券业监督管理委员会、中国保险业监督管理委员会和国家外汇管理局）为主体的金融监管框架，新的金融监管体系明确了监管的责任。此外，相关金融法规也开始实施，金融法律体系将持续得到完善。

5．汇率制度与资本账户改革

从中国 1996 年承诺经常项目可兑换之后，外汇改革主要精力集中在人民币可兑换上，在 WTO 的背景下，人民币可兑换尤其是在资本项目可兑换这两年又放松了不少。国际货币基金组织将资本项目交易定义为 43 项，迄今为止，中国实际上有一半都已经不受限制了，严格控制的现在不到两成，已经实现了资本项目的部分可兑换。自 2005 年 7 月 21 日起，我国开始实行以市场供求为基础、参考一篮子货币进行调节有管理的浮动汇率制度。人民币汇率不再盯住单一美元，形成了更富弹性的汇率制度，从而改善了贸易条件，抑制了通货膨胀，消化了过剩的外汇储备，促进了资源的合理配置，降低了外汇占款对货币政策自主性的干扰，减少了贸易摩擦，推动了金融市场快速健康发展，调节银行体系流动性，为商业银行贷款的合理增长和金融市场的产品创新提供了有利的流动性环境，并且可以推动企业发行短期融资券，推出债券远期交易等。同时，稳步推进金融企业改革，继续改进外汇管理；适当进行汇率调整，有利于增强货币政策的独立性，便于灵活开展公开市场操作，充分发挥利率杠杆的调节作用，提高金融调控的主动性和有效性；有利于保持物价稳定，降低企业成本；有利于促使企业转变经营机制，增强自主创新能力；有利于优化利用外资结构，提高利用外资效果。

6．金融市场创新方面

金融市场创新方面进展很快。货币市场基金开放度进一步提高，保险公司可以从事投资连接保险和投资基金和股票等业务。这些改革措施的实施，必然会有利于经济的增长和发展，从而更加便利于政策性金融机构的投融资运作。

二、东北亚银行总部选址的最优选择

从根本上讲，东北亚银行的总部选址既是经济问题，同时又会敏感地涉及各国的政治经济利益。东北亚银行的总部选址不仅会给东道国带来经济金融发展方面的积极影响，而且也有利于提升东道国在整个东北亚地区经济合作与政治对话中的地位。然而由于各国的政治经济状况、各国政治经济联系的紧密程度、甚至价值观和社会文化的差异显著，并不是所有参与国家都具备作为总部选址的条件。

综合来看，合理的东北亚银行总部所在地，既应该具备较为发达的经济基础、金融市场体系、高效优良的制度背景，又需要通过对话与磋商得到各国的普遍认同。也就是说，东北亚银行的选址问题，在目前东北亚乃至全球政治经济格局中，可能会是在经济实力基础之上不断进行政治对话与磋商后的"均衡"结果。

（一）东北亚地区国家对自身利益的考虑

考虑到蒙古和朝鲜的经济发展状况，短期内不具备设立总部的条件；俄罗斯远东地区是人口稀少、资金缺乏的欠发达地区，而且俄罗斯远东地区没有具备条件的大城市，因此将总部设在俄罗斯显然也不合适。

对比中、日、韩三国的情况，虽然日本是世界第二大经济强国，资金、技术、人才充裕，但是由于历史原因，东北亚地区其他国家对日本抱有怀疑和排斥的心理，而且目前日本与中、俄、韩三国均存在领土争端，同朝鲜的关系尚未实现正常化。所以，日本想从政治角度赢得其他国家的支持也不太现实。同时，日本利用其在亚行的优势地位控制了亚行的资金投向等业务，所以出于公正与利益均衡的原则，东北亚各国应该会尽量防止日本对东北亚银行的控制，从而选址日本不容易得到各国的认同。

韩国虽然在推进建立东北亚银行的过程中很积极，但是由于韩国的综合实力与中国、日本相比较小，且在亚洲金融危机中韩国受到较大的冲击，其金融系统的稳定性不强，因此总部设在韩国也不合适。而且韩国在21世纪提出的建设"东北亚经济中心"战略中包括了建设东北亚物流中心、金融中心等构想，对日本在亚洲的经济地位形成挑战，所以日本应该也不会支持将东北亚银行总部设在韩国。

（二）各国对东北亚银行总部选址中国的态度分析

俄罗斯由于与日本的领土纷争没有得到解决，两国关系僵化，与此同时中俄关系随着《中俄联合公报》①的发表而不断升温，两国战略协作伙伴关系进入新的发展阶段，所以在选址问题上，俄罗斯会在中日之间支持中国。

中朝两国一直保持着传统的友好合作关系，中国是朝鲜在政治和经济上最主要的合作伙伴之一，因此在总部选址问题上，朝鲜应该也会支持中国。

中国与日韩两国在经济贸易上往来密切。日本在 2004 财政年度与中国（包括香港地区）之间的贸易总额超过日美两国贸易额，中国已经成为日本最大的贸易伙伴②。而中韩之间的贸易额增长迅速，据中国海关统计，2004 年，韩国是中国第五大贸易伙伴，中国是韩国第一大贸易伙伴，且中国成为韩国企业直接投资的重要地区，所以将总部设在中国对日韩两国来说也存在利益点。

天津是蒙古进出太平洋的通道，也是蒙古唯一的出海口，中国为蒙古过境货物和过境运输提供便利，而且中国是蒙古重要的贸易国，因此将总部设在中国，蒙古也不会反对。

所以综合来看，将东北亚银行总部设在中国，可以使东北亚各国的利益在一定程度上均得到实现。

---

① 2005 年 6 月 30 日—7 月 3 日，胡锦涛访问俄罗斯，中俄两国签署联合公报。
② 日本财务省 2005 年 5 月 21 日发表的贸易统计速报。

第二部分　设立东北亚银行的若干问题详细解读

第五章　新时代背景下设立东北亚银行的必要性

第一节　东北亚区域金融合作意义的再认识

一、有助于推动东北亚地区新秩序的建立与发展

进入 21 世纪，东北亚地区国家的政治、外交出现了新的变化，中、美、俄、日、韩、朝等国围绕东北亚形势的发展不断调整相互关系。一方面，原有的良好双边关系得到了巩固和加强，如中俄的面向 21 世纪战略协作伙伴关系、韩俄的建设性战略伙伴关系、日韩的面向 21 世纪经济伙伴关系等；另一方面，敌视或冷却的双边关系也取得了实质性突破，如朝韩首脑会晤、俄朝关系升温等。但是也应看到，东北亚地区仍然存在着超级大国的强权政治、本地区国家的政治外交争端、国家间发展不平衡等诸多问题，严重阻碍了本地区的发展和繁荣。因此，东北亚地区急需建立公正合理的地区新秩序以及区域一体化来为本地区的繁荣和可持续发展奠定基础。

早在 2005 年 7 月 1 日，中俄两国元首就在莫斯科签署了《中华人民共和国和俄罗斯联邦关于 21 世纪国际秩序的联合声明》（以下简称《中俄联合声明》），对新时期国际和地区政治经济新秩序进行了进一步阐述。根据《中俄联合声明》的相关精神，建立东北亚

地区新秩序，需要进一步提升本地区国家的合作，在发展双边关系的同时，注重推动多边合作机制的建立。

2015 年 5 月 8 日，中俄两国元首在莫斯科发表《中华人民共和国和俄罗斯联邦关于深化全面战略协作伙伴关系、倡导合作共赢的联合声明》，更加系统地阐述了两国全面战略协作伙伴关系的内涵和发展方向。根据声明，双方将采取协调一致、有针对性的举措保持双边经贸合作稳定发展势头，在扩大双边贸易额的同时逐步改善双边贸易结构，积极培育新的增长点，进一步扩大投资合作规模，推动双方在东北亚地区加强合作。

2015 年 11 月 1 日，中、日、韩三国领导人在首尔发表了《关于东北亚和平与合作的联合宣言》，重申了维护朝鲜半岛以及东北亚和平稳定是符合三国共同利益的，同时也表明了三国共同努力扩大经济社会合作，实现东北亚和平、合作及共同繁荣的决心。

但是，由于东北亚地区国家在政治、经济、文化等方面差异较大，高层次的政治经济合作不易实现。因此，首先应通过某个特定层面的合作，增进各国的互信、互利，促进国家间的和谐均衡发展，为进一步合作和地区新秩序的最终建立奠定基础。目前，建立东北亚合作与开发银行，在本地区基础设施建设投融资领域开展合作，则是上述过程中重要的环节。

二、有助于推进我国周边外交政策的实施

十八大以来，新一届中央领导集体对周边外交给予了高度重视，强调周边是外交工作中的首要。2013 年 10 月 24 日，中央就周边外交工作专门召开座谈会，中共中央总书记、国家主席、中央军委主席习近平在会上发表重要讲话，强调"坚持与邻为善、以邻为伴，坚持睦邻、安邻、富邻，突出体现亲、诚、惠、容的理念"是我国周边外交的基本方针。发展同周边国家睦邻友好关系是我国周边外交的一贯方针。要坚持睦邻友好，守望相助；讲平等、重感情；常见面，多走动；多做得人心、暖人心的事，使周边国家对我们更

友善、更亲近、更认同、更支持，增强亲和力、感召力、影响力。
要诚心诚意对待周边国家，争取更多朋友和伙伴。要本着互惠互利
的原则同周边国家开展合作，编织更加紧密的共同利益网络，把双
方利益融合提升到更高水平，让周边国家得益于我国发展，使我国
也从周边国家共同发展中获得裨益和助力。要倡导包容的思想，强
调亚太之大容得下大家共同发展。①这样的周边外交政策不仅倡导
了包容的思想，更强调了"亚太之大容得下大家共同发展"与我国
"以更加开放的胸襟和更加积极的态度促进地区合作"的理念。也就
是说，中国的发展和亚洲的振兴是与周边政策联系在一起的，是并
重的。

　　建立东北亚合作与开发银行，对于我国的周边外交政策的实施
有积极的促进作用。

　　第一，我国一向提倡世界各国不论大小、贫富一律平等的原则，
在东北亚合作与开发银行内部，我国仍将坚持各成员国平等协商的
原则，在银行投融资项目上兼顾各周边国家的利益，促进本地区的
均衡发展，以此更好地显示我国与周边国家在基础建设领域进行合
作的诚意，加深我国与周边国家的关系。

　　第二，建立东北亚合作与开发银行有助于推动我国与周边国家
利益共同体的形成，进而巩固本地区的和平与发展。东北亚合作与
开发银行不但从投融资和技术转移方面促进了东北亚地区国家的经
济建设合作，而且为更高层次的政治经济合作开辟了道路，使得我
国与周边国家的利益逐渐趋于一致。利益共同体的形成，必将使各
国更加注重维护本地区的安定团结，为本地区的发展创造更好的外
部环境。

　　第三，建立东北亚合作与开发银行有利于本地区更好的分工协
作，各个国家充分发挥自身的特长，优势互补，在发展自己的同时
促进东北亚地区共同繁荣。我国有着东北亚地区最为广阔的市场和

----

① 引自习近平总书记 2013 年 10 月 24 日在周边外交工作座谈会上的讲话。资料来源：人
民网－中国共产党新闻网，http://cpc.people.com.cn/xuexi/n/2015/0721/c397563-27338114.html.

丰富的自然资源和人力资源，我国的发展将在很大程度上带动周边国家的发展，而建立东北亚合作与开发银行，将使本地区其他国家的资本和技术能够更便捷、更有效地进入我国市场，借助我国的资源和发展势头，带动本国相关产业的发展。此外，东北亚合作与开发银行也将引导我国的资金、技术投入到周边国家，带动当地经济的发展，全面实现我国周边外交政策意图。

三、是中国地缘政治的需要和中国周边对外关系的最重要组成部分

在东北亚地区，中国作为区域核心的地缘优势非常突出，作为世界第二大经济体，中国的经济增长已经成为世界经济增长的最重要的引擎之一。而日韩两国在世界上分别为第三、第十一大经济体，与中国的经贸往来极其密切，因此中日韩经济合作得到了三国的高度共识。经济合作的总体趋势并未改变，中、日、韩三国合作的决心也未改变。但是目前三国合作缺乏有效的金融平台，提议中的东北亚合作与开发银行能够有效地帮助三国的经济合作，同时开始使中国将合作中经济金融的主动权牢牢把握在自己手中，这是我们发展的最重要契机。

第二节　经济领域重要性的再认识

一、有利于推动国家间跨境基础设施建设

当前东北亚经济发展的主要制约是开发资金短缺导致的基础设施建设不足，自 2014 年至 2024 年的十年期间，东北亚地区基础设施建设投资约需要 3.3 万亿美元，即每年需要 3300 亿美元，资金缺口高达 90%。这种不足一方面是由于中日韩等国特别是蒙古和俄

罗斯远东地区对基础设施的需求数量十分惊人；更多的是中、日、韩等国对基础设施的要求已经超越了开发性金融的"扶贫"属性，无法得到如世界银行、亚洲开发银行等国际金融机构的支持。这种现状在亚洲基础设施投资银行（简称亚投行）的运行进程中也很难避免，其近期目标会是更多地考虑对欠发达国家的扶助，而对成熟发达经济体的资助相当有限。因此，参与中国主导的亚投行，除了有利于增进双边互信关系之外，美日对其能否带来其他国际金融机构所不能带来的经济利益并不乐观。事实上，能否争取美日加入中国主导金融机构并积极发挥作用，关键是在于两国是否能够找到自己的利益。东北亚次区域的金融合作，将突破这种自下而上的多边开发性金融机构的藩篱，为中、日、韩为主的东北亚地区的跨境项目基础设施建设提供金融平台，不仅有利于提升美日的参与意识，而且可以从客观上消除两国对亚投行的疑虑。

二、中国实施"一带一路"战略、自由贸易试验区战略和京津冀协同发展战略的支撑抓手

"一带一路"是我国新时期对外开放布局的总体战略，其战略实施的重要起始支点在于以中日韩三国为核心的东北亚经济一体化。不仅如此，在首都经济圈的京津冀地区，北京是中国金融中心、天津承担建设北方金融创新运营示范区的重大使命、拥有自由贸易试验区的载体平台，京津冀拥有进行国际金融合作的资源禀赋和区位优势。因此，金融合作是推动首都经济圈融合发展乃至东北亚经济一体化的可行路径，也将为我国"一带一路"战略的推进与实施提供有力支撑。更重要的是，东北亚金融合作能够有效帮助东北地区经济发展打破困局。20 世纪 90 年代末期开始，中国启动振兴东北老工业基地的战略，但并未对东北经济的颓势发展起到根本的扭转作用。究其原因，内在因素固然很多，外在的一个重要因素是东北地区发展优势对东北亚区域辐射。大图们江合作倡议，作为最有可能推动东北地区经济外向型转型的项目，由于东北亚区域金融合

作的欠缺，尚未形成新的经济增长点。因此，全面的东北亚金融合作，对促进我国东北地区的经济结构调整和重新焕发活力，并进而促进中俄蒙北方经济圈的发展至关重要。

三、我国面向太平洋发展、面向美国重返亚太，同时释放善意的最重要的手段

中国近期经济发展迅速，新兴大国的崛起对全球治理体系和经济金融格局都将产生深远影响，必然会冲击原来美国主导的国际经济与金融秩序。当今世界，中美竞争中的合作或合作中的竞争将是两国关系的主体态势。而位于中美大国之间的日本、韩国，无论从历史角度、地缘政治角度还是从经贸关系角度来说，都是中国最重要的潜在的战略伙伴。以中、日、韩关系为主体的东北亚区域不仅从战略上可以成为中美战略关系的交流平台，也可以成为中美大国互信的桥梁。东北亚地区在经济领域是世界上最大的次区域经济体，从亚洲的经济规模、发达水平和国际影响力的角度来看，亚洲其他国家均远无法与中日韩相提并论。尽管东北亚地区历史、政治等各方面错综复杂，但其战略重要性也始终应该放在中国对外关系的最前列，是我国的"一带一路"战略对外布局不可缺少的支撑体。

四、有利于拓展中国的国际合作与战略空间

通过东北亚合作与开发银行这个平台，可以提升我国推动国际金融合作的话语权、国际经济合作的主动权、国际外交合作的协商权，增添我国睦邻、安邻、富邻政策的影响力，有利于落实"十三五"国家发展规划和国家长期发展战略，为我国经济发展创立良好的周边和国际环境。

通过东北亚合作与开发银行这个平台，可以为本地区的资源开发、交通运输、生态环境和低碳经济等相关跨境基础设施项目提供融资，形成东北亚区域经济利益共同体，推进区域一体化发展，减少各国对美元储备资产的过度依赖和负面影响。

在全球经济一体化和区域经济一体化的浪潮中，各国均在调整自身的战略空间。对于中国而言，加强东北亚的区域合作、打造东北亚经济圈将不仅仅局限在地缘发展的角度，还可以进一步开拓中国参与北冰洋经济圈的合作、开展亚欧大陆北极海域合作从而转变中国经济过于依赖马六甲海峡的窘境。东北亚合作与开发银行将有力地促进中国参与北冰洋地区的开发和通航以及进一步辐射北太平洋经济圈，从而开辟新的亚欧北美经贸通道，拓展中国的战略空间。

五、设立东北亚合作与开发银行有助于我国北方地区加快发展

通过东北亚合作与开发银行这个平台，可以发挥天津市作为我国北方对外开放门户的辐射作用，带动环渤海地区、东北老工业基地以及图们江三国联合开发项目乃至中西部地区开发，提升我国在东北亚地区的经济竞争力。东北亚合作与开发银行的建立还将大力推动区域内跨境项目的合作，充分调动和发挥地方政府不同层面的积极性，促进地方产业结构升级和深化中国经济转型。

六、助力人民币国际化进程

在目前的国际货币领域中，美元的霸权地位面临一些挑战，而人民币国际化进程也因此受到一些阻碍。如果我们拥有这样一家区域金融合作机构，由于不是中国单一的政策性银行，其政治敏感度会降低，由此可以帮助人民币通过这个渠道对外投融资、实现走出去的梦想。通过东北亚合作与开发银行这个平台，可以为人民币国际结算和未来东北亚自由贸易区的货币流通搭建通道，在跨境项目融资上扩大人民币的使用规模，还可以探索本区域国际货币金融体系的改革与发展，提升我国推动国际货币体系多元化改革的影响力。从国际金融合作现状分析，目前及相当一段时间内，我国很难在现有国际金融机构中寻求到与自己大国实力相对应的地位，各主要国家的戒心都很大。设立以我国为主导的东北亚合作与开发银行将大大提升我国的国际话语权，充分体现出中国的硬实力、软实力和巧

实力。

"十三五"规划建议中提出"有序实现人民币资本项目可兑换""稳步推进人民币国际化，推进人民币资本走出去"以及"积极参与全球经济治理"的战略构想。日本在 20 世纪 60 年代，在与美英等国谈判中付出很大代价建立起亚洲开发银行，事实证明这一举措对日本此后的经济发展和政治影响力的扩张发挥了重要战略作用。

创建东北亚合作与开发银行，可以直接借鉴国际化经营经验，提升国内银行的经营管理水平，为人民币进行国际结算和未来东北亚自由贸易区的货币流通，搭建起一个运行平台，提升我国推进国际货币体系多元化的影响力。通过在设立东北亚合作与开发银行过程中以人民币形式入股，并在区域内跨境项目融资上增大人民币的使用，有利于我国在目前复杂的国际政治经济局势之下，尤其在美元流动性泛滥的局面下，推动人民币国际化进程的发展。

另外，创建东北亚合作与开发银行也有利于我国拓展国际金融领域的开放空间，扩大我国与东北亚各国的利益共同点，进一步形成和发挥中国在本区域内实质性的影响力。

七、东北亚合作与开发银行的设立有利于国际金融市场和区域金融市场的稳定，符合我国"亚洲安全观"理念

2014 年 5 月，中国国家主席习近平在亚信峰会上明确提出了"亚洲安全观"的概念和设想，并结合亚信峰会的机制化路径，明晰了"亚洲安全观"的基本内容和主要努力方向。亚洲安全观的核心在于建立亚洲的共同安全、综合安全、合作安全和可持续安全。其中综合安全，主要是强调安全形式、安全领域、安全类型和安全的实现方式都是多种多样的，因此安全问题必须是总体性统筹、综合性考量，而东北亚合作与开发银行的设立则是"亚洲安全观"理念的又一体现。

在东北亚地区设立一家政策性金融机构有利于拓展我国在国际金融领域的开放空间，提升我国推动国际金融合作的话语权、国

际经济合作的主动权、国际外交谈判的筹码权，增添落实睦邻、安邻、富邻外交政策的手段，为我国未来经济发展创立良好的周边和国际环境。此外，东北亚合作与开发银行的设立有助于及早构建与东北亚区域经济一体化稳定发展相适应的创新型金融支撑机制。东北亚合作与开发银行的设立，可以为本地区的资源开发、交通运输、生态环境和低碳经济等各种跨壤基础设施项目提供融资，形成与周边国家的经济利益共同体，增强国家间的相互理解与互信，发展和巩固我国与俄、日、韩、朝、蒙等国的经济合作。

在改革发展本区域国际货币金融体系方面，设立东北亚合作与开发银行是本区域防范金融风险、调整全球经济失衡的现实需要，是对区域内现有国际金融协调机制的补充，将有助于各国制定国内和区域内的协调一致的政策，加强金融监管合作，防止可能的危机传染，维护区域稳定、安全。同时，东北亚合作与开发银行通过发行区域内多国国家信用担保债券，有助于区域债券市场的发展，增加区域内各国政府可投资资产品种，帮助吸收各经济体大规模的外汇储备，减少区域内各国对美元储备资产的过度依赖，以冲抵美国弱势美元政策给本区域带来的负面影响。

设立东北亚合作与开发银行也是基于促进区域和全球失衡改善的需要。设立东北亚合作与开发银行，可以对区域内现有协调机制形成补充，将有助于各国加强政策协调和金融监管合作，防范系统性风险，维护区域稳定。

东北亚合作与开发银行将通过发行区域内多国国家信用担保债券，增加区域内各国政府可投资资产品种，帮助减少区域内各国对单一外汇储备的过度依赖，有利于改善东北亚各国与区域外国家的国际收支失衡和储蓄资源流失问题。

八、进一步提升我国对国际规则的运用及作为大国施加国际影响力的能力

虽然我国现在已成为世界第二大经济体，但是在国际组织的影响力，且不说与发达国家、大国相比，就连与某些发展中国家（如印度）相比，仍有较大的差距。同时，我国对国际规则的运用、施加国际影响力的能力较为薄弱。当今，我国虽然已经建立起亚洲基础设施投资银行，但对于我国运用国际规则以及施加国际影响力仍然是远远不够的。以 G20（20 国集团）为例，2008 年次贷危机后，美国需要借助外部力量，G20 才开始有话语权。实际上 G20 早在 1999 年亚洲金融危机之后，就由亚洲国家主动申请成立，但彼时 G20 并未引起美国的重视。而此次金融危机来自发达国家，发达国家靠自己没有办法，而中国正好在这次危机中发挥了作用。2009 年和 2010 年，中国数个主要经济指标在增量上基本平衡了美国的负增长，在平衡全球经济形势上发挥了重要作用。此时，美国才发现 G20 的价值。但是从目前来看，G20 峰会呈现出影响减弱的趋势。起初，G20 峰会的与会各方积极讨论焦点问题，之后便不了了之。而且从近年实践来看，G20 越来越缺乏执行力，由于其决定并不具备较强的约束力，因此各国选择不理会 G20 的决议。因此，我国一定要主导建立国际金融机构，来提升我国在国际上的话语权，而这一点只依靠亚洲基础设施投资银行是远远不够的，东北亚合作与开发银行的建立在这一点上能够更好地形成对我国战略上的支撑。

在国际金融秩序的调整变革进程中，中国的核心利益是争取国际金融体系包容自身经济增长，同时增强自身履行更大责任的能力，实现国家形象和国家实力的双重提升。从实践中看，这需要中国系统地、整体地从外交、政治、经济等各方面综合参与构建新型国际金融体系。

目前，由中国筹建的亚洲基础设施投资银行与积极参与的金砖国家新开发银行已经成立，正在积极推动设立上海合作组织开发银行，这些都符合中国国家自身的利益。中国还主导设立了丝绸之路基金、中国—东盟投资合作基金，分别为"一带一路"战略和中国东盟合作服务。这些金融机构或基金大大促进了中国更深层次地参与国际金融事务，将有利于中国自身经济发展战略的实施。

　　值得注意的是，由于长期以来东北亚的历史和地缘政治等方面的问题，东北亚区域金融合作并没有在中国的国际金融布局中取得应有地位。东北亚地区作为全球三大经济圈之一，具有全方位经济合作的基础。但是，由于东北亚地区国家在政治、经济、文化等方面差异较大，整体上高层次的政治经济合作在现阶段进展困难。因此，通过某个特定层面的合作，增进各国的互信、互利，可为进一步合作和地区新秩序的最终确立奠定基础。

第六章　东北亚银行若干难点问题的说明

第一节　东北亚合作的进展和困局

　　亚洲基础设施投资银行，经过了两年多的筹备工作，截至 2015 年 12 月 25 日，已经有 17 个意向创始成员国（股份总和占比 50.1%）批准了《亚洲基础设施投资银行协定》（以下简称《协定》）并提交批准书，从而达到《协定》规定的生效条件，亚洲基础设施投资银行正式成立。根据筹建工作计划，亚洲基础设施投资银行开业仪式暨理事会和董事会成立大会于 2016 年 1 月 16—18 日在北京举行。

　　亚洲基础设施投资银行的成立对中国的国际金融战略而言具有划时代的重要意义。一方面，与人民币加入国际货币基金组织的特别提款权一样，中国主导设立的这家区域性国际金融机构有助于提升中国的国际金融话语权，有助于打破原有的、日美发达国家主导的、不适应当代发展中国家金融需求的国际金融体系。另一方面，亚洲基础设施银行对整个亚洲的发展中国家基础设施互联互通的发展都将发挥较大的促进作用。我们有充分的理由相信，亚洲基础设施投资银行将会在不远的将来，对提升中国的领导力和整个亚洲的全面发展发挥实质性的重要作用。

　　当然，随着亚洲基础设施投资银行的建设进程，东北亚银行的未来走向必然受到很大的影响，我们必须考虑在亚洲基础设施银行设立的背景下，应该如何调整战略，继续推进次区域东北亚的金融合作。

首先我们必须承认，东北亚银行提议的暂时搁置，是由于多种原因造成的。从我们与各国以及中国各部门的多次沟通上来看，东北亚银行的提议面临最大的问题在不断变化中，早期是日本动力不足而中国不愿倡导，而现在则是中国提议的亚投行等区域性金融机构在中央领导的倡议下获得了更大、更强有力的支持。

东北亚地区被绕开的最主要的原因是国际政治、外交因素导致区域金融合作更加复杂化。会不同程度地影响着区域经济与金融合作。很多人认为，这些负面因素使得设立东北亚银行的区域金融合作无法列入政府商议议程。

我们不应回避这些区域合作上的障碍和难题，需要更加冷静、客观地分析利弊，以决定我们的研究和推进方法。虽然目前东北亚区域合作正处于困难时期，但区域内各国经济三大互利关系没有发生本质性变化。第一是东北亚六国之间资源、技术、资金的优势互补态势依然存在；第二是加强各国跨境基础设施建设、推动贸易便利化的需求更加迫切；第三是区域友好合作仍然是各国民众的主流呼声，中韩、中俄密切合作增添新的活力。

第二节　东北亚银行与亚洲开发银行的功能和关系

亚洲开发银行（以下简称"亚行"）作为亚洲区域的主导政策性金融机构，在东北亚地区也开展了部分业务项目。但是就功能和定位而言，我们认为两者不仅不会发生矛盾，反而可以并行不悖，相得益彰。

虽然亚行和提议中的东北亚银行的主要成员都包括中、日、韩，但是根据亚行的报告，亚行的主要业务是扶贫，因而资金运用方面中、日、韩得利并不大。而且亚行报告也承认，亚行，甚至世界银行，很难支持已经脱贫的国家基础设施的进一步发展。我们以往的研究资料就此进行了大量的分析。亚行在中国的贷款额度在总贷款数的20%以上，但是资金投向中国东北及环渤海地区的贷款则不到其贷款总量的2%。加上亚行对蒙古等东北亚其他国家的贷款，亚行对东北亚地区的实际贷款额度不到它业务总量的5%。究其原因，是由于亚行的工作重点并不在东北亚地区。

亚行的研究表明，对于已经脱贫的国家的进一步基础设施发展，最好是发展跨境项目，通过地缘经济纽带来促进发展。根据亚行的报告，基础设施的开发有两种，一种是自下而上，从无到有地推进基础设施建设，另一种则是通过核心基础设施的提高促进经济的进一步发展。而世界银行和亚行的工作重点则主要是前一种，换而言之，就是扶贫。对于后一种，亚行报告中明确指出，应当利用各国的实际情况，进行双边和多边的合作。就东北亚地区的实际情况而言，日本和韩国属于发达国家，中国和俄罗斯属于新兴市场经济国家，显然不符合扶贫的要求，而需要的是进一步的开发。特别是跨境项目合作是东北亚地区急需发展的合作模式，有着迫切的市场需求。但是由于这类项目往往涉及多个国家，所以单边或双边融资很难协调。显然，东北亚银行能够、应当也更适合承担起这一次区域内金融中介的功能，完成亚行无法满足的需求。

从目前国际上现有案例分析，区域性与次区域性多边金融机构是可以并存的。欧洲有欧洲复兴开发银行和欧洲投资银行，北欧国家为了本地区的经济发展则成立了北欧投资银行；美洲有美洲开发银行和北美开发银行；非洲有非洲开发银行和西非开发银行，以及加勒比开发银行和跨洲际的阿拉伯开发银行。这些多边机构投资侧重各有不同，存在合理的合作机制。就如同一个国家内部的商业银行，既有大型的全国性商业银行，也有中小型的地方商业银行，这些金融机构各有分工，共同构筑成完整的金融体系。在亚行的存在之外，每一个成员国家都有自己的开发性金融机构（如中国的国家开发银行），而且就像每个国家自己的开发性金融机构跟亚行并不冲突一样，次区域性开发银行并不会影响亚行的发展，反而会有自己的存在空间。根据联合国拉丁美洲和加勒比经济委员会研究部主任丹尼尔·蒂特曼（Daniel Titelman）的最新研究，在世界范围内，区域性开发银行和次区域性开发银行的相对重要性从 1990 年以来一直都在上升，而不是此消彼长。

由于业务范围不同、业务目的不同（发展和扶贫），东北亚银行的注册资本、未来的业务规模等没有必要完全按照亚行的规模来限定，而应该根据实际的需要来确定。比如据日本专家介绍，日本国际协力银行已经是目前世界上最大的开发性金融机构，其资本规模超越了亚行，甚至世行。因此，我们的提议是，成立的初始资金可以控制，之后视发展决定扩充。成立初期的主要功能是为本地区基础设施建设融资，其性质类似于多边投资银行，但是随着东北亚银行的发展和东北亚地区的经济发展，可以把经营范围和业务领域扩大，为其他行业或项目提供资金支持等。

关于日本、美国的态度，我们认为，如财政部和央行所关注的事实一样，中国倡导设立东北亚银行，目的是提高我国在国际金融中的话语权和地位，而日本和美国作为国际和区域金融的领导者和既得利益者，并不会轻易放弃领导权。就这个问题，我们认为需要注意的是，中国在现有的多边金融机构中的出资额和地位都有上升，但是各主要国家的戒心都很大。但是对东北亚地区来说，日本作为区域内部的国家，其参与意识会更高，次区域性开发银行也符合日本的战略需求。对东北亚地区来说，东北亚地区的发展事关美国、日本的核心利益。也许在开始他们会设置障碍，但一旦成立，他们参与的意愿会十分强烈。从战略上说，中国的积极努力会促使对方减少障碍，采用更加积极的支持态度。

第三节　东北亚银行与亚洲基础设施投资银行的功能和关系

中国设立亚洲基础设施投资银行的基础逻辑在于现行的国际金融机构和亚投行之间，可以构成合作和补充关系。同样，参照亚投行新机制设立的东北亚银行，也将是亚投行的有益补充。例如，东北亚银行可以衔接亚开行、亚投行部分职能，重点对东北亚地区的基础设施与可持续发展项目开展投融资，也可与它们联合投融资。另外，东北亚银行可以设立开发基金，与亚投行进行更加密切的合作，从而提升亚投行的投融资能力和社会影响力，还可以适当分担"一带一路"国家投融资风险。从国际金融合作走向看，日美不参加亚投行也无法阻止中国构建亚洲金融新秩序，但不会放弃插手亚洲金融的机会。设立东北亚银行有利于破解美日抵制区域金融合作的态度，与亚投行形成合力，推进亚洲和世界金融体系变革。

需要明确的是，在国际金融秩序的调整过程中，中国的核心利益是争取国际金融的话语权，实现国家形象和国家实力的双重提升。但是这个进程绝不可能是一蹴而就的，需要有足够的信心和耐心来完成。同时，这个进程也不是仅一家由中国主导的多边金融机构就能够独立完成的，需要我们系统地、整体地从外交、政治、经济等方面综合构建新型金融体系。

不仅如此，我们还要清醒地认识到，国际金融体系变革的请求，必然会受到现有体系的既得利益者的抵制、干扰和阻挠。特别是在美国"重返亚太"的背景下，中国在金融领域争夺话语权的努力必然会与美国霸权主义的最核心、最根本的利益发生直接碰撞。目前，美日连同韩国对亚投行的阻力就体现了这一点，因此在这一进程中我们应该在勇于探索的同时小心谨慎。一个次区域的东北亚银行可以在这种状态下，帮助中国实现全面设立亚投行的构想。

第七章 东北亚银行在东北亚地区可持续发展中发挥的作用

第一节 东北亚银行在能源合作方面的作用

东北亚地区既有日韩传统经济体和中国新经济体的强势能源需求驱动，又有俄罗斯这一世界主要资源国分布，具有建立多边互惠能源一体化市场的地缘优势。但长期以来，由于地缘政治的敏感性以及缺乏区域性金融合作机构和机制，东北亚地区各国之间的能源合作进展缓慢。金融危机以来，无论是能源资源国或消费大国，都将发展新能源、节能减排作为应对金融危机及提振经济的主要方向之一，强化东北亚各国能源合作，进而建立东北亚一体化能源市场的可行性已经初露端倪。在这样的时代背景之下，成立东北亚合作与开发银行的时机也日渐成熟。东北亚各国可望通过东北亚合作与开发银行的区域性金融平台，更加和平有序地利用地区能源资源，使东北亚供需双方的能源利益最大化，以期共同维护本地区以及世界经济的可持续发展。

东北亚地区有着丰富的能源资源，俄罗斯石油公司由根据石油资源管理系统（PRMS）分类标准估计的概算储量和可能储量分别为 140.03 亿桶油当量和 126.45 亿桶油当量。概算储量包括 108.54 亿桶石油和 5,350 亿立方米天然气，而可能储量则包括 96.75 亿桶石油和 5,050 亿立方米天然气。2009 年俄石油产量为 4.9 亿吨，占世界石油总产量的 14%左右，是世界第一大石油生产国。同时，本区域也存在着广阔的能源消费市场，中、日、韩三国分别是世界的第二、第三、第七石油消费国，对外依存度分别达 50%、99%和 97%。因此，东北亚地区跨境能源项目的建立与开发有着非常良好的前提。

目前，东北亚区域内油气管网缺乏石油和天然气的运输管道和电力运输网络，成为制约东北亚能源消费国家实现油气进口多元化战略的"瓶颈"。积极建设区域内油气管网跨境项目具有重大的意义：其一，可以有效地实现本地区的能源供需平衡，促进能源安全。其二，可以在一定程度上控制甚至解决亚洲"溢价"问题。贯通俄罗斯和东北亚的油气管道如果开通，东北亚的油气市场将与欧洲的油气市场相通，油气价格就将在全球范围内加以调节，亚洲"溢价"问题就可以得到一定程度的控制甚至解决。其三，油气管道基础设施建设和运转会增加当地的经济收入、提供就业机会，并有利于环境保护。

但是多边的能源跨境项目具有投资巨大、风险高、收效慢的特点，东北亚多国参与开发本地区油气资源需要大量的融资。按照国际能源组织的预测，21 世纪前 30 年东北亚地区对能源的需求增长每年可达 8%～10%。以东北亚地区大型跨境石油运输管道建设工程为例，铺设从俄罗斯安加尔斯克到中国大庆（安大线）石油管线需要 17 亿美元，如果从安加尔斯克铺到俄罗斯的太平洋港口纳霍德卡（安纳线）则需要 52 亿美元。再看天然气项目，萨哈林 1 号气田需要 12 亿～15.2 亿美元、萨哈林 2 号需要 10 亿美元、萨哈林 3 号需要 28.5 亿美元、萨哈林 4 号需要 33 亿美元；伊尔库茨克油气田需要 11 亿～16 亿美元。未来主要天然气项目共需投资约 1,000 亿美元；主要石油项目共需投资近 200 亿美元；水电系统建设总共需要 84 亿美元。总体估计，未来 30 年内远东现有能源基础设施的更新和改造至少需要 1,500 亿美元投资。巨大的投资是东北亚任何一国自身无法承担的，需要有效的金融渠道进行大量融资。而东北亚合作与发展银行，可以在跨境能源合作项目中把东北亚各个国家联合成为一个整体，在世界能源领域进一步增强竞争力。通过吸纳东北亚各国财政部、商业银行以及民间的资本，为本地区大型跨境能源项目融资，不仅能够直接解决区域跨境能源项目的巨额资金问题，还能通过融资、再投资间接地解决东北亚地区高储蓄问题。截止到2006年7月底，东北亚地区六国外汇储备总量已经有4.16万亿美元，其中中国在2006年3月超过日本成为世界第一大外汇储备国，截止到2009年底外汇储备总量达2.4万亿美元，日本为1.049万亿美元，韩国为2,699.9亿美元，俄罗斯为4,377亿美元，蒙古为5.336亿美元。东北亚地区国家的高额外汇储备和丰富的币种结构将会提高东北亚银行的信用评级，增强国际投资者对东北亚银行的信心，从而有利于东北亚银行在国际金融市场上的融资活动的进行，降低融资成本，提高融资效率。东北亚合作与开发银行可以发行本地区多国国家信用担保债券，吸收国际流动资本，通过资金信贷支持东北亚区域能源跨境合作项目，并引入风险担保机制，减少在重大能源合作项目中合作主体的投资风险；开展国际租赁业务，为本地区石油、天然气以及水电系统建设项目提供设备帮助；东北亚合作与开发银行还将鼓励能源领域新技术研发和应用，并提供资金支持。

　　还需要提到的一点是，东北亚合作与发展银行与现有多边国际金融机构是互补、合作、共存的关系，而不是替代的关系。东北亚合作与发展银行的建立能弥补其他多边金融机构在东北亚地区投资的不足。现有多边金融机构不能满足东北亚地区的大型跨境能源项目以及基础设施建设的需求，亚洲开发银行作为亚洲地区的多边开发金融机构，其经营侧重于东南亚和南亚地区，而对东北亚地区的投资比重只有4%；世界银行作为世界上最大的开发银行，其资金主要投向拉丁美洲地区和非洲地区，因此东北亚合作与发展银行有非常大的业务发展空间，并能够与亚洲其他国际金融机构形成互补合作关系。

　　在经济全球化和地区经济集团化的大背景下构建东北亚多边能

源合作机制，单一国家很难用自助形式实现自身的能源安全。通过与利益相关的国家构建合作机制，弱化风险，维护共同利益是东北亚国家进行能源合作的基本思路。在这一基本思路的指导下，成立东北亚合作与开发银行将会对本地区的能源合作以及可持续发展产生巨大推动作用。

第二节　东北亚银行在节能减排与环境保护合作方面的作用

在世界经济发展的舞台上，近年来，东北亚区域的经济表现出最具活力的发展势头。与经济发展相伴而生的是大幅增长的能源需求量、大量的温室气体排放以及日益突显的环境问题。东北亚地区聚集了世界最主要的石油、天然气生产国以及能源消费国、日韩传统经济体与中国新兴经济体，在走向可持续发展的道路上，东北亚地区将必然面临着节能减排与环境保护的重要挑战。面对这两项意义深远的挑战，仅依靠每一个国家的力量与努力是远远不够的。因此，东北亚各国必须要加深这两个领域的交流与合作来共同应对节能减排与环境保护。应对气候与环境变化，全面实施节能减排与环境保护，只有依靠技术和资金支持，才能由空谈变为现实，而相关技术力量的研发、推广与应用又必须依托充足的资金投入。因此，资金问题是东北亚地区实施节能减排与环境保护的关键点。与此同时，东北亚合作与开发银行的主要投资和支持领域包括了节能减排与环境保护区域合作项目。东北亚合作与开发银行将主要从以下几个方面在促进东北亚地区节能减排与环境保护方面发挥重要作用。

一、为东北亚地区环境保护跨境项目提供低息贷款

一般意义而言，环境保护项目多为非盈利性项目，很难从市场

上融取大量资金，作为单一国家境内的环境保护项目，基本由本国政府的政策性银行提供项目资金支持，而作为国际区域性跨境环境保护项目，即必须得到国际金融机构的贷款支持。在亚洲地区，类似项目主要由亚洲开发银行提供贷款。但是，亚洲开发银行的经营侧重于东南亚与南亚，对于东北亚地区的投资比重仅占 4% 左右，显而易见，亚洲开发银行对东北亚地区提供的贷款完全不足以支持本地区环境保护跨境项目。东北亚合作与开发银行本身就致力于本区域内的环境保护项目投资，因此可以给东北亚地区的环保跨境项目给予强有力的支持，为其提供长期、低息贷款。

二、帮助东北亚各国环境部门监管企业环保达标，并鼓励节能环保企业的发展

提议中的东北亚银行全面实施"绿色信贷"政策，从行业研究、授信指引、行业准入、贷前调查、贷中审查和贷后检查六个方面严把高污染、高排放"两高"贷款闸门。对于东北亚各国环境部门列入黑名单的企业将不予提供贷款；对于盲目投资、低水平扩张导致生产能力过剩，以及环保不达标和高能耗的企业，将调整信贷结构，在贷款份额、业务品种、授信管理和审批权限等方面都将严格审定。东北亚合作与开发银行将严格按照区别对待、有保有压、调整存量、控制增量的原则，积极调整和优化信贷结构。对列入国家产业政策限制和淘汰类的高污染、高耗能新建项目，从项目准入上严格把关，不予准入。同时东北亚合作与发展银行还将对贷款需求企业进行了严格的贷前调查、贷中审查和贷后检查。在贷前调查环节建立了统一、集中和高效的风险管理体系，运用科学的"三位一体"授信审批机制对高耗能、高污染行业进行严格的授信审批。通过严格的尽责审查、专业评审和问责人审批等环节对授信企业的资金来源、资本金比例、资金使用情况逐一调查，将企业信用报告中的环保信息、企业环保守法情况作为提供授信时的重要审查依据，做出能否发放贷款的决策。在贷中审查环节，严格落实授信发放审核条件，将环保评估的审批文件作为贷中审查的条件之一。在贷后管理环节中，则加强对客户的走访和调查，关注该企业是否在经营过程中违反环保标准。一旦发现潜在风险或项目执行中的问题，立即启动突发事件报告机制，制订处理解决方案。通过三道检查，帮助东北亚各国环境部门监管企业环保达标。在帮助监管的同时，东北亚合作与开发银行还将鼓励本地区企业进行生产和技术改造，为节能环保企业提有优惠贷款，帮助这类企业生存、发展和壮大。

三、为东北亚地区碳交易市场提供良好的金融服务，从而促进东北亚地区的节能减排

碳排放量交易是应对全球气候变化危机的最有效手段，而将碳排放量纳入一个统一的市场，并最终形成碳交易市场，将是应对气候变化、缓解气候变暖、抑制全球温室气体排放的重要限制及交易机制。全球碳交易市场正值蓬勃发展的时期，市场规模剧增。全球碳交易市场规模以年均超过一倍以上的速度增长。然而，目前进入市场交易的碳排量在全球碳排量中的比例不超过5%，碳市场也处于刚刚出现的状态，不够成熟、不够完善，对全球温室气体排放的限制及交易机制效用有限，碳交易市场仍然有很大的发展空间。东北亚地区是世界碳排放十分集中的区域之一，因此更加需要完善和发展本地区碳交易市场。东北亚合作与开发银行将通过提供预测、预期、信息支持、咨询等金融服务，为本地区碳交易市场的持续健康发展提供良好的金融环境，从而促进东北亚地区的节能减排目标实施。同时，在碳排放交易市场的建立与发展上，东北亚地区可以参照欧盟碳排放交易机制的成功范例，把经济与环境同本地区特点相结合，在一个综合的环境与经济当中，在东北亚各国共同积极参与之下，通过金融、政策、跨境项目合作等各种手段，帮助建立起一个东北亚碳交易市场的雏形。

第三节　东北亚银行与可持续发展

可持续发展最广泛采纳的定义是在 1987 年由世界环境及发展委员会所发表的布特兰报告书所载的定义，即：可持续发展是既满足当代人的需求，又不对后代人满足其需求的能力构成危害的发展，并满足公平性、阶段性、持续性、共同性原则。随着东北亚地区经济的持续高速增长，本地区各国能源消费需求不断扩大，高速的经济发展同时也给本区域带来了巨大的环境压力。因此，对于东北亚地区来说，能源与环境的可持续发展尤为重要。

一、哥本哈根气候会议与可持续发展

2009 年 12 月 7 日，近 194 个联合国会员国的国家元首或政府首脑齐聚丹麦首都哥本哈根，共同商讨和制定一份"后京都协议书"，即《京都议定书》作为 2012 年第一减排承诺期到期后新的温室气体减排国际协议。在本次大会前夕，主要大国也都展现出了希望帮助达成实质协议的决心，特别是中国等发展中国家自主提出了力所能及的减排目标，这也让各界对于本次会议最终能够取得实质成果更加充满期待。在各方的共同努力下，哥本哈根会议被寄希望于成为世界全面向低碳时代转型的历史转折点，并进一步推动世界经济走向可持续发展之路。然而，哥本哈根会议的结果却远没有达到人们所期望的结果。大会在 2009 年 12 月 19 日下午结束，虽然大会最后两天的首脑峰会对谈判要点问题通过了一份临时协议，但参加大会的 194 个国家并没有就 2012 年后的全球减排行动、资金技术支持等方面达成共识。在大会最后通过的两份决议文件中，各国同意继续展开谈判，并在 2010 年底的墨西哥联合国气候大会上完成谈判，但并没有规定一年后的谈判是否要产生具有法律约束力的协议。从某种程度上来说，此次哥本哈根会议是在失败中谢幕。

哥本哈根会议没有产生任何实质性结果的背后是发达国家与发展中国家在减排目标、责任和时间表上产生的诸多分歧。在中期减排目标上，某些发达国家不但承诺减排的力度非常小，而且试图说服发展中大国如中国、印度等也设定 2020 年之前的具体减排目标（即减排 40%）。作为新兴经济体，中国、印度和巴西等发展中大国正处于大规模、高速度的工业化和城市化进程之中，经济增长和民众生活水平的提升必然导致能源消费的大幅度增长，因而温室气体排放量也必然在一定时期内居高不下。此外，这些国家的人口仍在增长，基础设施建设尚待完善，人民生活水平仍需提升。在这种情况下，发展中大国显然不具备承诺绝对量的温室气体减排目标的条件，也不可能轻言排放量峰值的准确时间。同时，发展中国家应对气候变化必需的技术和资金来源也是问题。由于发达国家对于气候变化问题负有不可推卸的历史责任，发展中国家要求发达国家承担历史责任，率先减排，并在资金和技术上帮助发展中国家应对和适应气候变化。发达国家在强烈要求发展中国家承诺减限排具体目标的同时，在资金和技术上却雷声大雨点小，不愿向后者提供实质性援助。所有这些分歧，最终导致被冠名为"拯救人类的最后机会"的哥本哈根气候大会以一个没有多少实质意义的协议告终。

由此可以看出，在很长一段时间内，所有国家在世界范围内达成一个原则性的协议，很难实现。如果换一种思路，由世界各个区域合作开始具体设定节能减排的目标并实施，这将是应对全球气候变化和实现世界节能减排目标最终能够达成全球统一意见的最佳途径。东北亚地区，聚集了发达的日、韩传统经济体，中国、俄罗斯新兴经济体，以及欠发达国家蒙古和朝鲜。东北亚地区可以说就是一个当代世界划分的缩影。本地区情况复杂，节能减排目标艰巨，在东北亚区域实现多国合作，共同面对气候变化，最终达到减排目标，将面临重重困难。但是，东北亚各国如果能够在这一领域精诚合作并最终实现节能减排目标，将尤为珍贵。作为世界的缩影，东北亚地区在节能减排、环境保护领域合作的成功，将成为本领域世界区域合作成功的范例，推广到全球，这将对于人类与世界的可持续发展有着重要而深远的意义。要使东北亚地区各国在节能减排领域达成一个原则性的合作协议，一个区域性银行的协调将显得至关重要。区域性银行可以在两国或多国间进行沟通协调，对节能减排、环境保护以及能源合作项目提供资金支持，并为本区域碳交易市场提供有效的预测与咨询，营造良好的金融合作环境，最终帮助东北亚各国共同面对气候变化，达到减排目标。

二、东北亚地区可持续发展合作现状

东北亚属于亚太地区的一部分，包括了中国的东北三省、俄罗斯的远东地区、朝鲜、韩国、日本和蒙古，是环日本海和鄂霍次克海的沿西北太平洋战略要地。据统计，2005 年亚太地区已超过北美成为世界第一大能源消费区，能源供需矛盾非常尖锐。而东北亚地区又为其最主要的能源消费与生产区域。其中中、日、韩三国的石油消费量即占亚太地区的 60%。而俄罗斯也作为世界主要的能源生产国，在世界能源市场占有举足轻重的地位。巨大的能源消费，随之也将带来巨大的温室气体排放以及环境保护问题，东北亚地区可持续发展合作因此也面临着巨大的挑战。目前，东北亚各国已经在可持续发展合作领域迈出了一些步伐。1992 年，在联合国开发计划署的倡导下，东北亚地区五国中、俄、朝、韩、蒙共同启动了图们江区域合作开发项目。16 年来，东北亚五国在图们江区域合作领域不断努力、拓展，期望通过加强本区域跨境合作共同开发图们江区域，共同实现东北亚地区的可持续发展。图们江区域合作开发项目的初衷和愿景是好的，然而由于该开发计划相关国家利益交错，因此一直没有大的进展。进入 2009 年以来，朝鲜已经退出联合国开发计划署的"图们江区域合作开发计划"，同时，联合国也停止为该计划投入资金支持。就目前来说，东北亚地区的可持续发展合作还有很长一段路要走。

三、东北亚银行将帮助促进东北亚能源与环境领域的可持续发展

在能源领域，东北亚合作与开发银行将通过吸纳东北亚各国财政部、商业银行以及民间的资本，为本地区大型跨境能源项目融资，从而直接解决区域跨境能源项目的巨额资金需求问题；同时发行本地区多国国家信用担保债券，吸收国际流动资本，通过资金信贷支持东北亚区域能源跨境合作项目，并引入风险担保机制，减少在重大能源合作项目中合作主体的投资风险；开展国际租赁业务，为本地区石油、天然气以及水电系统建设项目提供设备帮助；东北亚合作与开发银行还将鼓励能源领域新技术研发和应用，并提供资金支持。通过以上努力，来推动东北亚地区能源可持续发展。

在环境领域，东北亚合作与开发银行将致力于为本区域内的环境保护项目提供投资并提供长期低息贷款，从而给东北亚地区的环保跨境项目给予强有力的支持。与此同时，还将全面实施"绿色信贷"政策，从行业研究、授信指引、行业准入、贷前调查、贷中审查和贷后检查六个方面严把高污染、高排放"两高"贷款闸门，以帮助东北亚各国环境部门监管企业环保达标，在帮助监管的同时，东北亚合作与开发银行还将鼓励本地区企业进行生产和技术改造，为节能环保企业提供优惠贷款，帮助这类企业生存、发展、壮大。东北亚合作与开发银行还将为东北亚地区碳交易市场提供良好的金融服务，从而促进东北亚地区的节能减排，帮助实现本地区环境的可持续发展。

第八章　中国的新时代国际话语权与战略思维

第一节　国际经济话语权与"一带一路"战略

经过了近 40 年的强劲增长，中国目前在世界经济中的地位越来越重要。目前，中国经济总量使得中国经济在全球已经占有举足轻重的地位。而且随着国际地位的不断提高，中国在国际舞台上发挥着更加重要的作用。但是在中国以及其他一些新兴经济体崛起的进程中，在经济、政治、军事领域等各方面，都给长期以来以美国为主导的国际社会现有的秩序形成了一定的冲击。因此，美国试图调整其国际战略，通过重返亚洲，推行以泛太平洋贸易伙伴关系（TPP）为代表的高规格的贸易伙伴关系以及拉拢中国周边经济体的方法试图在某种程度上"遏制"中国经济发展。

事实上，随着中国加入世界贸易组织，中国经济对外开放程度的不断深化，中国在经济领域上与全球的联系也越来越紧密。一方面，这样的紧密联系使得我国在贸易中的比较优势更加明显，另一方面，作为新兴经济体，在世界上的贸易经济大国地位却无法得到充分的利益保障。究其原因，我们的国际经济"话语权"远远落后于我国的经济实力和地位。因此，中国近年来的很多国际战略，都是在艰难走出争夺"话语权"的第一步。这其中必然有艰辛，也会面临着很多发达国家甚至周边国家的不解和阻挠。因此，制定合理的战略，顺利实现国际经济话语权的提升对中国将有着极其重要的现实意义。

从这个角度上来说，中国的丝绸之路经济带和海上丝绸之路建设，以及推行设立的金砖银行、亚洲基础设施投资银行、上海合作组织银行等，都承载着这个重要的使命。

国际经济的话语权包含的内容十分丰富。作为第二次世界大战之后世界秩序的领军者美国，在几乎各个领域都具备领导力量，因此可以充分调动国际资源为美国服务。一般说来，最重要的国际经济话语权集中在金融领域，主要包括以下几个方面：

第一是货币权。当今世界货币格局中，美元无疑是最具有权力的货币。从布雷顿森林体系建立至今，美元在国际货币体系中长期占据着国际主导货币的位置。利用美元的超级地位，美国对其他国家的直接或间接影响均可通过美元战略来实现。这是美国的核心利益，因此美国对试图挑战其地位的其他货币包括欧元、日元在内都坚决地打压，也通过各种手段操纵来试图延缓美元的衰落。对于我国而言，"一带一路"建设势必推动人民币国际化进程，但是人民币国际化只是增强货币权的万里长征第一步。我们应该将重点放在货币自由兑换以促进贸易的角度上而应该淡化货币权的问题，因为我国现阶段和未来相当长的一段时间内既无实力也没有必要挑战美元和强化货币权的诉求，这种意图一旦被过度解读就将触动美元的核心利益。因此在我们"一带一路"的建设中，无论是离岸金融市场的发展还是货币互换，目前的目标都应该集中在促进贸易分散风险等方面，从而实现人民币国际地位安全自然的提升。

第二是定价权。随着城市化与工业化进程的加快，我国对资源和原材料等初级产品的需求增长非常迅速。国内供应远远无法满足日益增长的高需求，导致我国很多商品，如石油、铜、铁矿石、大豆等的进口规模不断扩大。我国不仅成为世界最重要的进口国，而且对国际市场的依赖程度日益加深。尽管如此，作为最大的资源需求国，我国在资产定价方面的声音非常弱小，目前几乎完全受制于国际资本市场的价格，随时承担着国际市场投机涨跌价格的风险。这对我国基础工业和经济的发展是极为不利的，因为这样显著增加了我国经济运行的成本。定价权主要由以下几个主体构成：完备的交易体系（由交易所、做市商、国际资本等组成）、完备的监管体系及市场上为数众多的买者卖者。我国在"一带一路"的建设中，应当特别注重发展大宗商品期货期权交易平台，并利用我国的经济影响力动员"一带一路"区域内的国家在以我为主的交易平台上实现资源和原材料的交易。

第三是评级权。经过一百多年的发展，穆迪、标普、惠誉三家评级机构已经确立了国际评级体系中的主导地位。三家机构占全球评级市场总规模市场份额超过95%。这个局面与美国在资本市场的国际领先地位紧密相关，也与其金融市场垄断霸权不无关系。反观我国的信用评级机构，目前规模较大的全国性评级机构只有大公、中诚信、联合、上海新世纪4家。而且美国评级机构对中国信用评级机构也全面渗控，通过收购，洽谈战略合作等手段，将触角伸展到全中国。这个话语权对我们的影响是非常深远的。举例来说，尽管美国明确态度阻止了澳、加、韩等国参与中国主导的亚洲基础设施投资银行，但中国依然发起设立该银行并开始了正式的筹备工作。但是，真正对金砖银行和亚洲基础设施投资银行造成障碍的，将会来自于未来金融市场的融资。一旦这些新的金融机构开始运行并为了支持各种项目发行债券，这些评级机构对其初始的评级过低就将大幅增加我们的运行成本。"一带一路"的建设中，金融先行，培育区域性权威的，具有评级公信力和核心竞争力的评级机构，应该是我们考虑的重中之重。

第四是咨询建议权。随着国际经济一体化不断加深，金融合作不断拓展，在区域等多边合作中，越来越多地涉及一些政策性的建议。虽然我国获得了举世瞩目的经济成就，但发展中国家的国情还没改变，我国正处在快速发展的阶段，探索出的道路具有独立性（我国是社会主义国家，我国历史悠久，人口众多，这些与世界大部分其他国家是不一致的）。我们不像以美国为首的发达国家一样，已经在经济发展的成熟度上获得很高的成就，美国的世界大国强国地位深入人心，他所提出的政策建议就更加令人信服。而我们提出的政策性建议说服力并不强。另外，这也与我国国际形象紧密相关，最高的经济成就不一定代表着最权威的咨询权。如果不能够掌握足够的咨询权，我国在提出一些金融合作建议、战略部署时，就会受到限制。在双边或多边洽谈中，各方都希望自己的利益最大化。我们分析得到的结果要具有信服力才能够推动我国的政策实施，推动金融深化发展。

除了以上四个方面外，还有其他的一些话语权和游戏规则制定权也非常重要，如贸易领域中一些规则的制定、跨境基础设施建设项目的决策权等。从"一带一路"的建设角度，作为贯穿欧亚大陆，东边连接亚太经济圈，西边进入欧洲经济圈的大经济区，无论是发展经济、改善民生，还是应对危机、加快调整，许多沿线国家同我国有着共同利益。在建设过程中要以项目为导引，同时注意在经济话语权各个领域的合作。金砖银行、亚洲基础设施投资银行、丝路基金并不能完成全部的争取话语权的使命，在其他几个领域也应该同时推进，才能实现中国国际话语权的提升。

第二节　门罗主义、门户开放、马歇尔计划与中国的和平崛起

中国的崛起在 21 世纪的今天看来已经是大势所趋、不可阻挡的。但是这一进程必然不会十分顺利，面临着诸多的问题。从国际政治经济进程上看，几乎每一次的大国崛起都因为对世界旧秩序形成了一定的挑战而产生了激烈的冲突。但只有美国取代英国成为世界领导的过程相对平缓，虽然有英国纠缠于欧洲大陆的争斗无暇顾

及大洋彼岸的美国这种客观因素，美国自身的政策决策也起到了至关重要的作用。美国的政策脉络对中国目前参与全球治理也具有十分重要的参考借鉴意义。

一、中国的崛起必须立足于亚洲

门罗主义（Monroe Doctrine）发表于 1823 年，表明美利坚合众国当时的观点，即欧洲列强不应再殖民美洲，或涉足美国与墨西哥等美洲国家之主权相关事务。而对于欧洲各国之间的争端，或各国与其美洲殖民地之间的战事，美国保持中立。相关战事若发生于美洲，美国将视为具敌意之行为。从字面上解读，门罗主义表明了美国将美洲纳入自己的势力范围同时也提出了为美洲提供保护的决心。事实上，门罗宣言发表在美国独立后的第 47 年，就国家综合实力而言，门罗时期的美国不仅不是强大的国家，而且与当时的其他列强相比，明显弱小。在经济上，美国制造业仅相当于英国的 1/5 左右，不到俄国和法国的一半，也比西班牙要低，占世界制造业总产值的比重约为 2%左右。同时，美国在当时的军事力量相当弱小，但其向世界表明了决心，证明美国已经开始作为一个独立的大国向世界施加自己的影响。门罗宣言引起了列强的不同反应，最终结果却是列强均被迫接受，美国获得了外交的胜利，客观上也防止了拉丁美洲国家再次沦为殖民地。

从国家战略的角度看，启示是多方面的，其意义已经超越了门罗宣言乃至国际关系本身。对中国今天来说，中国走向世界，必须立足于亚洲，周边地缘政治的恶化会对中国带来致命的牵绊。美国重返亚洲战略，也带有干扰中国地缘政治的强烈目的。由于现代社会的各种国际规则已经被广泛接受，与门罗时代不同，在中国试图主导亚洲事务之时，要注意维护周边国家的利益。具体来说有以下几个途径：

首先是美国力推的 TPP 不止对中国造成很大困扰，对亚洲其他参与国家也并不会带来收益。这就为我国推行区域经济贸易伙伴关系提供了良好的契机。从贸易角度来说，美国对亚洲绝大部分国家都是贸易逆差，所以 TPP 的走向会有利于美国贸易条件的改善，减少美国的逆差，这将对东亚以各制造业为主的国家带来不利影响。而中国在对全球几乎都贸易顺差的条件下，对周边国家如韩国和东盟则普遍存在长期逆差。值得注意的是，存在贸易逆差并不一定是坏事，在美国试图减少逆差的时候，中国对周边地区的逆差将成为中国维护地缘经济关系的有力武器。

其次是亚洲基础设施投资银行的推行，应该注意多边合作的策略。鉴于目前倡导发起国除中国外，多数为经济规模较小或者经济相对落后的国家，这固然容易实现以我为主设立区域性多边金融机构，但很难实现比国家开发银行更重要的功能。特别是，根据国际通行的多边金融机构的设立原则，股权份额最大的国家，还没有同时成为区域性金融机构总部所在地并担任金融机构第一负责人的先例。换言之，我们现阶段倡导的多边金融机构在项目决定权、人事权、地址三权完全统一在中国，这与国际社会普遍认为的美国主导的国际金融秩序的弊端并无本质区分，所以适当筹建次区域多边金融机构并鼓励周边国家更多地参与将有助于中国国际形象的提高。

最后是亚洲事务对于中国而言必须有主有次，从经济角度来说，"一带一路"所涵盖的合作国家很多，但在具体经济合作上各国对中国的重要性不可同日而语。尽管相对比较困难，但是从在亚洲的影响力角度、从经济规模、发达水平和国际影响力的角度来看，日韩两国必须是中国主导亚洲事务的天然合作伙伴。在日本与中韩两国领土政治纠纷短期无法解决的背景下，韩国的战略地位非常重要。丝绸之路的起点必须从东亚开始，同时在经济领域要求重视东盟各国，从政治领域重视中亚国家，从而实现中国自身利益与各国的多重受益。

二、中国参与 G20 的原则应该讲求"利益均沾"

美国的门户开放政策本来与中国鸦片战争之后的屈辱历史有

关。美国作为来到中国的列强之一，因为与西班牙的战争使其错过了瓜分中国的时机，因此作为后来者，提出了"利益均沾"的原则。具体来说，就是美国在承认列强在华"势力范围"和已经获得的特权前提下，要求"利益均沾"。这在客观上保障了美国作为后来者的利益，但同时也从一定程度上保障了中国的主权和领土的相对完整。

这种政策对中国目前参与全球治理具有更深层次的启示。对于全球治理结构而言，中国是后来者，也是逐渐上升的新兴势力。与当初美国在1899年提出门户开放政策的时代类似的是，美国当时制造业和总产值已经跃居世界首位，但是英国仍然是当之无愧的世界"领头羊"。而今天中国的制造业和贸易都已经是全球第一，经济总量也已经牢牢地站稳第二。那么在全球治理的进程中，我们更应该学习美国门户开放政策的意图和结果。

第一，从G8（八国集团）到G20，甚至前几年美国曾经提出的G2（两国集团）架构，基本上都反映出世界治理结构正处于变革时期，在大变革时期，中国和中国的领导人应该更加积极主动地参与，才会赢得全球更多的尊重。

第二，对现存的国际上的唯一超级大国美国的国际地位要给予足够的尊重。美国从制造业成为全球最强国家（1870年）直至变成全球的领导，整个崛起过程大约花费了近80年的时间。而且还充分利用了两次世界大战给欧洲带来巨大破坏的客观条件，即便如此，在第二次世界大战结束时，美国仍然对老牌的强国英国在国际事务中给予了相当大的尊重，从而避免了全球治理权力交接过程中的激烈冲突。因此，现阶段中国在参与国际事务中，特别是在G20这个平台上，不应该也不必要过多地充当领导者，而更应该是积极参与为主、表达自己意见为主、与美国合作为主。

第三，G20作为全球治理的平台，包含着长期以来的国际老牌资本主义强国，也包含众多新兴经济体。在涉及自身利益的议题上，中国最重要的态度应该是如门户开放政策中的"利益均沾"。这个角度既容易实现我们的战略意图，确保我们自身利益不受损害，又能够得到多方共识，便于提升我国在国际事务中的地位。

第四，我国应该充分利用 G20 平台，在国际事务中更多地发挥斡旋作用。我国事实上应该是天然的国际事务的斡旋人，因为我国不是像美国一样担任世界的全方位领导者，不会给冲突各方强行施加影响，而我国的经济实力又足够强，可以为各方带来收益，历史上我国有着被列强侵略的历史，所以心态上能够理解冲突各方的诉求。参与国际事务冲突的斡旋，无论成功与否，都会对中国国际的形象提升有重大意义，对树立负责任的大国形象有重要意义。美国退任高级领导就往往充当特别协调员赶赴全球协助国际事务平衡，我国似乎也可以充分利用我国的资源，提升我国软实力和巧实力。

三、中国版的"马歇尔计划"应该放大到全球视野

美国的马歇尔计划，即第二次世界大战结束后美国对被战争破坏的西欧各国进行经济援助、协助重建的计划，对欧洲国家的发展和世界政治格局产生了深远的影响。它使得美国和欧洲获得双赢，欧洲经济在短时间内恢复活力，并在此后 20 年一直保持强劲增长，同时美国的国民生产总值迅速提高，从而奠定了其全球霸主地位。

相对比而言，中国版"马歇尔计划"大体的思路是由国家承担贷款风险，企业输出过剩产能，人民币国际化，三位一体。中国利用积累的外汇储备作为拉动全球增长的资本金，同时通过资本输出带动消化过剩产能，实现一石二鸟的战略。通过增加对外投资、基础设施建设等手段，以"一带一路"为平台，以亚投行、金砖国家银行为支撑，完成中国产能输出和资本输出两大使命（实现增加对外投资、化解过剩产能和加快人民币国际化的多重目标）。

从这种使命来说，中国版的"马歇尔计划"更应该放眼全球，立足于以 G20 为代表的成熟经济体和新兴经济体，而不是局限在传统的丝绸之路上，考虑到美国版马歇尔计划只是推动欧洲复兴的进程，而中国截至目前的相关举措更多的是发展模式和全球治理的一种探索。第二次世界大战之前，欧洲的制度和经济已经达到相当发

达的水平，战前的制度和人力资本在战后大多保留下来了。而目前中国相关计划涉及的伙伴国家都是发展中国家，这些地区发展的基础薄弱得多，基础设施总体非常落后，制度和发展模式尚不成熟。这就意味着，中国推进互联互通所涉及的具体措施更多的是发展模式的尝试，而这种尝试必然暗含着更多风险和挑战。因此，中国版"马歇尔计划"不妨也把成熟经济体包含进来，并且要逐渐推行，这样才能降低风险，促进中国的和平崛起。

第三部分　大型跨境项目融资和
项目管理比较研究

第九章　跨境项目融资与项目管理简介

　　加快区域内大型基础设施的建设和整合是加速区域经济整合的必要前提。但目前的现实是，这些区域内的大型项目往往涉及多个国家（或地区），多为跨境项目，而区域内各个国家（或地区）在政治制度、经济发展水平、文化和法律制度等方面往往存在较大的差异，因此，大型跨境项目的融资和项目管理实施往往比一般国家境内的大型项目的融资与项目管理更为困难，区域性合作开发银行正是为满足这一需求而产生的。地处东北亚地区的各国在进行区域经济整合时同样面临这样的问题，本部分将在对跨境项目确定、融资和项目管理进行一般性研究的基础上，结合具体的案例研究对目前全世界存在的主要区域性合作开发银行的大型跨境项目确定、融资和项目管理情况进行比较研究，以期对未来在东北亚地区建立的东北亚合作开发银行实施的大型跨境项目的融资和项目管理提供某种指导和借鉴。

　　跨境项目融资是从项目融资的概念中演化而来的。根据《新帕格雷夫货币金融大词典（第二卷）》，项目融资是指为一项不连续的、可轻易证明为同一类别的投资或"项目"提供资金。在一个简单的事例中，贷款方依据来自有信誉买方的长期合同，为一个特定的项目提供资金，合约规定买方将按足以弥补预计债务还本付息的价格购买项目生产出的产品。一旦项目开始运作，产品销售的收入将被存放在一处受托保管单位，银行是受托保管单位的典型，受托保管单位留出足够收入用以偿还即将到期的债务，并把剩余的收益返还给生产企业以弥补其成本。项目贷款专门将投资的未来收入用于贷款的还本付息，从而将贷款还本付息与投资所有者或投资发起者的金融资产分离开。世界银行自 1945 年创建起，就将其贷款目的定位于"项目"贷款，例如堤坝、电站、港口和道路的建设。在世界银行创建后的前 25 年，它主要为发展中国家提供这类投资。

一般的投融资项目是发生在本国或者国外的某一个国家内，而跨境融资项目是指为实施范围超过一国边界的活动进行融资的项目，也即是为在多个国家完成的项目进行融资。由于这些项目在执行过程中需要多个国家的通力合作，并且具有盈利能力低、投资回收期长、项目规模较大等特点，跨境项目主要是由诸如世界银行、亚洲发展银行等具有政策性质的不以盈利为目的的大型国际性或区域性金融机构提供贷款融资或担保。跨境项目的范围主要是集中于能源、交通、环境、教育、卫生等领域。

随着经济全球化的不断发展，区域合作在各国经济中所起的作用也越来越大。区域经济一体化的发展，使区域内各国经济和文化的合作与交流越来越频繁。这就要求有可以使商品、人员、能源、信息等得以在区域间自由且快速传递的体系，也就是说需要建立区域性的交通运输、通信等网络，而这些区域性网络的建立就要依靠跨境项目来实现。可以说，跨境项目的兴起是经济全球化和区域经济一体化的必然要求。对于亚洲地区而言，区域内各国间的经济文化联系越来越紧密，但是由于各国经济发展、教育水平、健康状况等很不均衡，这就需要通过跨境项目的实施来促进各国经济的协调发展，提高区域整体的受教育水平和健康状况。而对我国来说，作为贸易和资本的出口大国，这些区域性网络的建立将既有助于我国的产品出口，又便于我国从周边国家获得先进的技术和资源，增强我国的经济实力。

表 9-1　主要的国际性或区域性开发银行的重点跨境项目情况

银行名称	项目名称
世界银行	老挝 Nam Theun 2 水电站项目、西欧至中国西部国际运输通道（评估阶段）（Western China International Transit Corridor）西非天然气管道（West African Gas Pipeline）
亚洲开发银行	大湄公河次区域项目（Greater Mekong Subregion Program，GMS） 中亚区域经济合作项目（Central Asian Regional Economic Cooperation Unit，CAREC） 南亚次区域经济合作项目（South Asia Subregional Economic Cooperation，SASEC） 印度尼西亚、马来西亚、泰国经济三角区项目（Indonesia，Malaysia，Thailand Growth Triangle，IMT-GT） 文莱、印度尼西亚、马来西亚、菲律宾及东盟经济区项目（Brunei，Indonesia，Malaysia，Philippines East ASEAN Growth Area，BIMP-EAGA）
美洲发展银行	道路交通一体化计划、阿根廷边界公路建设、中美洲电气联通系统
非洲投资银行	几内亚和马里的康康—库雷马莱—巴马科公路工程（Kankan-Kouremale-Bamako Road Project）
欧洲投资银行	跨欧洲交通和能源网络项目（Trans-European Transport and Energy Networks，TENs）
北欧投资银行	挪威与荷兰的长达 580 公里的海底电力传送电缆（世界最长的海底电缆）

　　表 9-1 所列项目均是为了更好地进行区域合作而进行的大型地区项目，这些项目又由许多具体的小的跨境项目支撑，国际性或区域性银行和各参与国政府与大型企业以投资或者担保的方式对这些跨境项目进行融资支持。

　　由于跨境项目所涉地域广泛，区域内各国间的政治经济制度以及文化传统等均有很大的不同，这就为项目的实施造成了诸多不便。正是由于这些困难的存在，跨境项目的进展一般比较缓慢，对区域性经济目标的实现造成了很大阻碍。

第十章　世界银行的大型跨境项目融资与项目管理

第一节　世界银行大型跨境项目简介

一、世界银行基本架构及成员国

世界银行由国际复兴开发银行（IBRD）、国际开发协会（IDA）、国际金融公司（IFC）、解决投资争端国际中心（ICSID）以及多边投资担保机构（MIGA）五个下属机构构成，表 10-1 给出了各机构的成立年份和机构全称。

表 10-1　世界银行 5 个下属机构

1944	IBRD	International Bank for Reconstruction and Development 国际复兴开发银行
1960	IDA	International Development Agency 国际开发协会
1956	IFC	International Finance Corporation 国际金融公司
1966	ICSID	International Center for the Settlement of Investment Disputes 解决投资争端国际中心
1988	MIGA	Multilateral Investment Guarantee Agency 多边投资担保机构

世界银行集团规定：各下属机构归其成员国政府所有。在各机构内部，成员国政府对所有事项，不论是政策和财务事项，还是成员资格事项都拥有最终决定权。国际复兴开发银行拥有 185 个成员国，几乎包括了全世界所有国家；国际开发协会拥有 168 个成员国，国际金融公司拥有 181 个成员国，多边投资担保机构拥有 173 个成员国，解决投资争端国际中心拥有 143 个成员国。

IBRD 协议条款规定，一国如要成为世行成员，必须首先加入国际货币基金组织。IDA、IFC 和 MIGA 的成员资格取决于国际复兴开发银行的成员资格。

世界银行下设集团秘书处，负责协调世行股东开展工作。秘书处下设成员资格与股本认购处，负责处理新成员事项。各成员国通过理事会和执行董事会对世行集团进行管理。世行各机构的所有重大决定都由这两个主体做出。

世行以贷款（Loan）和担保（Guarantee）的形式参与、整合和推进跨境项目。贷款业务主要由 IBRD 和 IDA 承担；而担保业务主要由 MIGA 完成。在世行参与的跨境项目的各种融资结构中，很大比例是采取担保的形式。世行的担保是对世行其他机构（IBRD、IDA、IFC）以及其他银行贷款的一种支持和补充，被担保的债务通常可以获得较低的融资成本和较长的期限，是大型跨境基础设施项目的"催化剂"。

二、世行各成员国出资比例和获得的投票权情况

投票权占比在 1%以上的国家及其出资情况如表 10-2～表 10-4 所示，这三个表格分别对应 IBRD、IDA 和 MIGA 三个下属机构。

表 10-2　国际复兴开发银行（IBRD）出资占比和投票权占比

国家名称	出资占比（Subscriptions）%	投票权占比（Voting Power）%
阿根廷	1.14	1.12
澳大利亚	1.55	1.52
比利时	1.84	1.80

续表

国家名称	出资占比（Subscriptions）%	投票权占比（Voting Power）%
巴西	2.11	2.07
加拿大	2.85	2.78
中国	2.85	2.78
法国	4.41	4.30
德国	4.60	4.48
印度	2.85	2.78
伊朗	1.50	1.48
意大利	2.85	2.78
日本	8.07	7.85
墨西哥	1.19	1.18
荷兰	2.26	2.21
俄罗斯	2.85	2.78
沙特阿拉伯	2.85	2.78
西班牙	1.85	1.74
瑞士	1.69	1.66
英国	4.41	4.30
美国	16.83	16.36
委内瑞拉	1.29	1.27

表 10-3　国际开发协会（IDA）投票权占比

国家名称	投票权占比（Voting Power）%
第一类国家：	
澳大利亚	1.22
比利时	1.12
加拿大	2.67
法国	4.01
德国	6.25
印度	2.78
意大利	2.55
日本	9.45
荷兰	2.00

续表

国家名称	投票权占比（Voting Power）%
挪威	1.02
瑞典	1.96
瑞士	1.14
英国	5.33
美国	12.06
第二类国家：	
巴西	1.59
中国	1.87
印度	3.11
波兰	2.09
沙特阿拉伯	3.27

表 10-4　多边投资担保机构（MIGA）出资占比和投票权占比

国家名称	出资占比（Subscriptions）%	投票权占比（Voting Power）%
第一类国家：		
澳大利亚	1.70	1.50
比利时	2.02	1.75
加拿大	2.96	2.51
法国	4.84	4.02
德国	5.05	4.19
意大利	2.81	2.38
日本	5.08	4.21
荷兰	2.16	1.86
西班牙	1.28	1.14
瑞士	1.50	1.32
英国	4.84	4.02
美国	18.42	14.98
第二类国家：		
阿根廷	1.25	1.12
巴西	1.47	1.30

续表

国家名称	出资占比 （Subscriptions）%	投票权占比 （Voting Power）%
中国	3.13	2.64
印度	3.04	2.56
俄罗斯	3.13	2.63
沙特阿拉伯	3.13	2.63

第二节　世界银行跨境基础设施项目的案例分析

一、世界银行项目文件结构

世界银行项目信息文件（Project Information Document，PID）标准化范式共划分为十个部分，就运作跨境基础设施项目而言，内容大致如下：

（1）项目背景：项目产生的社会、经济背景资料，对项目的需求和实施该项目的意义等。

（2）目标：总括项目的目标，包括希望达到的量化指标（如跨境运输路线的里程数等）。

（3）世行参与的原因：世行的介入和参与，能从哪几个方面提升项目的营运水准。

（4）项目具体描述：包括项目分为几个阶段，每个阶段的资金需求状况，项目的阶段性目标和成果。

（5）融资结构：各个机构资金的绝对投资数量和担保资金数量，以及相对的占比。

（6）实施：明确项目的治理结构和管理机构。

（7）持续性：评估项目的可持续性，对项目进行可持续的发展规划。

（8）既往的经验和教训：总结需要吸取的、既往同类型项目的经验。

（9）保障条款：项目在生态环境和社会人文方面所涉及的世行相关条例和规则（世行项目运行条例包括执行程序（Operation Procedure，OP）和银行政策（Bank Policy，BP）。

（10）技术性文件清单：随报告附上的技术性文件列表，包括可行性报告等。

二、案例项目：老挝南屯河（Nam Theun 2）水电站项目

始于 1995 年的老挝的 Nam Theun 2（下面简称 NT2）水电站项目是亚洲最大的跨境融资项目，至 2005 年，总的投资成本约为 12.5 亿美元的 NT2 项目进入了融资结束期（Financial Close）。该项目是由法国电力（Electricité de France，EDF）、泰国的意大利—泰国发展公共有限公司（Italian-Thai Development Public Company Limited，ITD）以及泰国的电力生成公共有限公司（Electricity Generating Public Company Limited，EGCO）出资发起的。

NT2 项目融资的完成具有里程碑式的意义：它是老挝最大的一笔外商直接投资；它是世界上最大的非政府部门（Private Sector）跨境电力项目的融资；同时它还标志着老挝和泰国的经济合作取得了巨大的成功。按照计划，NT2 的商业运营从 2009 年下半年开始。

投资规模为 12.5 亿美元的项目，其融资结构比例如下：28%的股权融资（约合 3.5 亿美元）和 72%的债权融资（约合 9 亿美元）。另外 2 亿美元的或有成本（Contingent Cost）是由 50%的股权和 50%的债权融资构成。项目中，股本出资方为上面提及的发起项目的三家公司：EDF（持股比例 35%）、ITD（持股比例 15%）、EGCO（持股比例 25%），以及老挝政府专门为了持股 NT2 项目所成立的国有公司——老挝国有控股公司（Lao Holding State Enterprise，LHSE）（持股比例 25%）。四家公司于 2002 年 8 月 27 日，在老挝成立了名

为南屯河电力有限公司（Nam Theun 2 Power Company Limited，NTPC）的有限责任公司，全面负责实施 NT2 项目。

以下是为 NTPC 提供贷款的金融机构，或是为借款提供担保的金融机构：

（1）由 16 家商业银行构成的银团贷款，主要负责为 NTPC 提供长期贷款。其中有 9 家为跨国银行（主要提供美元贷款），7 家为泰国本土银行（主要提供泰铢贷款，从泰国本国贷款本币可以获得更为优惠的利率，而且可以规避汇率风险）。

9 家跨国银行或金融机构：澳新银行（ANZ Bank），法国巴黎银行（BNP Paribas），东京三菱银行（Bank of Tokyo Mitsubishi），法国东方汇理银行（Calyon），富通银行（Fortis Bank），荷兰国际集团（ING），比利时联合银行（KBC），法国兴业银行（SG）and 标准渣打银行（Standard Chartered）。

7 家泰国本土的商业银行：泰国银行（Bangkok Bank），大城银行（Bank of Ayudhya），泰华农民银行（Kasikorn Bank），泰京银行（Krung Thai Bank），暹罗城市银行（Siam City Bank），暹罗商业银行（Siam Commercial Bank）和泰国军人银行（Thai Military Bank）。

（2）双边及多边机构贷款：世界银行集团（IDA 和 MIGA），亚洲开发银行（ADB），法国开发署（Agence Française de Development，AFD），北欧投资银行（Nordic Investment Bank，NIB），泰国进出口银行（Thai Exim Bank），法国开发署私营部门（Proparco）。

（3）担保人以及出口信贷机构：IDA，ABD，MIGA，法用信用保险（Coface of France），瑞典信用保险（EKN of Sweden），挪威信用保险（GIEK of Norway）。

根据规定，对于老挝和泰国的政治风险，在没有有效的政治风险缓和（Political Risk Mitigation）机制的情况下，跨国银行和金融机构无法给 NTPC 直接提供贷款。因此在老挝政府和 NTPC 的要求和斡旋之下，请求世界银行提供担保以便支持跨国银团给 NTPC 贷款。上述机构的投融资和提供担保的详细结构见表 10-5。

表 10-5　为 NTPC 提供担保的银团投融资结构

资金运用情况（Uses of Funds）	泰铢 （百万）	美元 （百万）	等价美元 （百万）
开发成本　Development Costs	80	72	74
环境/社会成本　Environmental/Social Costs	0	49	49
前端建设合约　Head Construction Contract	12,847	401	722
财务成本　Financing Costs	4,271	144	250
NTPC 管理、营运成本 NTPC General and Administrative，incl. Working Capital NTPC 普通管理成本（包括劳务成本）	414	36	46
前期运营及其他成本　Pre-operating and Other Costs	568	94	109
总成本　Total Base Costs	18,180	795	1,250
或有成本　Contingencies	0	200	200
总计　Total Project Cost	18,180	995	1,450
融资情况（Sources of Funds）	泰铢 （百万）	美元 （百万）	等价美元 （百万）
股权　Equity			
法国电力公司　EDF（持股 35%）	67	121	122
意大利—泰国发展公共有限公司　ITD（持股 15%）	29	52	52
电力生成公共有限公司　EGCO（持股 25%）	48	86	87
老挝政府的国有控股公司　GOL（持股 25%）	48	86	87
或有权益　Contingent Equity	0	100	100
总基础性股权　Total Base Equity	192	345	350
总项目股权　Total Project Equity	192	445	450
债权　Debt			
泰国商业银行贷款　Thai Commercial Lenders	20,000		500
出口信贷机构——Coface，GIEK and EKN——担保的商业贷款 Commercial Loans covered by ECA's - Coface，GIEK and EKN		200	200

由亚洲开发银行部分风险担保的商业贷款 Commercial Loans covered by ADB PRG（Partial Risk Guarantee）		42	42
由国际开发协会部分风险担保的商业贷款 Commercial Loans covered by IDA PRG		42	42
由多边投资担保机构部分风险担保的商业贷款 Commercial Loans covered by MIGA Guarantees		42	42
泰国进出口银行 Thai Exim Bank		30	30
北欧投资银行 Nordic Investment Bank		34	34
亚洲开发银行普通贷款 ADB OCR Loan		50	50
非洲开发银行 AFD		30	30
法国金融开发机构 Proparco		30	30
总债务 Total Debt	20,000	500	1,000
总债权融资 Total Project Financing	**20,192**	**945**	**1,450**

由上面表 10-5 可见，国际开发协会部分风险担保（IDA PRG）为 9 家国际贷款的金融机构提供 4200 万美元的商业债务担保。IDA PRG 对由一系列事先指定好的、老挝政府控制下的行为活动导致的所有债务偿付违约担保提供支持，具体来说 IDA PRG 承担以下风险：

（1）老挝政府将项目罚没（全部收归老挝政府所有）。

（2）适时地颁布或更新建设和营运的许可证。

（3）法律、税收、关税制度的改变。

（4）老挝政府作为主权国家需要承担的其他特定义务，以及对融资具有重大影响的其他协议。

（5）超出 NTPC 控制以及其他公共或私人保险市场承保能力的重大自然事件。

另外，IDA PRG 只担保老挝在上述协定范围内的主权国家风险，而不承担泰国主权国家风险。

世界银行是 NT2 项目成功融资的重要催化剂，同时世行良好的声誉和在金融行业的影响力以及其高度透明的行为准则帮助 NT2 吸引到了其他多边或双边金融机构的资金。NT2 是获得 IDA、MIGA、ABD 联合担保的第一个项目，4200 万美元的 IDA 部分风险担保"撬动"了 11.5 亿美元的非官方部门（Private Sector）的贷款和投资，比率高达 1:28。受益于世界银行的担保业务，刺激了私人部门资本的流动和运用。

三、世界银行其他有代表性的跨境基础设施项目和融资结构

1. 西欧至中国西部的国际运输通道（Western China International Transit Corridor）

本项目属于国际复兴开发银行（IBRD）贷款支持开发的项目，到目前为止，这一项目尚处于评估阶段（Appraisal Stage）。该项目属于欧洲、中亚和东亚地区的跨境基础设施合作项目，借款人为哈萨克斯坦政府。哈萨克斯坦政府希望以本国为中介，提升西欧至中国西部的公路运输能力，通过西欧—中国西部大陆桥（WE-WC Corridor）的建立，提升贯穿欧亚运输通路的安全性，最终达到加速作为这条运送通道的最为重要的节点——哈萨克斯坦经济发展的目的。

向国际复兴开发银行所筹借的款项用于 WE-WC 大陆桥一段的建设，该运输路段在哈萨克斯坦境内，其融资结构为：借款人（哈萨克斯坦政府）出资 37,500 万美元，IBRD 借款投资 212,500 万美元。

对于项目其他路段的建设，哈萨克斯坦政府邀请 ADB/JICA、EBRD 和 IDB 为其联合贷款。为了将这种合作贷款形式规范化，由哈萨克斯坦交通部（The Ministry of Transport and Communications，MOTC）牵头，与上述国际金融组织和机构签订理解备忘录。通过这份理解备忘录确定了：①合作机制；②融资纲要；③联合项目的实施协定；④对统一设计标准的承诺。

2. 西非（包括加纳、多哥、贝宁、尼日利亚）天然气管道（West African Gas Pipeline）项目

开发跨境天然气管道项目的目的是为了增强加纳（Ghana）、多哥（Togo）、贝宁（Benin）等国能源部门的竞争力，使上述三国可以利用来自尼日利亚（Nigeria）更为清洁、环保的天然气资源，同时有利于该地区区域政治、经济合作的实现，促进该地区的经济发展。

世界银行集团通过担保的形式减少项目的投资风险，支持项目开发，区域间、国家间合作框架的建立以及加纳、多哥和贝宁天然气市场的发展起步。项目的总投资为 59,000 万美元，非官方部门提供 58%的资助，资助人（Sponsors）分别为美国的雪佛龙公司和荷兰壳牌集团，前者出资占投资额 39%，后者占 19%。国际开发协会（IDA）提供 5,000 万美元担保，多边投资担保机构（MIGA）提供 7,500 万美元担保。

第十一章 亚洲开发银行的项目融资与项目管理

第一节 亚洲开发银行项目融资概况

亚洲开发银行（Asian Development Bank，ADB）是以帮助亚洲地区发展中国家消除贫困、发展经济、改善环境为主要宗旨的国际性金融组织。目前会员总数为 67 个，其中 48 个来自亚太区域，主要是亚太区的主权国家或地区，另有 19 个来自区域外，为美国、英国、澳大利亚等西方欧美国家。

一、投资领域

2008 年，亚洲开发银行（简称亚行）延续了以贷款为主、拨款和技术支持为辅的资助方式，年内向 86 个项目提供了 105 亿美元贷款，大多数投放到公共领域；提供技术支持拨款 2.75 亿元，用于资助发展中国家项目的准备工作、项目咨询和区域合作等；直接拨款资助项目金额 8.11 亿元。

二、融资来源及方式

亚行的资金主要来源于以下四个渠道：

（1）普通资本来源（Ordinary Capital Resources，OCR）：来源

于亚行在国际资本市场中的借贷。OCR 所得的资金一般用于贷款给经济情况稍好的国家（中低收入国家），贷款的条款接近于普通商业贷款。由 OCR 支持的贷款是亚行发放贷款的主体。

亚行是 3A 级的债券发行者，以发行债券作为主要融资方式，此外，成员国的捐赠和项目留存收益也是资金来源的一部分，这两项收入共同构成了亚行普通资本来源（OCR），为亚行向发展中国家成员提供贷款中的 74.1%提供了支持。

（2）亚洲发展基金（Asian Development Fund，ADF）：由亚行的捐赠会员出资设立，该基金向最贫困的借债国家提供低息贷款，或直接提供拨款。实际上，亚洲发展基金是亚行旗下最大的一支专项基金。

（3）技术支持（Technical Assistance，TA）：资金来源于亚行中央预算或亚行旗下一系列专项基金（由捐赠会员出资成立），主要以拨款的形式给予有需要的国家，少数情况下以贷款的形式进行资助。资金用于帮助这些国家确认及设计项目、机构升级、制定发展战略、加强区域合作等。

这里需要说明的是，亚行旗下的专项基金包括：亚洲发展基金（Asian Development Fund）、技术援助特别基金（Technical Assistance Special Fund）、日本特别基金（Japan Special Fund）、亚洲开发银行机构特别基金（Asian Development Bank Institute Special Fund）、亚洲海啸基金（Asian Tsunami Fund）、巴基斯坦地震基金（Pakistan Earthquake Fund）、区域合作一体化基金（Regional Cooperation and Integration Fund）等。亚行旗下的各专项基金（包括亚洲发展基金）一般由亚行成员国捐赠设立，多用于提供低息贷款及技术支持拨款，以专项基金 Japan Special Fund 为例，由日本政府专项拨款建立。

（4）创新融资工具（Innovation and Efficiency Initiative）：是指新型的融资工具和方式，可以为亚行的客户和工程团队提供更为广阔的资金来源。

目前在区域合作项目中，采用最多的资助方式是普通贷款、低息贷款、亚行中央预算拨款、专项基金拨款等，因而可以推断出亚行在资助区域项目时的主要资金来源是上述四种中的前三种。

亚行主要通过发行国际债券和借贷方式获取资金，主要有三种举债方式：

（1）发行国际债券。2004 年至 2009 年 5 月，亚行已发行以美元、瑞士法郎．南非兰特、澳元、英镑、日元、加元、菲律宾比索、新加坡元、泰铢、人民币、马来西亚林吉特、印度卢比在内的 29 种货币标价的国际债券，在发行币种上的选择较为广泛和灵活。

（2）私募融资。发行面向特定投资者需求的债券，具有独特的、灵活的期限和利息支付方式，并可以附带期权等条款，用以吸引更多的机构投资。

（3）过桥融资（Bridge Finance）。通过欧洲商业票据项目（Eurocommercial Paper Program，ECP Program）进行短期融资，其在不方便进行长期融资时使用。

第二节 亚行项目管理的一般原则与流程的相关文件索引

在亚行提供的资料中，Project Administration Instructions 作为项目管理的指引，对项目准备、顾问选聘、采购、资金支付划拨、管理行为、内控及定期报告等运转的各个环节做出了一般性的表述和规定，针对每一个环节，亚行各部门、各国政府及主管部门和其他参与者均承担相应的监管职能。这一指引的目录如下。

一、准备工作

（一）项目初始期的管理活动
（二）项目管理的组织架构
（三）贷款合同及技术支持项目协议的签署

（四）贷款生效的条件及声明

（五）关于项目管理备忘录

二、选聘顾问

（一）选聘顾问概论

1. 一般原则

2. 咨询机构的类型及咨询业务

3. 咨询机构的资格

（二）选聘咨询公司

1. 选择办法

2. 技术建议的类型

3. 合同的类型

4. 技术支持类项目中的咨询公司选聘

5. 贷款拨款项目、代理技术支持拨款项目、信托基金支持项目中的咨询公司选聘

6. 关于员工咨询业务

7. 关于行政预算支持的培训类咨询业务

8. 关于非政府组织、国际专业组织及其各地区代表、高等院校、服务机构及其他专门类型的咨询机构

（三）选聘个人顾问

1. 关于技术支持项目

2. 关于贷款及拨款项目

3. 关于员工咨询业务

4. 关于行政预算支持的培训类咨询业务

5. 关于资源提供者咨询业务

（四）对咨询服务实施过程的监管

1. 对于技术支持拨款项目中咨询业务的监管

2. 对于拨款、贷款类项目中咨询业务的监管

3. 对于员工咨询业务的监管

（五）对顾问表现的评估

1. 对咨询公司的评估

2. 对个人顾问的评估

三、物资采购

（一）准备工作及采购行为监管

（二）资格审核

（三）国际公开招标

（四）就地采购

（五）其他形式的采购

（六）本国优惠方案

（七）对采购物资和劳务的广告宣传

（八）投标保证金

（九）投标及合同中对运费的定价

（十）特定情况下的采购

（十一）采购委员会的功能和规则

（十二）电子采购

四、资金支付及划拨

（一）撤销申请

（二）强制账目下的资金支付

（三）劳务合同下的资金支付

（四）暂停和终止贷款的情形

（五）贷款截止日期

（六）对外援融资和联合融资拨款所面临的外汇风险控制问题

五、项目管理行为

（一）执行机构的进度报告

（二）合同中的权利、义务及支付款项计划

（三）对贷款条款服从情况的审核

（四）项目范围或实施安排发生变化的情况

（五）贷款资金的重新配置

（六）对于剩余贷款资金的使用

（七）出现成本超支的情况

（八）由借款者承担的本地成本支出

（九）提交项目审计账户和财务报告

（十）项目表现评级

（十一）对技术支持拨款项目的管理

（十二）有居民参与的小规模项目的实施

六、内部控制与信息报告

（一）项目管理评估

（二）项目管理部门

（三）项目管理部门的报告

（四）贷款重大事件时间表

（五）项目表现报告

（六）提交给董事会的关于贷款和技术支持项目投资组合的业绩表现

（七）项目完成报告和年度总结报告

（八）技术支持项目的完成报告

（九）技术支持项目的业绩报告

第三节　亚洲开发银行的总体运作模式

一、资金运营模式

总体上，亚洲开发银行的资金运作和项目管理模式可以用图

11-1 来说明。

　　如图 11-1 所示，普通资本来源、亚洲发展基金、技术支持、创新融资工具作为上文中提到的亚洲发展银行四大资金来源，可以被统一视作亚行的"自筹"资金，这是因为：普通资本来源主要依靠在国际市场举债，发行主体为亚行自身；亚洲发展基金是亚行旗下最大的专项基金；技术支持的资金主要来源于其他专项基金，这些基金也属业行旗卜；创新融资工具的主要目的则是进一步拓展亚行项目融资渠道。

　　相对于自筹资金，"联合融资"及"合伙人融资平台"可以被视作亚行的"外部"资金伙伴。在相当一部分项目的推进过程中，单凭亚行的自筹资金无力支持整个项目。于是，亚行开展广泛的国际合作，通过联合融资吸收国际机构的投资，共同对项目提供信贷和拨款；通过合伙人融资平台，建立针对特定项目集合或特定领域的长期融资平台，持续吸收国际上的官方和私人投资，持续投入项目建设。

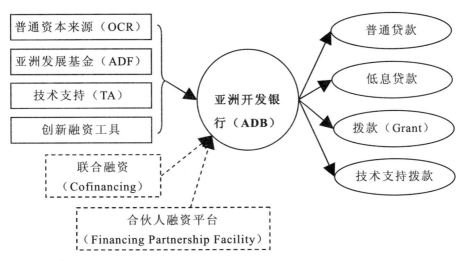

图 11-1　亚洲开发银行资金运作和项目管理模式

　　这样，亚行通过投入"自筹"资金和动员"外部"资金伙伴，达到对发展中国家项目进行有力支持的目的，针对项目主体、项目性质、所在地区等条件和环境因素的差异，提供不同类型和层次的融资服务，包括普通贷款、低息贷款、专项拨款、技术支持等四大类。需要说明的是，并没有资料表明亚行项目资金需求（金额、币种、期限）与其在资本市场发行的债券（金额、币种、期限）存在一一对应关系，也就是说，亚行并不是针对一个特定的项目去进行特定的融资，而是更像商业银行的资金运作和风险管理模式，进行资产负债方面的统筹管理。

二、项目资金运作模式

总结多个项目案例中的资金来源及形式，可以得出亚行跨境项目资金运作的一般形式（见图 11-2）。

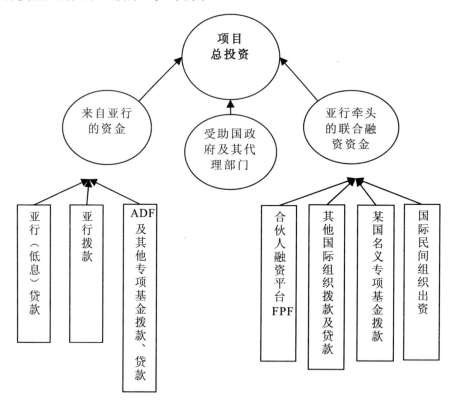

图 11-2　亚洲开发银行项目资金运作模式

三、项目管理模式

在亚行的项目管理框架中，具体形式因项目性质、相关受援国国情、行政法规差异及变革、出资方及联合出资方式等的不同而存在差异，但总体上包含几个核心的部门和机构，承担最为重要的职能，它们分别如下：

（1）亚行及相关部门（ADB）：亚行分别有不同的办公室或职能部门负责与受援国政府及执行机构签订相关援助协议、监督执行机构和实施单位等的行为、选聘项目顾问等。

（2）执行机构（Executing Agency，EA）：是受援国负责项目总体筹备和推进的机构，担负监管职责，一般由所在国政府或政府分管各行业、领域的主管部门担当。

（3）项目实施单位（Project Implementing Unit，PIU）：项目的实际执行机构，负责对项目承包的招投标工作。

（4）项目承包人（Contractor）：根据亚行规则、国际招标规则、所在国招标规则等投标，中标后参与项目各工程建设中。

（5）专业咨询顾问（Consultant Service）：一般由亚行和执行机构共同选聘，主要功能是监督工程进度和资金运用、提供工程技术咨询、提供采购咨询、为管理机构提供管理咨询等。

一般的项目管理框架如图 11-3 所示。

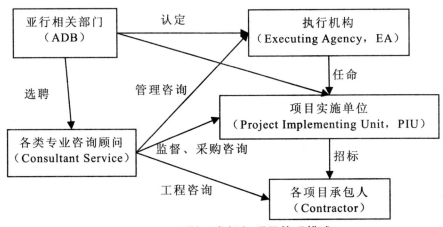

图 11-3　亚洲开发银行项目管理模式

第四节　亚洲开发银行跨境项目融资与项目管理的案例研究

一、区域项目概览

在区域合作方面，亚行当前首推如下五个大的区域项目：

（1）大湄公河次区域项目（Greater Mekong Subregion Program，GMS）。

（2）中亚区域经济合作项目（Central Asian Regional Economic Cooperation Unit，CAREC）。

（3）南亚次区域经济合作项目（South Asia Subregional Economic Cooperation，SASEC）。

（4）印度尼西亚、马来西亚、泰国经济三角区项目（Indonesia，Malaysia，Thailand Growth Triangle，IMT-GT）。

（5）文莱、印度尼西亚、马来西亚、菲律宾及东盟经济区项目（Brunei，Indonesia，Malaysia，Philippines and East ASEAN Growth Area，BIMP-EAGA）。

以上各大区域项目名下，分别有基础设施、服务业、金融合作等各类具体项目，相当一部分发生在两个国家或多个国家之间。下面在各大项目下找出典型的具体项目，对其投融资结构进行介绍。

二、具体项目的投融资情况

1. 项目名称：中亚区域合作区域公路协同提高项目（CAREC Regional Road Corridor Improvement Project）

（1）涉及国家：吉尔吉斯斯坦（Kyrgyz Republic）、塔吉克斯坦（Republic of Tajikistan）。

（2）项目类型：中亚区域合作（CAREC）旗下项目，连接两国的交通运输（公路与高速公路）项目。

（3）资助方式：亚行贷款、ADF 拨款、技术支持。

（4）投资计划：项目计划总投资 11,600 万美元，其中塔吉克斯坦部分 7,650 万美元，吉尔吉斯斯坦部分 3,950 万美元。

（5）融资结构。

吉尔吉斯斯坦方面，亚行从其专项基金（这里指亚洲发展基金 ADF）出 2,560 万美元，作为项目拨款，占到该国总投资的 65%，吉尔吉斯斯坦政府提供 1,390 万美元。

塔吉克斯坦方面，亚行提供价值 4,090 万美元的特别提款权贷款，另从专项基金（ADF）提供 1,250 万美元的拨款，亚行贷款和拨款占该国总投资的 70%。塔吉克斯坦政府提供 2,310 万美元。

亚洲开发银行贷款期限均为 32 年，优惠期为 8 年，优惠期利率 1.0%，优惠期以外利率 1.5%。融资结构如图 11-4 所示。

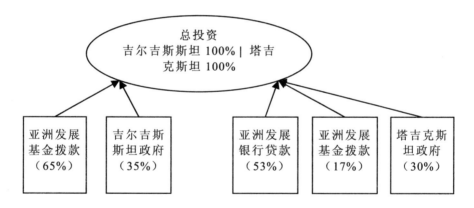

图 11-4　项目融资结构图（1）

（6）执行机构（Executing Agencies，EA）。

吉尔吉斯斯坦交通运输部作为"道路改善和绩效维持"部分的 EA；国家（州）海关委员会作为"边界基础设施改善"部分的 EA。

塔吉克斯坦交通运输部作为"道路改善和绩效维持"部分的 EA；国家海关总署作为"边界基础设施改善"部分的 EA。

（7）实施安排（Implementation Arrangements）。

道路改善和绩效维持部分的项目实施。执行机构下属的业已存在的、负责亚洲开发银行公路项目的实施单位（Project Implementation Units，PIU）负责实施公路改善部分的项目实施。塔吉克斯坦和吉尔吉斯斯坦交通运输部下属实施单位的负责人将得到新员工的支持。执行机构（这里指两国的交通运输部门）下属的公路部门负责实施绩效维护部分的工程，由实施单位进行协助。

边界基础设施改善部分的项目实施。由正在建设执行机构（这里指两国海关）所属亚洲开发银行"地区通关现代化及基础设施发展项目"的实施单位（PIU）负责项目实施。

（8）咨询服务（Consulting Services）。

在项目推进过程中，塔吉克斯坦和吉尔吉斯斯坦方面分别需要683（人·月）和430（人·月）的咨询服务，总的咨询劳务中，细分为机构咨询、个人咨询、国际咨询、国内咨询等类型。咨询公司将向执行机构提供三个方面的服务：①建设监督，包括对私人部门进行培训和出具"绩效维持（Performance-based Maintenance）"合同；②项目收益监控和评估；③项目管理。咨询及顾问的选聘将遵照亚洲开发银行咨询项目指导意见（ADB's Guidelines on the Use of Consultants）进行。

（9）技术支持（Technical Assistance）。

该项目将辅以地区技术支持（TA）来帮助在吉尔吉斯斯坦、中国、塔吉克斯坦之间准备跨境协议（CBA）。TA 的成果将是一份由三国在项目建成前签订的 CBA，来铲除边境通行的非物质障碍。TA 的花费主要在于国际顾问和国内顾问上，总额约 55 万美元，其中 50 万美元由亚行技术支持基金项目以拨款形式提供。亚行将作为 TA 的执行机构（EA）。吉尔吉斯斯坦政府将以实物或劳务形式提供剩余 5 万美元花费，包括咨询、行政支持等。

（10）管理架构。

项目总的管理框架如图 11-5 所示。

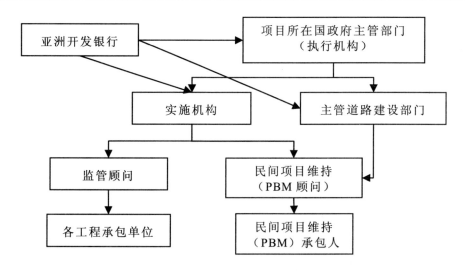

图 11-5　该项目总的管理框架图

项目在两国各自的管理框架如图 11-6 所示。

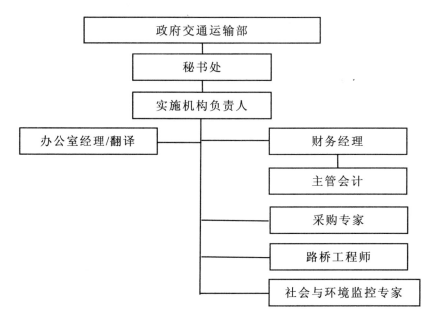

图 11-6　该项目在两国各自的管理框架

（11）亚洲开发银行资金支取流程如图 11-7 所示。

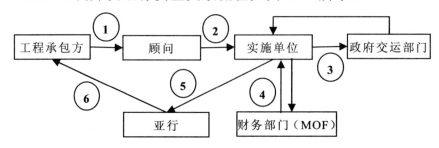

图 11-7　亚行资金支取流程

图 11-7 中各步骤解释如下：

①工程承包方向顾问提供项目建设产生相关费用的支付证明。

②顾问确认支付证明并提交至实施单位（PIU）。

③实施单位就支付证明与政府交运部门（执行机构）进行沟通协调。

④实施单位起草直接支付申请并提交财务部门（MOF），随后从财务部门取回经过审批的支付申请和支付证明。

⑤实施单位向亚洲开发银行提交直接支付申请。

⑥亚洲开发银行向承包方支付相关款项。

2. 项目名称：大湄公河次区域南海岸线项目（Greater Mekong Subregion Southern Coastal Corridor Project）

（1）涉及国家：柬埔寨（Kingdom of Cambodia）、越南（Socialist Republic of Viet Nam）。

（2）项目类型：GMS 旗下项目，连接两国的跨境公路项目。

（3）资助方式：贷款、联合融资拨款。

（4）投资计划：项目总投资 22,740 万美元。

（5）融资计划。

亚洲开发银行将分别向越南和柬埔寨提供价值相当于 7,500 万美元和 700 万美元的特别提款权贷款，这些资金来源于亚洲开发银行旗下的专项基金，期限 32 年，有 8 年的优惠期，优惠期利率 1%，优惠期以外利率 1.5%。

韩国政府通过"经济发展合作基金（Economic Development Cooperation Fund）"向越南方面提供价值为 5,000 万美元的韩元贷款，期限为 30 年，有 10 年的优惠期。该项贷款以"平行联合融资（Parallel Cofinancing）"的方式进行。

澳大利亚政府通过澳大利亚国际发展局（Austalian Agency for International Development，AAID）分别向柬埔寨和越南提供 800 万美元和 2,550 万美元的拨款，这些拨款产生的利息、投资收益及澳大利亚政府可能提供的其他拨款，被用于支付亚行的管理费、审计费用、银行汇率波动拨备等，如果不够支付，则从拨款本身中补扣。

柬埔寨方面，亚洲开发银行、澳大利亚、柬埔寨政府提供资金分别占该国总投资的 37%、43%、20%。越南方面，亚洲开发银行、澳大利亚、韩国、越南政府提供资金分别占该国总投资的 36%、12%、24%、28%。

项目融资结构如图 11-8 所示。

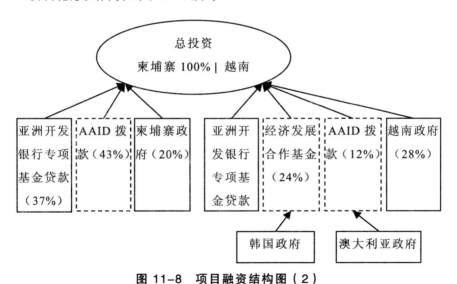

图 11-8　项目融资结构图（2）

图 11-8 中，经济发展合作基金、AAID 拨款可以被视作亚洲开

发银行通过联合融资吸引的外部资金伙伴，而非自筹资金。

3. 项目名称：南亚次区域经济合作信息调整公路项目（South Asia Subregional Economic Cooperation Information Highway Project）

（1）涉及国家：孟加拉国（People's Republic of Bangladesh）、不丹（Kingdom of Bhutan）、印度（India）、尼泊尔（Nepal）。

（2）项目类型：SASEC 旗下项目，涉及上述四国的跨境互联网及信息高速公路建设。

（3）资助方式：ADF 拨款、贷款、技术支持拨款。

（4）投资计划：项目总投资 2,400 万美元，其中税负 270 万美元。

（5）融资计划：亚洲开发银行分别向不丹和尼泊尔拨款 470 万美元和 900 万美元，以专项基金向孟加拉国提供 310 万美元的贷款，这些拨款和贷款占到项目总投资的 70%。参与各国政府将提供其余 30%的资金。亚洲发展基金向孟加拉国提供的贷款采取特别提款权的形式，期限为 32 年，优惠期 8 年，优惠期利率 1%，优惠期以外利率 1.5%。融资结构如图 11-9 所示。

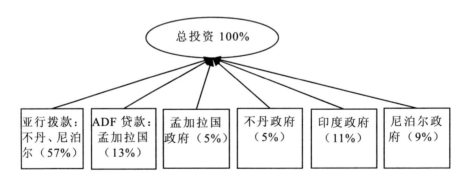

图 11-9 项目融资结构图（3）

4. 项目名称：区域电力输送连接项目（Regional Power Transmission Interconnection Project）

（1）涉及国家：阿富汗（Islamic Republic of Afghanistan）、塔吉

克斯坦（Republic of Tajikistan）。

（2）项目类型：能源传输，连接两国电网的电力项目。

（3）资助方式：亚行贷款、技术支持拨款、联合融资。

（4）投资计划：项目总投资 10,900 万美元，其中阿富汗部分投资 5,550 万美元（含 330 万税负），塔吉克斯坦部分投资 5,400 万美元（税后）。

（5）融资计划。

阿富汗方面，亚行将以专项基金提供价值等同于 3,500 万美元的贷款，占到该国总投资的 63%，贷款以多种货币提供，采取特别提款权的方式，用于外汇及本币支出，期限 32 年，含 8 年优惠期，优惠期利率 1%，优惠期以外利率 1.5%。利用来自阿富汗重建信托基金（Afghanistan Reconstruction Trust Fund，ARTF）等机构的联合融资（Cofinancing）1,650 万美元，占到总投资的 30%，用于剩余的本币和外汇支出。阿富汗政府提供 400 万美元，占总投资的 7%，用于安保和税费支出。

塔吉克斯坦方面，亚行以专项基金提供价值 2,150 万美元的贷款，占该国总投资的 40%，贷款以多种货币提供，采取特别提款权的方式，用于外汇支付，期限 32 年，含 8 年优惠期，优惠期利率 1%，优惠期以外利率 1.5%。石油输出国组织（OPEC）提供 850 万美元的共同贷款，投资占比 16%。伊斯兰发展银行（IsDB）提供 1,000 万美元的平行融资（Parallel Financing），占比 19%。另外，BT（塔吉克斯坦电力部门）提供 1,400 万美元资金，占比 26%，部分以为输电线路提供铝材的形式支付。

需要说明的是，阿富汗政府按约定将来自亚行（ADB）的贷款按原条款转贷给其电力主管部门。塔吉克斯坦政府则需将来自亚行（ADB）的贷款兑换为本币，以亚行普通贷款（OCR）的利率转贷给 BT（塔吉克斯坦电力部门），汇率风险由塔吉克斯坦政府独自承担。

图 11-10 中，ARTF 联合融资、OPEC 共同贷款、BT（塔吉克

斯坦电力部门）提供资金、IsDB 可视为亚行通过联合融资吸引的外部资金伙伴。

（6）执行机构：阿富汗能源与水利部；塔吉克斯坦电力部门（Barki Tajik，BT）。

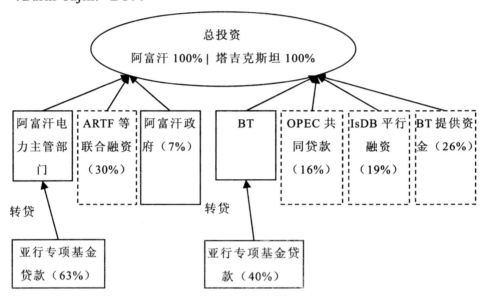

图 11-10　项目融资结构图（4）

（7）实施安排。

阿富汗能源水利部作为项目的执行机构，通过专门为项目成立的实施单位（PIU）实现对项目的监控。阿富汗电力主管部门将作为项目的实施代理。实施单位（PIU）将得到来自项目实施顾问的支持，顾问相关费用包含在贷款内。

Barki Tajik 是塔吉克斯坦国家电力设施，也是项目的执行机构（EA），通过实施单位（PIU），负责项目的监管和实施。

（8）采购安排。

阿富汗方面，相关物资、劳务的采购由阿富汗能源水利部按照亚洲开发银行执行手册（ADB's Procurement Guidelines）进行，项目实施顾问进行协助。

塔吉克斯坦方面，相关物资、劳务的采购由塔吉克斯坦电力部门按照 ADB's Procurement Guidelines 进行，项目实施顾问进行协助。

亚行将对总承包合同的预签协议进行审核。

（9）咨询服务。

阿富汗方面，将选聘顾问对阿富汗能源水利部和水利主管部门的项目实施工作进行辅助，能源水利部为顾问的选聘做提前准备工作。

塔吉克斯坦方面，将选聘顾问对 Barki Tajik 的项目实施工作提供辅助，Barki Tajik 为顾问的选聘做提前准备工作。

（10）技术支持（TA）。

除贷款外，将向阿富汗和塔吉克斯坦方面分别提供 120 万美元和 150 万美元的技术支持拨款。对阿富汗的技术支持主要帮助提高阿富汗水利主管部门的管理能力，资金由亚行旗下技术支持基金项目提供。对塔吉克斯坦的技术支持旨在提高 Barki Tajik 的管理能力，资金由日本专项基金（Japan Special Fund）提供，其最终资助者是日本政府。

5. 项目名称：湄公河水供应和卫生项目（Preparing the Mekong Water Supply and Sanitation Project）

（1）涉及国家：柬埔寨、老挝、越南。

（2）项目类型：技术支持（Technical Assistance），用于水利和环境卫生项目的准备工作。

（3）资助方式：技术支持、联合融资、合伙人融资平台。

（4）财务计划。

该技术支持项目总投资 150 万美元。亚行提供 120 万美元，其中包括：日本专项基金（Japan Special Fund）以拨款形式提供的 40 万美元；荷兰信托基金（Netherlands Trust Fund）提供 30 万美元，通过"水利工程融资平台"（Water Financing Partnership Facility,

WFPF），进一步扩大工程融资渠道的融资平台框架协议，吸引亚洲开发银行以外的官方及非官方投资参与；区域合作整合基金（Regional Cooperation and Integration Fund，RCIF）提供 50 万美元（由亚行管理），通过"区域合作一体化融资平台"区域合作基金金融伙伴（Regional Cooperation and Integration Financing Partnership Facility，RCIFPF），为拓宽区域一体化进程中的融资渠道而签订的融资平台框架协议，吸引亚行以外的官方及非官方投资。

柬埔寨、老挝、越南政府提供剩余的 30 万美元，用于支付住宿、交通、数据搜集等费用。

项目融资结构如图 11-11 所示。

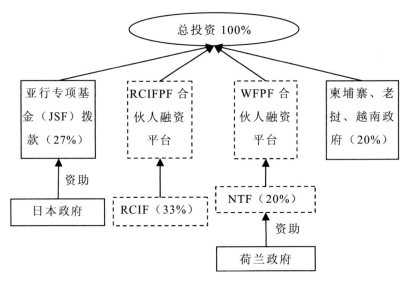

图 11-11　项目融资结构图（5）

图 11-11 中，RCIF 和 NTF 提供的资金可视为亚行通过合伙人融资平台吸引的外部资金伙伴。

第十二章 美洲开发银行跨境项目融资与项目管理

第一节 美洲开发银行跨境项目融资与项目管理概况

美洲开发银行（Inter-American Development Bank，IDB）成立于 1959 年 12 月 30 日，是世界上成立最早和最大的区域性、多边开发银行，总行设在华盛顿。该行是美洲国家组织的专门机构，其他地区的国家也可加入，但非拉美国家不能利用该行资金，只可参加该行组织的项目投标。其宗旨是"集中各成员国的力量，对拉丁美洲国家的经济、社会发展计划提供资金和技术援助"，并协助它们"单独地和集体地为加速经济发展和社会进步做出贡献"。

董事会是最高权力机构。由各成员国委派一名董事组成，每年举行一次会议。执行董事会为董事会领导下的常设机构，由 14 名董事组成，其中拉美国家 9 名，美国、加拿大和日本各一名，其他地区国家 2 名，任期 3 年。行长和副行长在执行董事会领导下主持日常工作；行长由理事会选举产生，任期 5 年；副行长由执行董事会任命。分支机构设在拉美各成员国首都，巴黎和伦敦设有办事处。1964 年成立的拉美一体化研究所设在阿根廷首都布宜诺斯艾利斯，负责培养高级技术人才，研究有关经济、法律和社会等重大问题，为成员国提供咨询。资金来源有三个方面：第一，成员国分摊；第二，发达国家成员国提供；第三，在世界金融市场和有关国家发放债券。该行主要向成员国提供贷款促进拉美地区的经济发展，帮助成员国发展贸易。为各种开发计划和项目的准备、筹备和执行提供技术合作。如表 12-1，银行的一般资金主要用于向拉美国家公、私企业提供贷款，年息通常为 8%，贷款期为 10～25 年。特别业务基金主要用于拉美国家的经济发展项目，年息为 1%～4%，贷款期为 20～40 年。

截至 2009 年 3 月，该行由美国、巴西等 28 个美洲地区国家和日本、英国、德国、韩国和中国等 20 个区域外成员组成。该行出版物为《年度报告》（英文），在美国出版；《拉美一体化》（月刊），西班牙语，在阿根廷出版。

2007 年 3 月 18 日，中国人民银行行长周小川与美洲开发银行行长莫雷诺在危地马拉城签署谅解备忘录，为中国加入美洲开发银行的谈判建立了正式框架。2009 年 3 月，中国成为这家银行第 48 个成员。

美洲开发银行在该地区的项目主要包括财政公共和私营部门项目。其中公共部门的贷款，强调根据不同区域调整不断变化的需求，项目投资的重点包括增强该地区的全球竞争力、减少贫困、加快区域一体化的进程（如表 12-2）。美洲开发银行集团对私营部门项目提供的融资渠道主要包括：结构和公司财务部、美洲投资公司和多边投资基金。

表 12-1 按国家、基金和年度批出贷款（1961 年至 2009 年 9 月 30 日）

单位：百万美元

国家	国家普通资本	特别基金	管理基金	总计	比例
阿根廷	26,780.20	644.9	55.6	27,480.70	15.9
巴哈马	451.8	0	2.1	453.9	0.3
巴巴多斯	354.6	42.8	19.1	416.5	0.2
伯利兹	142.7	0	0.2	142.9	0.1

续表

国家	国家普通资本	特别基金	管理基金	总计	比例
玻利维亚	1,164.10	2,310.10	231.2	3,705.40	2.2
巴西	34,369.40	1,555.90	138.3	36,063.60	20.9
智利	5,062.80	203.3	46.4	5,312.50	3.1
哥伦比亚	14,706.30	747.2	76.8	15,530.30	9
哥斯达黎加	2,891.80	351.8	161.8	3,405.40	2
多米尼加共和国	2,547.50	710.9	90	3,348.40	1.9
厄瓜多尔	3,769.40	938.2	207.8	4,915.40	2.9
萨尔瓦多	2,770.60	750.3	214.2	3,735.10	2.2
危地马拉	3,120.10	628.2	220.6	3,968.90	2.3
圭亚那	97	907.2	72.8	1,077.00	0.6
海地	0	1,249.30	206.3	1,455.60	0.8
洪都拉斯	478.8	2,110.70	361	2,950.50	1.7
牙买加	1,904.20	163.8	206.4	2,274.40	1.3
墨西哥	22,689.20	559	57.5	23,305.70	13.5
尼加拉瓜	285.4	2,063.10	266.9	2,615.40	1.5
巴拿马	2,977.40	280	55.6	3,313.00	1.9
巴拉圭	1,667.10	581.3	223.1	2,471.50	1.4
秘鲁	8,713.60	418.1	238	9,369.70	5.4
跨国区域内项目	3,284.30	224.4	73.2	3,581.90	2.1
苏里南	162.5	2	21.7	186.2	0.1
特立尼达和多巴哥	1,074.10	30.6	28.2	1,132.90	0.7
乌拉圭	4,753.10	104.1	43.1	4,900.30	2.8
委内瑞拉	5,265.40	101.4	72.9	5,439.70	3.2
总计	151,483.40	17,678.60	3,390.80	172,552.80	100%

资料来源：美洲开发银行网站。

表 12-2　按行业贷款（2008 年至 2009 年 9 月 30 日）单位：百万美元

部门	2008	2009
农业和农村发展	675.4	780.5
资本市场	1,720.60	862
教育	893.5	169.3
能源	1,011.50	1,706.00
环境和自然灾害	394	771
健康	15	89
工业	620.4	10
微型企业	5	7.6
多部门信用与预先投资	188.6	50
私营部门发展	1,046.00	10
改革/国家现代化	712.6	929.5
卫生	947.2	1,058.80
科学技术	53.7	100
社会投资	444.5	2,220.00
旅游	13.3	0
贸易	207.4	136.5
交通运输	2,486.70	574
城市发展和住房	761.1	13
总计	12,196.50	9,487.20

第二节　美洲开发银行项目贷款的甄选政策——以总成本和质量水平为基础的项目选择（QCBS）

　　顾名思义，以总成本和质量水平为基础的项目选择主要考虑到项目提案的质量和企业在提供服务时的成本竞争力。但是成本作为要素之一必须审慎计算。对于项目的成本依照具体情况给予不同的比重。

　　该选择过程包括以下步骤：

（1）确定信贷各方的职权范围。

（2）编制费用估算和预算。

（3）广告。

（4）编制顾问意见。

（5）制定招标书，其中应包括：邀请函（意向书）顾问意见细则；各方职权范围，以及合同草案。

（6）收到的建议。

（7）技术支持的评估：针对质量水平。

（8）价格投标的公开。

（9）投标价格的评估。

（10）对项目质量和成本的最终评议。

（11）与选定的公司谈判及签订合同。

一、确定信贷各方的职权范围

借款人应负责准备项目的职权范围。职权范围应由一个或多人或由该领域的专业公司编写。在职权范围中所描述的服务范围应符合现有预算。在职权范围中应明确界定项目的目标、任务和范围，并提供相应背景资料（包括现有的相关研究和基础资料清单），作为项目顾问的参考材料。如果是以知识或培训为项目目标，应该统计被培训人员的详细信息等，以便使顾问能估计所需的资源。职权范围还应列出开展项目所需要的服务和调查报告（如报告数据、地图、调查等）。另外，职权范围也不应过于详细和死板，因为项目顾问可能会提出自己的方法和人员编制。同时应当鼓励企业在其职权范围内提出相应建议。总之，在职权范围中借款人和顾问各自的职责应明确界定。

二、费用估算（预算）

精心制作费用估算是至关重要的，如果已经安排了实际的预算资金，那么费用估算应根据借款人的需要进行分配，如工作时间、后勤保障资源，以及实物投入（如车辆，实验室设备等）。成本可以分为以下两大类：①费用或报酬（根据使用的合同类型）；②偿还资金，可进一步划分为国外和本地费用。工作人员的时间成本应当基于外国和本国工作人员的实际基础。

三、广告

所有项目，借款人必须准备草案采购总公告，并提交给美洲开发银行。美洲开发银行将其安排在联合国发展业务网络和美洲开发银行的互联网网页上刊登。为了获取广告收益，借款人自身应包括在采购总公告中，并且要求在借款国的全国性发行的报纸或者是官方公报中申报公司的合同意向书（也可以在因特网上），此外，合同预计耗资超过 20 万美元，应在联合国发展商业报上刊登，并同时在美洲开发银行的互联网网站上发布。

四、顾问名单

借款人负责顾问名单的筹备工作。借款人应首先考虑具备相关资格且对项目表示浓厚兴趣的企业。顾问名单包括六家公司，它们在地理位置上应当广泛分布,任意三个公司不能分布在同一个国家，而借款人所在国必须有一家顾问公司（除非该国没有符合标准的企业），如果确实没有符合条件的公司，美洲开发银行会同意减少顾问名单，例如，只有少数符合条件的公司对该项目表示感兴趣的特殊情况。名单中最好能包括同类型的有相似能力和业务目标的顾问。因此，名单应由同类别的企业或非营利组织（非政府组织、大学、专门机构等）、在同一领域的专家学者组成。另外，顾问名单中不包括个人顾问。

五、制备及发行招标书请求书（RFP）

招标书应包括：①邀请函；②顾问意见；③职权范围；④拟议的合同。借款人的变动应当经过美洲开发银行的批准，任何此类变更应以只有通过招标书的数据资料的更改才能实现。借款人应当在招标书中罗列出所有文件。借款人可使用电子系统来分发招标书，但前提是美洲开发银行对该系统是否满意。如果招标书通过电子系统来发布，那么应该确认该系统是安全的，以避免对招标书的修改，同时限制顾问对招标书提出相应意见。

邀请函（意向书）应当写明借款人打算签订合同的细则：包括顾问的建议、资金来源、客户详细资料以及提交申请的日期、时间及地址。

顾问意见中，借款人应当尽可能地提供所有必要信息，这将有助于顾问提出负责任的建议，同时选择最高透明度的程序为顾问提出的意见提供评价标准。

项目顾问应当估计出借款人为执行项目所耗费的工作时间和相应的成本。顾问意见中应具体说明，顾问应在规定时间内提交建议，该时间必须能满足对投标估价和投标裁定、银行的审查、完成合同谈判所需的时间。

六、申请评估：质量和成本方面的考虑

评估申请分为两个阶段：第一阶段是质量，第二阶段是成本。首先在技术层面上进行评估，只有通过银行审查表示"无异议"，并将其结果通知参加的顾问才可以开始价格层面上的评估。

1. 质量评价

借款人应对每个技术方案进行评估（发起三个评估部门或更多的专家成立评审委员会），考虑以下几个标准：①顾问公司对该项目的有关经验；②方法论上的质量；③主要工作人员的资格；④职权范围内知识的转让；⑤各国主要工作人员的参与程度。每个标准，应标明的范围为1～100，然后标记应乘以加权分数，权重是指示性的。可根据具体任务使用更合适的百分比数字，除非获得美洲开发银行的批准，拟议的权重应在招标书中披露。

2. 成本评价

完成质量评价和美洲开发银行表示"无异议"后，借款人应通知提交了申请的顾问，将技术要点分别发给每个顾问，并告知这些顾问哪些建议不符合项目最低质量标准，同时这些不符合标准的价格申请将会被驳回。

借款人应同时通知符合最低质量标准的顾问价格申请的具体日期、时间和地点。申请日期应给予顾问足够的时间安排出席项目价格申请。价格申请应在被选择的顾问公开出席情形下开始。

如果有任何计算错误，借款人应马上检查价格申请，并予以纠正。出于方便比较的目的，成本应转换为借款人选定的单一货币（当地货币或完全自由兑换外币，招标书中所述）。借款人应使用卖出价（官方汇率）将其他货币转换为指定货币。招标书中应说明汇率的来源，使用该汇率的日期不得早于提交投标书的截止日期前四周。

为方便价格评估，"成本"是由合同产生的费用，应包括所有顾问的酬金，如旅游、翻译、报告、印刷、秘书费用和其他费用等。

3. 质量和成本综合评价

总评分应使用加权质量和成本来衡量整体项目申请。"成本"选择的权重应考虑项目的复杂性和质量的相对重要性。质量和成本的建议权重应在招标书中规定。获得最高总评分的公司会被美洲开发银行邀请进行谈判。

第三节　美洲开发银行跨境项目融资与项目管理的案例研究

一、案例一：道路交通一体化计划

（一）简介

该项目是跨境道路交通修建项目，涉及与阿根廷、巴西接壤的交通设施。其目的是加快南方共同市场（Mercosur）一体化进程，自从 1995 年 Mercosur 成员国达成对道路交通工具的管理协议，规定了道路对交通工具最大承重为 42MT～45MT，但是乌拉圭的基础设施无法达到标准，特别是其中 69 座连接临近成员国的桥梁承重能力较低，因此在乌拉圭交通部的主持下实施了该工程项目。

项目执行划分为三个阶段：①修建公路桥梁计划，该工程将会更换路面，加宽道路，包括两个方面：第一，修复 25 个首要的国家公路段，总长约 520 公里，全面连接乌拉圭及其邻国；第二，修建 26 座桥梁，总长约 2,200 米左右；②对项目工程的系统维护；③项目系统管理。

（二）项目成本和融资管理

（1）总成本：约 176,000,000 美元。

（2）融资：①银行来源：123,000,000 美元；②国家配套资金：乌拉圭拨出 53,000,000 美元，其中交通部（MTOP）支出 32,700,000 美元；财政部支出 20,300,000 美元。从事该项目的交通部的下属部门是国家公路署（DNV）和对外融资部门秘书处。该项目的执行和监督主要由国家公路署负责。

（3）资金投放进度（如表 12-3）。

表 12-3　资金投放进度表　　　　单位：万美元

	1997	1998	1999	2000	总额
银行	26,600	49,000	40,000	7,400	123,000
政府	8,700	16,300	16,900	11,100	53,000
总额	35,300	65,300	56,900	18,500	176,000

（4）政府对高速公路融资策略做了五年计划：由交通部（MTOP）具体实施，该计划分为若干的程序，将通过政府的财政资源（从指定用于高速公路的专项税收与政府一般性收入）和外部融资（占总体成本的 30％）获得资金，其中很大一部分是从美洲开发银行和世

界银行获得。

该项目融资份额明细表如表 12-4 所示。

表 12-4　融资份额明细表

单位：万美元

投资类别	银行份额	政府份额	总额	百分比
1. 工程和管理	**3,465**	**4,542**	**8,007**	**4.55%**
1.1 工程	1,265	291	1,556	0.88%
1.2 监督	2,200	506	2,706	1.54%
1.3 行政管理	0	3745	3745	2.13%
2. 直接成本	**102,897**	**24,136**	**127,033**	**72.18%**
2.1 公路修复	79,238	18,586	97,824	55.58%
2.2 桥梁改善计划	11,897	2,791	14,688	8.35%
2.3 恢复和维修试点项目	11,762	2,759	14,521	8.25%
3. 相关费用	**2,478**	**485**	**2,963**	**1.68%**
3.1 机构建设	1,478	255	1,733	0.98%
3.2 交通	1,000	230	1,230	0.70%
4. 未分配费用	**12,930**	**3,535**	**16,465**	**9.36%**
4.1 应急费用	10,230	2,702	12,932	7.35%
4.2 升级成本	2,700	833	3,533	2.01%
5. 财务费用	**1,230**	**20,302**	**21,532**	**12.23%**
5.1 利率	0	18,845	18,845	10.71%
5.2 信贷利息	0	1,457	1,457	0.83%
5.3 检查和监督	1,230	0	1,230	0.70%
总额	123,000	53,000	176,000	100.00%
比例	70.00%	30.00%	100.00%	

二、案例二：阿根廷边界公路建设

借款人：阿根廷经济事务部。

执行机构：经济事务部（Ministry of Economic Affairs），具体实施项目由（DNV）完成，DNV 下属主要负责机构为计划研究与监管办公室（planning, research and monitoring office，GEPIC）；公路

工作与服务办公室（the road works and services office，GOSEV）。

贷款来源：IDB 为 200,000,000 美元；共同融资（Cofinancing）为 120,000,000 美元；本地区（Local）为 80,000,000 美元；合计（Total）为 400,000,000 美元。

融资条款：偿还期（Amortization Period）为 20 年；宽展期（Grace Period）为 6 年；支出（Disbursement）为 6 年；利率为浮动利率；信用费（Credit Fee）为 0.75%；定价货币为美元。

项目简介：该项目主要用于改善阿根廷和智利、巴西、玻利维亚边界道路设施，方便促进拉美地区一体化进程，总路程约 1000 公里。

融资框架：该项目由美洲开发银行单独贷款 200,000,000 美元，与日本国际协力银行联合贷款 120,000,000 美元，地方政府出资 80,000,000 美元。

投资投放：该项目预计共需执行六年，各机构具体资金投放如表 12-5 所示：

表 12-5 各机构具体资金投放表　　　　单位：万美元

资金来源	2001	2002	2003	2004	2005	2006	总额
美洲开发银行	3,600	29,200	47,500	48,900	48,900	21,900	200,000
JBIC	2,600	20,900	32,100	30,600	28,100	5,700	120,000
政府	1,300	11,200	17,900	19,700	19,400	10,500	80,000
总额	7,500	61,300	97,500	99,200	96,400	38,100	400,000

三、案例三：中美洲电气联通系统

借款人：雷德拉德公司（Empresa Propietaria de la Red，EPR），一个合资公司（a mixed capital company with a majority interest）。

技术合作（Technical Cooperation）：最高电力美国中心（Consejo de Electrificacion de America Central，CEAC）。

担保人：中美洲六国：危地马拉、萨尔瓦多、洪都拉斯、尼加拉瓜、哥斯达黎加和巴拿马。

执行机构：基础设施贷款：EPR；技术合作公司：CEAC。

基础设施贷款资金来源：IDB 的普通股本为 170,610,000 美元；昆斯坦尼尔（Quincentennial）基金为 70,000,000 美元；地方政府为 89,100,000 美元；总计为 329,710,000 美元。

融资条款：普通股本（IDB 提供）：摊销期限为 25 年；还款期限为 5 年；利率为浮动利率；信贷费用为 0.75；计价货币为美元。Quincentennial 基金（一家西班牙基金）：摊销期限为 35 年；还款期限为 5 年；利率为浮动利率；计价货币为欧元。

项目目的：促进区域成员间电力能源市场交流，逐步通过合并建立区域能源市场。

EPR 的建立：为了便于融资管理，各国政府决定成立 EPR（Empresa Propietaria de la Red）管理开发、建设和维修互联网的大型股份制公司，这是一个同时包含了公共和私人资本的私人机构。中美洲六国向美洲开发银行提交了一项建议，希望由六个国家共同组建 EPR，EPR 的最初的资金将由六个国家分别组建的公共事业实体和西班牙的一支基金——恩德萨（ENDESA）提供。初始资本将会发行两种类型的股票：340 份面值为 150 美元的普通股和 360 份同样面值的"A"级别的普通股，总计 700 份；每份股票都有相同的投票权，700 份股票由七位出资人平均分配。其中占份额 51%以上的"A"级别的普通股被平均分配给六个公共事业实体，"A"级别的普通股只能在公共事业实体中流通。任何公共事业实体不能持有超过 15%的 EPR 股权。为了维持 EPR 的公正运行，各国必须遵循三个基本原则：①限制 EPR 中对股票投资和股东的投票表决权；②限制 EPR 股东的参与电气项目更新和监管工作；③电网运行的管理和维护必须与 EPR 股东独立。

成本及融资框架：该项目总成本为 329,700,000 美元左右，包括工程和管理费用、直接成本、应急费用、升级费用、财务费用、设备修缮用，以改善稳定性。细则见表 12-6。

表 12-6　成本融资估计　　　　　单位：百万美元

种类	融资计划			
	美洲商业银行	西班牙基金	EPR	总成本
1. 工程及管理	**8.01**	**4.38**	**10.01**	**22.4**
1.1 管埋费用	0	0	7 4	7.4
1.2 工程及监督	8.01	4.38	2.71	15.1
2. 直接建设成本	**127.13**	**51.83**	**54.04**	**233**
2.1 输电线路	118.94	47.51	61.66	228.11
2.2 变电站	8.19	4.32	2.38	14.89
3. 并行成本	**0.82**	**0.44**	**0.24**	**1.5**
4. 未分配费用	**24.7**	**10.21**	**10.68**	**45.59**
5. 财务费用	**20.65**	**3.15**	**8.19**	**31.99**
5.1 美洲开发银行利息（IDB interest）	18.83	3.15	3.29	25.27
5.2 美洲开发银行费用（IDB commitment fee）	0	0	4.9	4.9
5.3 检查费用	1.81	0	0	1.81
总计	**118.31**	**70**	**93.16**	**344.47**

第十三章　非洲发展银行跨境项目融资与管理

第一节　非洲发展银行概述

一、非洲发展银行的建立与发展历史

非洲发展银行（AfDB）是非洲发展银行集团国家（African Development Bank Group）的主要组织机构，其根据 1963 年 8 月 4 日在苏丹喀土穆（Khartoum）签署的《建立非洲开发银行协定》[①]（Agreement Establishing the African Development Bank）建立，该协定于 1964 年 9 月 10 日生效。非洲发展银行于 1966 年 7 月 1 日开始营业，其旨在促进其他地区成员国各国及集团整体的经济与社会进步。

非洲发展银行于 1963 年由当时的 23 个新独立非洲国家建立，原规定只吸收非洲独立国家为成员国，1979 年修改为允许美、日、德、加、法等 21 个非本地区国家加入。2008 年 1 月非洲发展银行集团成员共有 77 个成员国，其中包括 53 个独立的非洲成员国，24 个非洲之外的成员国，中国于 1985 年 5 月 9 日成为非洲发展银行成员国。

[①] "Agreement Establishing the African Development Bank", 6th Edition, 2002.

非洲发展银行与非洲发展基金（ADF）、尼日利亚信托基金（NTF）都属于非洲发展银行集团管理下的三个实体。

二、非洲发展银行的资金来源、成员国法定资金比例与投票权

非洲发展银行的资金来源分为普通资金和特别资金，其中普通资金主要由五个部分组成：①法定资本中上缴的份额，这部分属于应购部分，以保证非洲发展银行的贷款义务；②基金收到的非洲发展银行贷款的还款；③基金通过非洲发展银行借款在国际资本市场筹集到的资金；④非洲发展银行贷款取得的收入；⑤非洲发展银行取得的其他收入，如其他投资获得的收入。

《建立非洲发展银行协定》规定，银行的法定股本为 2.5 亿记账单位（Unit of Account），分为 2.5 万股，每股的票面价值为一万个记账单位，供成员国认缴。每一记账单位的价值等于国际货币基金组织（IMF）的一单位的特别提款权（SDR）的价值。法定股本分为缴入股本和催缴股本。1.25 亿记账单位为缴入股本；1.25 亿记账单位为催缴股本，按照该协定规定的目的而缴付。理事会认为，适当时可以增加法定股本数额。理事会的决定须经占成员国总投票权至少 3/4 的全体理事中的 2/3 多数票通过，但如增加股本只是为了成员国的首次认缴，则不在此限。每一成员国都应在最初认缴银行股本，每一成员国首次认缴股本应为缴入股本和催缴股本各半。期间经历了 1974 年、1979 年、1984 年、1987 年、1998 年五次大的普通资本金的扩充，目前非洲发展银行的法定资本为 222.66 亿记账单位。

通过法定资本金的不断增加，目前非洲本土的非洲发展银行成员国所持的法定资本金股份比例和投票权下降为 60.216%，其中排名前五名的依次为尼日利亚 8.704%、埃及 5.050%、南非 4.514%、阿尔及利亚 3.934%、利比亚 3.782%；而非洲以外的非洲发展银行成员国所持的法定资本金股份比例和投票权上升为 39.784%，其中排名前五依次为美国 6.498%、日本 5.390%、德国 4.053%、法国

3.695%、加拿大 3.695%，而中国为 1.119%[①]。

第二节　非洲发展银行跨境项目融资与项目管理

一、非洲发展银行跨境项目概述

为了非洲发展银行非洲地区 53 个成员国的经济、社会的共同发展，以及减轻这些国家的贫困压力，非洲发展银行对非洲地区成员国的跨境项目进行了资助，但是这些项目必须同时符合共同达成的协议、非洲发展银行集团以及各国的政策。

1967 年至 2008 年间，非洲发展银行批准的跨国贷款与援助项目总数达 237 个，占总数的 7.23%，总计金额达 23.5 亿记账单位（UA），占总额的 5.3%；担保的跨国贷款与援助项目总数达 217 个，占担保总数的 7.12%，总计金额达 21.06 亿记账单位，占担保总额的 5.1%。[②]

二、跨境项目周期与流程

非洲银行跨境项目的一个完整周期一般包括以下几个阶段：根据战略规划确定项目、进行项目的前期筹备、评定项目的可行性、进行贷款谈判、银行董事会进行批准、签署贷款协议、贷款正式生效、项目实施、结项后对项目进行评估。

1. 项目确定

非洲发展银行集团与需借款的非洲地区各成员国通常一起制定被称为《国家战略文件（CSP）》的中期至长期发展战略和操作程序的文件，更为正式的应称为《经济展望和国家规划（ECPC）》。《国

---

① AfDB Statement of Voting Power as at September 30, 2009.
② AfDB, Compendium Statistics Bank Group Operations 2009 Volume XXXII 01 Full Report.

家战略文件（CSP）》或《经济展望和国家规划（ECPC）》将考虑项目的结果、紧急性与国家自身的发展规划和脱贫目标。

在准备新的《国家战略文件（CSP）》时，非洲发展银行集团将与该国政府以及利益相关者，包括民间社会、非政府组织、私营部门、该国的其他发展伙伴密切协商，进行多学科参与的经济分析与研究。《国家战略文件（CSP）》包括对该国的主要宏观经济、财政金融特征进行研究，对其过去的经济形势进行评估，并对其经济发展前景进行预测。鉴于多部门的分析，《国家战略文件（CSP）》还将列出哪些部门和子部门将会优先从非洲银行集团的资助中获益。

2. 项目筹备

这一阶段开始于非洲发展银行集团对于某一项目感兴趣并进行相关信息与数据资料的收集，以便于非洲发展银行的专家对项目进行评价。一国的项目筹备委员会通常由一名部门专家领导的多学科专家组成。项目筹备委员会的银行专家将审查该项目是否和该国的《国家战略文件（CSP）》相符合，获得诸如项目可行性研究等现有的文件，并与该国当局核对相关信息。

非洲发展银行通常雇用顾问以便和该国政府相关单位的工作人员进行项目的可行性研究。这些顾问常和各种利益相关者进行紧密合作，包括政府、民间团体、项目的受益者以及在该部门工作的其他发展机构。非洲发展银行将严格监视顾问们的工作。项目筹备最终报告将由政府代表、非洲发展银行、顾问组成的三方会议审查，在这个过程中，非洲发展银行与政府代表将就项目的执行机构达成协议。

3. 项目可行性评估

在项目可行性评估阶段，非洲发展银行集团将通过一个评审团审查项目的可行性。该评审团将与政府以及其他的利益相关者协商，审查项目的技术、金融、经济、体制、环境、市场和管理等方面的可行性，以及潜在的社会影响。

在这个阶段将对项目进行详细的风险和敏感性分析。为了提高贷款的有效性，将讨论贷款的条件，以提高部门的绩效和解决关键性的政策问题。这些问题将由内部部门工作组实行内部审查，并由高级管理人员会议确定是否提交给非洲发展银行集团董事会。

实地评估后，评审团将准备一份银行董事长的贷款建议备忘录评估报告，并拟定一项贷款谈判协议草案。政策规定，银行集团董事会只同意资助非洲发展银行职员准备并提交赞成性报告的项目。

4. 贷款谈判

在高级管理委员会完成其工作并建议董事会批准该项目之后，该项目建议草案将被提交给所有相关方包括政府进行审查。收集反馈信息后，政府将与非洲发展银行进行贷款谈判。在谈判期间，应就以下几个方面达成协议或进行再次确认：①项目、研究的目标与说明；②项目外国贷款的数目、本国的成本以及融资计划；③拟定的商品与服务的采购清单；④执行时间表和预算支出表；⑤借款人选定的支付方法；⑥包含银行账户号码和通信信息等准确信息的暂定时间表；⑦招标方法与具体日期；⑧执行机构和项目实施单位的准确信息；⑨建议的贷款签署日期和最早与最迟的付款期限；⑩项目涉及方各自的融资计划，以及其他遗漏信息。

5. 董事会批准

在与政府谈判后，贷款的建议将提交给非洲发展银行董事会批准。在董事会批准后，董事会决议以及相关的法律协议将公布在网站上。

6. 贷款签字

董事会批准后，该文件将送到借款国以便其内阁或权力机构进行批准。借款国内阁或权力机构批准后，贷款协议一般由非洲发展银行主席或副主席与贷款国政府代表签字。贷款批准以后，允许贷款人90天内与非洲开发银行集团签署贷款或赠与协议。贷款协议签署45天以后无论是否已经进行支付，都将开始收取承诺与服务费用。在支付执行之前，贷款或赠与必须已经生效或宣布生效。

7. 贷款生效

一旦同意首付范例的特定条件得到满足，那么贷款生效，即贷款的有效性。除了"其他条件"将在以后施行，下面是首付范例的标准条件：①为贷款来源指定了批准的签约方；②表明了具有法律效力的意见；③提交投资时间表；④提交了商品和服务的采购清单；⑤已开立并保留一个项目特定账户；⑥成立了项目实施单位；⑦贷款谈判中达成的其他关于首付的必要条件。

在贷款正式宣布生效后，如果条件满足非洲发展银行的法律顾问和项目协调官员将进行审查。通常情况下，贷款文件90天的贷款协议允许生效。

8. 项目的实施

一旦项目被宣布有效，项目便进入实施阶段。非洲发展银行集团项目由执行机构按照商定的时间表和程序实施。对项目实施情况的监督，使得非洲发展银行集团能够确保项目按照实施时间表和相关细节顺利进行。

为协助政府通常需招募项目顾问，例如，一个基础设施项目，详细的工程设计和招标文件的编制、机械设备采购、土建工程建设和安装都需要聘请顾问。

非洲发展银行集团工程部门将与贷款人以及执行机构紧密合作，监督项目的具体实施情况，以及监视项目的完成进展情况。

项目实施时间一般为2至5年，主要取决于项目的类型和性质。在项目实施期间，非洲发展银行集团审查团一般一年至少进行两次考察，以评估项目的实施进展情况，审查团由多学科和跨部门的人员组成。

非洲发展银行通常要求贷款人定期提交项目进度报告，报告内容包括项目的实施进展情况、发展目标实现情况。在项目的实施阶段，贷款协议也将被添加到项目信息文件中。

9. 项目完成后评估

在项目实施和技术援助活动完成后，非洲发展银行将准备一份项目完成报告（PRC）或技术援助完成报告，以记录项目实施的经历。这些报告一般在项目完成后 12 至 24 个月内完成。

项目完成后的评估不断改变，早期的评估工作主要集中在应用经济分析法分析项目的投入产出关系上，现在已经发展到全面分析项目的投入、产出、影响的全部环节。

评价研究的重点已经从项目本身转移到国家。评价主要关注非洲发展银行国家援助计划问题的贷款与其他非贷款服务，并优先考虑相关性、效率、有效性、可持续性等问题。

一般来说，评价项目是否与计划的目标相符合，是非洲发展银行评价部门（OPEV）的主要职责。用于评价项目的主要绩效指标如下：①评估项目目标的相关性和完成情况；②借款人的执行情况；③项目周期时间表的坚持情况、银行的作用；④项目相关机构的发展表现；⑤项目或计划成果的可持续性。

跨境项目的周期如图 13-1 所示。

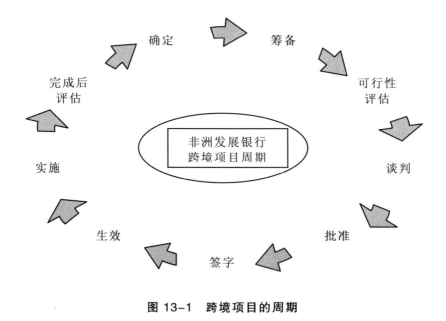

图 13-1　跨境项目的周期

三、跨境项目资金来源与跨境融资的金融产品（Financial Products）

非洲开发银行资助的跨国项目的资金来源除了来自于非洲开发银行，还有阿拉伯非洲经济发展银行（ABEDA）、国际货币基金组织（IMF）、西非发展银行（WADB）、欧洲发展基金（EDF）、各国政府等。

非洲发展银行提供的跨境项目金融产品主要包括：贷款、风险管理产品（Risk Management Products）、担保（Guarantees）。

（1）贷款：在 1997 年前非洲发展银行仅提供多种货币的变动利率贷款。1997 年以后非洲发展银行变得更加灵活，提供多种更具有灵活性与选择性的贷款，比如贷款国根据自身情况能对贷款币种、还款方式进行选择。非洲发展银行进行的贷款可以是主权国家担保的对公贷款和无主权国家担保的对公与对私人贷款。

（2）风险管理产品：为了对其发放的贷款进行管理，非洲发展银行向其客户提供了风险管理产品，包括利率互换、货币互换、商品互换、指数互换等。

（3）担保：为了支持非洲区成员国私人部门的发展，非洲发展银行提供两种形式的担保——部分信贷担保（Partial Credit Guarantee）和部分风险担保（Partial Risk Guarantee）。担保的引进使得成员国私人部门能够从资本市场获得第三方贷款。

四、跨境项目财务管理

非洲发展银行对于跨境项目的财务管理指导主要体现在三个层次上：第一，在全球层次上，加强与其他多边发展银行、会计与审计等其他机构团体进行关于财务管理的对话，并积极参加相关全球范围内的活动，推动国际标准在成员国内的采用；第二，在国家层次上，非洲发展银行坚持整体分析和强调发展问题，预算贷款旨在支持政策目标的实现；第三，在项目层次上，由于项目贷款常具有明确的目标，执行机构需要遵循政府的财务管理政策与惯例，非洲发展银行要求贷款者每年提交项目的财务审计报告。

五、跨境项目管理

非洲开发银行跨境项目的管理常分为三个层次。第一，各国部分，一般由各国各自管理；第二，非洲开发银行经常会成立专门的委员会，统筹管理，统一协调工作；第三，成立部门管理委员会（如公路工程监督委员会）。

具体而言，非洲发展银行对于具体跨境项目的管理与援助主要包括以下几个方面：

（1）招募项目监督管理的顾问；

（2）执行环境措施；

（3）参与具体项目的执行；

（4）对于具体项目的执行进行监视与监督；

（5）对项目进行审计；

（6）对于人员进行培训。

每一个委员会每季度都要向非洲发展银行提交工程项目实施报告。

第三节　非洲发展银行跨境项目融资与项目管理案例

一、项目概述

几内亚和马里的康康—库雷马莱—巴马科公路工程，连接几内亚东部城市康康和马里的首都巴马科，全长 344 千米，其中位于几内亚境内部分 217 千米，位于几内亚境外部分 127 千米。项目总投资成本为 1.0157 亿记账单位（UA），其中外汇 8,475 万记账单位，当地货币 1,682 万记账单位。

二、项目具体经过

1992 年 12 月非洲发展基金（ADF）拨款 220 万记账单位给几内亚和马里进行可行性与具体研究，该研究最终报于 1997 年完成；非洲发展银行在 1997—1999 年就该项目举行了多次投资人会议；1997 年 5 月非洲发展银行向两国提出了项目评价任务；1997 年 7 月至 1999 年 5 月进行了环境评估；西非发展银行（WADB）于 1998 年同意对该项目进行贷款，1999 年与欧洲发展基金（EDF）、阿拉伯非洲经济发展银行（ABEDA）、伊斯兰发展银行（IDB）以及科威特基金签署了融资协定；2001 年 5 月项目正式实施。

三、项目资金来源与责任划分

该项目的资金主要来源于非洲发展基金（ADF）、西非发展银行（WADB）、欧洲发展基金（EDF）、阿拉伯非洲经济发展银行（ABEDA）、伊斯兰发展银行（IDB）、科威特基金以及几内亚和马里政府。

非洲发展基金向几内亚、马里提供 2,400 万记账单位的贷款，占项目总成本的 23.63%，其中对几内亚的贷款为 1,036 万记账单位，对马里的为 1,364 万记账单位，并提供外汇成本的 23.33%（8,475 万记账单位）、当地货币成本的 4.99%（1,682 万记账单位）。非洲发展基金提供的资助包括以下几个方面：①几内亚境内的桥梁建设；②马里境内的道路工程建设；③几内亚与马里境内工程的监督；④工程的审计；⑤马里的国家公共工程理事会（DNTP）成员的培训。

几内亚政府出资 325 万记账单位，占项目总资金的 3.2%，并承担几内亚境内环境措施的投资、部分公路工程成本、国家公路投资理事会（DNIR）成员的培训。

马里政府出资 226 万记账单位，占项目总资金的 2.2%，并承担几内亚境内环境措施的投资、部分公路工程成本、国家公路投资理事会（DNIR）成员的培训。

其他部分由西非发展银行、欧洲发展基金、阿拉伯非洲经济发展银行、伊斯兰发展银行、科威特基金资助。

四、项目实施与管理

2001 年 5 月至 2004 年 7 月为项目的具体实施阶段，根据规定，几内亚与马里政府各自直接负责其境内工程的具体实施与管理。

为了保证整个工程的协调性，非洲开发银行还成立了联合技术委员会、国家公路投资理事会（DNIR）、国家公共工程理事会（DNTP）。国家公路投资理事会负责监督几内亚境内的工程实施情况，国家公共工程理事会负责监督几内亚境内的工程实施情况。

此外，几内亚规划部长（Ministry of Planning）和马里公共工程与交通部长（Ministry of Public Works and Transport）的代表组成负责两国环境的环境理事会（Directorate of Environment）；并且由至少两名国家公路投资理事会（DNIR）成员、两名国家公共工程理事会（DNTP）成员、各国派出的一名环境理事会成员组成工程监督常务组，该常务组将与高级顾问合作共同负责工程的监督与管理。

第十四章　其他重要的区域性发展银行的跨境融资与项目管理

第一节　欧洲投资银行跨境项目融资与管理

欧洲投资银行（EIB）是 1958 年根据罗马条约成立的欧盟的长期贷款银行。它的主要任务是促进欧盟成员国的一体化、平衡各国的发展、增强成员国的经济和社会的凝聚力。欧洲投资银行在资本市场募集大量资金，它以有利条件获得资金来完成欧盟的政策目标。除了支持成员国的项目，欧洲投资银行主要还为未来的欧盟成员国和欧盟的伙伴国提供优先贷款和融资投资。

一、资金来源

欧洲投资银行借款资金主要来源于在国际资本市场发行的债券。其债券被国际机构投资者和散户投资者所购买。欧洲投资银行的债权为最高信用的 AAA 级债券，且在巴塞尔协议 Ⅱ 下是 0%的风险加权。

二、股本结构

欧洲投资银行的股东为欧盟的 27 个成员国。欧盟成员国均对银行的融资操作完全负责，没有任何的地区和部门限额。各国分担的银行资本是基于其加入时在欧盟的经济权重（用国内生产总值表示）。根据规定，银行的最大贷款量为其资本量的 2.5 倍。至 2009 年 4 月 1 日，银行的认购资本已达 2,320 亿欧元。其前十大股东及其资本量如表 14-1 所示。

表 14-1　前十大股东及其资本量

国家	德国	法国	意大利	英国	西班牙	荷兰	比利时	瑞典	丹麦	奥地利
数额（亿欧元）	375.8	375.8	375.8	375.8	225.5	104.2	104.2	69.1	52.7	51.7

三、目标

欧洲投资银行的项目必须服务于下面的欧盟政策目标：

凝聚和融合是为了促进欧盟中发展中地区的发展，主要是完成欧盟一体化的目标。

支持中小企业主要是为了欧盟的经济和就业。

保护和改进自然环境是欧洲投资的重要任务之一，并且在实现可持续发展的前提下促进社会福利最大化。

创新可以支撑建立竞争的、革新的、以知识为基础的欧洲经济的目标。

跨欧洲网络是一个巨大的交通、能源和电信的基础设施网络，以此实现欧盟的发展和一体化目标。

推动可持续的、有竞争力的和安全的能源。

为人力资本，特别是健康和教育提供支持。

四、已融资的项目

在 2008 年，欧洲投资银行为了支持欧盟的目标，借出了 576 亿欧元，其中有 515 亿欧元是借给了欧盟和欧洲自由贸易联盟国家（EFTA），有 61 亿欧元是借给了伙伴国家。

　　按照部门分已签署的融资合同如图 14-2 所示。按照地区分已签署的融资合同如图 14-3 所示。

表 14-2　按照部门分已签署的融资合同

部门	本年度（欧元）	过去 5 年（欧元）
农业、渔业、林业	173,571,217	22,100,000
综合基础设施	1,021,782,157	5,760,964,436
信贷额度（credit lines）	12,701,329,122	57,123,455,944
能源	5,745,728,121	27,886,292,695
健康和教育	2,271,411,257	17,831,483,921
工业	7,647,221,178	21,720,257,673
服务	2,431,450,536	13,000,439,751
电信	2,075,000,000	9,459,111,879
交通运输	9,524,901,519	65,583,690,475
城市基础设施	1,326,480,698	9,748,376,491
水、污水	2,346,598,132	13,809,021,296
总计	47,265,473,937	241,945,194,560

　　注：最后更新日期为 2009 年 9 月 23 日。

表 14-3　按照地区分已签署的融资合同

地区	本年度（欧元）	过去 5 年（欧元）
欧盟	42,720,304,581	216,021,995,294
欧洲自由贸易联盟国家	0	801,633,153
东南欧	2,155,500,000	11,360,761,257
独联体国家	132,500,000	460,000,000
地中海国家	662,978,067	6,761,827,536
非洲，加勒比海，太平洋国家和海外国家和领土（OTC）	307,000,000	3,041,722,506
南非	240,000,000	640,546,000
亚洲、拉丁美洲和中美洲	1,047,191,289	2,865,708,814
总计	47,265,473,937	241,945,194,560

　　注：最后更新日期为 2009 年 9 月 23 日。

五、项目周期

（1）发起人要求。

（2）欧洲投资银行资格。

（3）银行准则。

（4）律师合同谈判。

（5）签署合同。

（6）监测：项目借款人、担保人。

六、具体监测措施

欧洲投资银行的项目监测是从项目实施和运作阶段贷款合同签字一直到贷款还清。监测要求根据项目特点决定。特别是银行监测贷款服务，可以检查资金的使用是否符合目标和预测，掌握贷款发起人和合伙人所关心的项目发展状况。这也确保了项目按照合同来实际执行，并能评估投资的结果。

1. 金融监测

风险管理董事负责对在欧盟签署的贷款进行金融监测和业务重组。

2. 物理检测

在项目评估阶段，项目董事检测潜在的问题，以便在需要时可以采取必要的纠正措施。

在项目执行阶段，发起人负责在事件与之前商定的结果发生重大偏离时通知银行。

最后，项目完成报告要包括任何与原来计划的不同之处。

有一些项目，诸如公私合伙的项目还要求在项目完成后对其继续检测。

3. 事后评估

事后评估开始仅关注欧洲投资银行活动，后来被扩展到对 EIF 的风险资本运行评估和 FEMIP（欧洲地中海地区投资合作便利组织）信托基金。

研究和评估报告使得欧洲投资银行集团可以吸取过去的经验教训，提高欧盟未来政策的报告水平和执行能力。

七、地理区域的具体项目

为了支持欧盟的发展和一体化，欧洲投资银行的大部分（约有90%）项目都在欧盟国家内部。在欧盟外部，欧洲投资银行的借款主要是为了支持欧盟发展和伙伴国家的合作政策。

目前欧洲投资银行的外部任务为：将业务拓展到欧洲南部和东部的地区、周边国家，包括地中海国家和俄罗斯及东部的邻近国家，以及其他发展和合作国家，如非洲、加勒比海和太平洋（及海外国家和领土）、南非、亚洲和拉丁美洲。

八、项目举例

欧洲投资银行为跨欧洲交通和能源网络融资。

诺耐德（NorNed）项目是世界上最长的海底输电电缆。它穿过北海，跨越了丹麦和德国两个水域，从荷兰的埃姆斯哈文（Eemshaven）到挪威的菲达（Feda），连接了两个国家的电网。这个项目的发起人是荷兰的电讯首科公司（TSOs）和荷兰国有电网运营商 TenneT B.V.以及挪威国家电网公司（Statnett S.F.），Tenne T B.V.和 Statnett 共同投资了 6 亿欧元，其中接近 50%（2.8 亿欧元）来自欧洲投资银行的融资。

项目名称：诺耐德（NorNed）。

涉及国家：荷兰（Netherlands）、挪威（Norway）。

项目类型：TENs 旗下项目，连接两国电力系统。

投资计划：Statnett S.F.和 TenneT B.V.共同投资 6 亿欧元，其中的 2.8 亿欧元由欧洲投资银行提供。

第二节　北欧投资银行的跨境融资与项目管理

北欧投资银行（Nordic Investment Bank，NIB）简称"北投"，它是 1976 年由北欧五国丹麦、挪威、瑞典、芬兰和冰岛共同集资组成的地区性金融组织，总部设在芬兰首都赫尔辛基。北欧投资银行注册资本为 40 亿欧元，由成员国按 GDP 分摊认购，其中瑞典 38%、丹麦 22%、挪威 20%、芬兰 19%、冰岛 1%。这家银行的宗旨是对北欧有共同利益的投资项目提供贷款和担保，总额最高可达资本额的 2.5 倍。需要的资金可以在国际市场上筹资。2005 年 1 月 1 日波罗的海三国立陶宛、拉脱维亚、爱沙尼亚加入北投，之后注册资本认购比例发生变化，瑞典 36.7%，丹麦 21.3%，挪威 19.1%，芬兰 18.5%，拉脱维亚 1.6%，立陶宛 1.1%，冰岛 0.9%，爱沙尼亚 0.7%。

一、主要财务结构

（一）资产和负债

未偿还贷款构成了银行资产的主要部分。未偿还贷款的经费主要来自于资本市场的中长期的借款，有一小部分来自于银行间拆借市场。借贷交易所获得的收益被转换为该行要求其借款者应该使用的币种，这种交易在衍生市场完成。衍生工具也被用来将固定利率贷款转换为浮动利率贷款。

该行始终保持着以欧元计价的固定收益债券的投资组合，它的经费主要来源于实收资本积累储备。该投资组合规模大约相当于银行的净资产。它大部分是由持有至到期的高质量的有价证券组成。

（二）贷款

北投有三类贷款。

（1）普通贷款：根据公司章程规定发放的贷款和担保总额应该相当于该行注册资本和资本公积的 250%，在此规定下的贷款为普通贷款。

（2）工程投资贷款（PIL）：为新兴市场国家和转型经济体提供长期融资。此项贷款的宗旨是促进工商业的国际化。PIL 的额度为40 亿欧元，成员国担保损失的 90%，上限不超过其与北投达成的18 亿欧元。而银行承担对个人贷款的百分之百的损失，上限为该行特别信贷风险基金所能提供的最大数额。

（3）环境投资贷款（MIL）：用于资助成员国邻近地区的私人和公共部门的环境项目。MIL 的额度为 3 亿欧元，银行以其与各成员国的协议为基础提供百分之百的担保。

二、投资领域及一般条件

北欧投资银行贷款领域是北欧传统上有竞争力的项目，即"北欧感兴趣"的项目。其主要贷款领域为：水电；交通通信；造纸；饲料加工；森林工业产品加工；渔业食品加工；工业现代化；新技术工艺等。

北欧投资银行贷款的贷款期一般在 10～13 年（含 2～5 年宽限期），贷款的利率按筹资成本加利差（伦敦同业银行间拆放利率（LIBOR）加 0.5％利差），可用固定利率，并收取 0.5%的承诺费。北投贷款条件优惠性虽低于政府混合贷款，但其贷款期限较长，银行管理费和承诺费较低、不收信贷担保费和其他一些费用等，明显优于商业贷款。贷款的币种有美元、欧元及特别提款权等，借款人可以自主选择。

北投贷款在对外支付时，实际贷款额度最高可达项目合同金额的 110％。北投贷款可灵活用于所资助项目的特殊部分，且不完全限于支付北欧的供货合同。一般来说，在北欧供货商作为总承包人的条件下，非北欧货物和服务可占合同总额的 30%～50%，在特殊情况下，贷款也可灵活地按一定比例用于直接采购非北欧的货物和服务，因此，在一定程度上也是非限制性采购方式。北欧投资银行贷款还可以资助项目的各项费用，包括当地基础设施、流动资金、经营费用、预付定金及建设期利息等。贷款也可以用于双边和多边发展援助机构、出口信贷、商业贷款和其他金融机构资金的补充。

北投在贷款业务上交易对手的主要类型有：主权基金（贷款给政府或由政府担保的贷款）、公共实体、市政府、企业和金融机构（银行）。对这些类型的交易对手贷款，符合北投的任务和实现其战略目标的原则。如果认为有必要，不同类型的对手适用于特殊的政策。北投对于贷款的参与仅仅局限于满足贷款本身的附带条件，也就是说北投保证融资业务得到满足，并且由该银行提供的任何贷款款项都被用于授权的项目。在每项融资业务运作方面，必须遵守有关采购或需要确保公平竞争的招标程序的规范。

目前，北投的跨境投资涉及 30 多个国家，旨在向发展中国家（包括同北欧贸易的国家）的优先发展投资项目提供贷款，更倾向于向信誉好的中等收入的发展中国家提供贷款；旨在加强北欧各国之间的合作，扩大该地区的生产发展和出口，这是指导该行发展的总政策。北欧投资银行项目贷款一般以"北欧感兴趣"为原则（是指向北欧传统上有竞争力或新技术、工艺的项目提供贷款），优先对有两个或更多北欧国家的公司或厂商共同参与合作的项目给予贷款，这种北欧合作可以是合资，也可以是长期合作。在实际做法上并不严格要求需要有两个以上北欧国家参与一个项目，而只要北欧供货商能提供项目建设所需的货物或劳务，或在借款国举办合资企业，都可以获得贷款。

三、融资业务规则

（一）资格

所有由北投资助的项目都应当是已被批准获得资助资格的国家。该资格的获取由各方国家签署协议和谅解备忘录来实现。

（二）招标

招标原则上要求公开向企业和来自于所有国家的个人进行。但如果是基于欧洲经济区国家或发起国家或项目实施国家的法律和官方规定的限制，企业和个人可能被排除在招标之外。

（1）出版通知的要求：在适当的时候，北投要求发起人在规定的刊物上发出招标程序邀请，也可以在包括当地报纸在内的其他出版物上公布。其他任何例外情况必须得到北投的批准。

（2）招标规格：为了引入适当的国际竞争性招标，发起人应该使用国际公认的标准文件起草招标文件。

（3）合约的标准：出版文件以及那些和招标有关的文件，必须指定发起人所接受的标准准则,如最低价格或经济上最有利的招标。在后一种情况下，该参数必须通过解释和量化。

（4）语言：招标文件包括投标书的评估报告，必须以一种主要的国际语言起草。

（5）货币：投标者必须标明以一种主要的国际货币投标。

（6）技术规格：在适用和适当的时候，发起人必须采用欧洲和国际标准规范。

（7）投标书的评价：所有标书必须以透明的方式存在，但同时又要得到保障。发起人必须仔细研究标书。对于标书或价格没有实质性修正的方案在开标后是可以接受的。

（8）本地优先：作为一般规则，不允许银行优先考虑原产国的物资供应。

（三）私营部门项目

私营部门的企业往往更关注可用资金的多少和既定效率下的经济情况，而不采用正式公开的招标程序进行采购。然而，在适当的时候，银行鼓励由其私人部门客户采用竞争性招标的方法，以确保其资本投资以一种成本有效的方式进行。

贷款流程如图14-1所示。

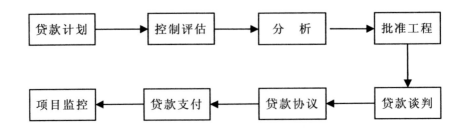

图 14-1   北欧投资银行贷款流程

利用北欧投资银行贷款项目招标采购工作，应当符合下列条件：

1. 关于合格来源国、投标商及供货比例

合格来源国，是指丹麦、爱沙尼亚、芬兰、冰岛、拉脱维亚、立陶宛、挪威和瑞典等八个北投成员国。

合格投标商，是指在合格来源国境内注册，并在招标项目有关领域具有国际商务和（或）生产实际经验的法人。

按照北投关于合格供货比例的要求，利用北投贷款采购的货物和服务中，原产地为合格来源国的部分最少应不低于合同金额的 70%。

2. 关于招标文件中应予规范的内容

（1）招标文件中首次提及北投时应使用全称，即"北欧投资银行"。

（2）与北投所签贷款协议的英文正确表述为："The Loan Agreement between Ministry of Finance of P.R.China and Nordic Investment Bank"。招标文件提及贷款协议时，不应使用"国家与国家"（State to State）或"混合贷款"（Mixed Credit）等不适用于北投贷款的字样。

（3）项目单位授权采购公司招标一事与贷款协议无关，因此招标文件中不应出现"根据贷款协议规定，采购代理公司被授权采购项目项下的货物及服务"或类似表述。

（4）由于北投贷款项目在完成招投标并签署商务合同后，才可正式向北投申请贷款，因此招标文件中应明确，北投批准有关项目后，才可支付合同款项。

（5）招标文件中不得要求投标商资质需由北投批准。

三、关于招投标文件及商务合同的审核

为加强对北投贷款项目招标采购过程的监督，对尚未发出招标邀请的项目，采购公司应要求投标商在投标时，必须出具关于遵守北投贷款合格供货比例要求的承诺函。北投将根据具体情况，对项目招标文件、评标报告及商务合同等进行审核后，决定是否提供贷款。

在银行签署法律文件和支付承诺之后，银行开展以下行动来监督项目：

（1）银行要求项目发起人提交与该行商定的环境绩效标准的定期监测报告。

（2）银行跟进，对存在环境风险和影响的某些项目进行实地视察。

（3）如果更改项目将导致对环境造成不良影响，银行要求由客户解决这些问题。

（4）如果客户不能遵守其在行动计划或与银行的法律协议中对环境的承诺，该行与客户可以协商一个可行的遵守标准。如果与客户无法重新建立一致标准，银行要行使补救措施。

（5）银行鼓励客户在该行退出项目后，能够继续满足银行的环境要求。

（6）在贷款过程中，当认为对方很可能无法履行其合同义务或其所提供的抵押品估计值不够时，该贷款被列为不良贷款，此时，银行面临信贷损失的风险。根据国际财务报告准则的要求，该减值损失应在银行的财务报表中予以确认。依据下列原则将支付逾期贷款列为不良贷款：

①普通贷款逾期 90 天被列为不良贷款。

②特别贷款（工程投资贷款和环境投资贷款）：给政府或由政府担保的贷款逾期 180 天被列为不良贷款，其他情况逾期 90 天被列为不良贷款。

③当一项贷款被列为不良，则对所有同一对手的贷款都被视为不良。

北投的跨境项目：挪威与荷兰的长达 580 公里的海底电力传送电缆（世界最长的海底电缆），该项目由挪威国家电网公司（Statnett）和荷兰传输系统公司（Tenne）共同修建经营，其中北欧投资银行提供给斯塔内德公司（Statnett）三分之一的资金。

附录一：东北亚金融合作研究中心章程

Objectives and Purposes

Whereas the Northeast Asia Economic Forum is a regional nongovernmental organization created to sponsor and facilitate research, networking and dialogue relevant to cooperative economic development for Northeast Asia,

And whereas the Forum's Ad Hoc Committee for the Establishment of the Northeast Asian Bank held its Fourth Meeting, organized by the Northeast Asia Economic Forum and Tianjin Municipal Government in Tianjin on 25 July 2007,

The Ad Hoc Committee agreed at its Fourth Meeting to establish the Research Center for Financial Cooperation in Northeast Asia (the "Research Center"), which will operate independently, under the leadership of the Northeast Asia Economic Forum and with the local support of the Tianjin municipal government, to carry out the objectives of

1. conducting research and organizing meetings and seminars to promote regional financial cooperation among all the countries of Northeast Asia, with the inclusion of North America, EEC members and other non-regional countries as appropriate.

2. undertaking substantive analytical work to prepare a series of reports leading up to a comprehensive report that will describe and discuss all major aspects of the proposed Northeast Asian Bank for

Cooperation and Development (the "Bank") and issues relevant to its establishment.

Governing Structure of the Research Center

Board of Directors

The Research Center shall have a Board of Directors comprising a Chairman, an Executive Vice Chairman, and Directors. The Board of Directors may by majority vote elect Directors and modify the number of Directors as deemed necessary. The Chairman of the Northeast Asia Economic Forum shall serve as Chairman of the Board, and the Executive Vice Chairman of the Board shall be elected by the Tianjin Municipal Government and shall have responsibility for overall local supervision, management, and operations of the Research Center, which shall include mobilizing local resources. Each Director shall serve for a term of four years and may serve consecutive terms.

Steering Committee

There shall be a Steering Committee for the establishment of the Bank, which shall serve at the pleasure of the Board of Directors *inter alia* as an advisory group to provide guidance and advice. Members of the Board may serve concurrently as members of the Steering Committee.

Meetings of the Board of Directors

Regular meetings of the Board of Directors shall be held. The Board of Directors shall by resolution set the time and place of each meeting. Four Directors, including either the Chairman or the Executive Vice Chairman or both, shall constitute a quorum. Decisions shall be taken by majority vote and should in principle represent a consensus.

Powers of the Board of Directors

The Board of Directors shall exercise all powers of the Research Center not forbidden to it. Its powers shall include all those necessary or proper for the effective functioning and operation of the Research

Center and for the implementation of its Objectives and Purposes. The powers of the Board of Directors shall be liberally construed.

Funding for the Research Center

Principal support in the initial stage shall come from the Tianjin Municipal Government and from cooperating institutions in Japan, Korea, and other countries. International contributions shall be interpreted broadly to include both direct budgetary contributions as well as cost-sharing and other types of donations.

Location of the Secretariat of the Research Center

The Secretariat of the Research Center shall be located at Nankai University in Tianjin, China.

附录二：东北亚金融合作研究中心组织架构和成员名单

1. GOVERNING STRUCTURE OF THE RESEARCH CENTER

HONORABLE CHAIRMAN

Jiang Zhenghua, Vice-Chairman, Standing Committee of the Ninth and Tenth National People's Congress of China

Nakayama Taro, Member of the Japanese Diet and Former Foreign Minister

Kim Man-Je, Former Deputy Prime Minister and Former Minister of Economy Planning

Cui Jindu, Vice Mayor, Tianjin Municipal Government

CHAIRMAN OF THE BOARD

Cho Lee-Jay, Chairman, Northeast Asia Economic Forum

EXECUTIVE VICE CHAIRMAN OF THE BOARD

Wang Shuzu, Former Mayor of Tianjin Municipal Government and Vice-Chairman, Standing Committee of the Fourteenth Tianjin People's

Congress

DIRECTORS

Maeda Tadashi, Director-General, Corporate Planning Department, Japan Bank for International Cooperation

Uhm Rak-Yong, Visiting Professor, Graduate School of Public Administration Seoul National University, Former President, Korea Development Bank

Pavel Minakir, Vice Academician-Secretary of Social Sciences Branch of Russian Academy of Science, Vice President of Far Eastern Branch of Russian Academy of Science, Director of Economic Research Institute, Far Eastern Branch Russian Academy of Sciences.

Mongolia Representative and DPRK Representative to be determined.

2. STEERING AND ADVISORY COMMITTEE FOR THE RESEARCH CENTER

MEDIATOR

Stanley Katz, Former Vice President of Asia Development Bank, Assistant Secretary of the Treasury of the United States

COMMITTEE MEMBER

Watanabe Hiroshi, President and CEO, Japan Bank for International Cooperation

Dai Xianglong, Chairman, National Council for Social Security Fund, and Former Mayor of Tianjin, People's Republic of China

Hong Jae-Hyong, Member of Parliament, and Former Vice Premier, Republic of Korea

Li Yong, Vice Minister of Finance, People's Republic of China

Eiji Ogawa, Professor, Faculty of Commerce and Management, Hitotsubashi University

Tong Jiadong, Vice President, Nankai University

Uhm Rak-Yong, Visiting Professor, Graduate School of Public Administration Seoul National University, Former President, Korea Development Bank

3. RESEARCH CENTER FOR FINANCIAL COOPERATION IN NORTHEAST ASIA

DIRECTOR

Zhang Xiaoyan, Tianjin Municipal Development and Reform Commission and Director, Research Center for Financial Cooperation in Northeast Asia

DEPUTY DIRECTOR

Ma Junlu, Dean, School of Economics, Nankai University

Liu Lanbiao, Associate Dean, School of Finance, Nankai University

附录三：设立东北亚合作与开发银行简要报告（2010年）

东北亚区域是指中国的东北和华北地区、日本、韩国、朝鲜、蒙古、俄罗斯的远东地区。

一、设立东北亚合作与开发银行的必要性

1. 推进东北亚区域经济一体化和可持续发展的需要

东北亚各国经济多样、资源互补、文化共融，是一个容易实现共赢合作的天然经济区。设立东北亚合作与开发银行，将促进区域内各国在资源、技术、产品、服务领域的贸易和投资的稳定发展，推进区域内的产业优化与结构调整，提升经济产业链的技术含量与创新能力，减少区域内经济发展不平衡和发展阶段差异，扶持私人部门的健康发展，为东北亚区域经济一体化的稳定发展和可持续发展提供一种长效的金融支撑机制，有利于东北亚形成自由贸易区。

2. 补充现有多边金融机制、弥补东北亚融资缺口的需要

东北亚区域在能源安全供应、资源共同开发、绿色低碳经济、节能减排、环境保护、技术推广转移、贸易物流畅通等方面的大型跨境基础设施建设，在跨国的经贸合作、文化交流等共同合作项目实施方面，存在庞大的融资需求。

鉴于大型跨境项目金额规模大、投资回收期长、短期盈利低的特点，只有多边开发银行是大型跨境项目融资的最有效渠道。然而，东北亚区域的跨境项目从现有多边开发银行能够获得的资金非常有限，这种局面在未来不会出现显著改善。原因在于：第一，现有多

边开发银行没有一个涵盖东北亚区域所有国家；第二，世界银行、亚洲开发银行等侧重于减贫项目的融资；第三，世界银行、亚洲开发银行投资的地理区域分布更加广泛、分散。设立东北亚合作与开发银行，可以对现有多边金融机构形成有效的补充。

3. 促进区域和全球失衡改善的需要

设立东北亚合作与开发银行，可以对区域内现有协调机制形成补充，将有助于各国加强政策协调和金融监管合作，防范系统性风险，维护区域稳定。

东北亚合作与开发银行将通过发行区域内多国国家信用担保债券，增加区域内各国政府可投资资产品种，帮助减少区域内各国对单一外汇储备的过度依赖，有利于改善东北亚各国与区域外国家的国际收支失衡和储蓄资源流失问题。

二、设立东北亚合作与开发银行的可行性

1. 东北亚区域经济的发展提供了重要的物质保障

东北亚区域已经发展成为仅次于美国和欧盟的第三大经济区域，也是世界上最具发展潜力、经济增长最快、外汇储备最高、国际资本最活跃的区域。中、日、韩三国逐渐成为全球重要的资本输出国。以中、日、韩三国为主设立东北亚合作与开发银行，既有筹集和配置银行资金的实力，也有经营管理的能力。

东北亚区域已经形成网络生产分工格局。各国经济的高度相互依赖性为区域内建立利益共享、风险共担的机制提供了良好的经济基础。

2. 全球金融危机提供了最佳的战略时机

在克服全球金融危机的过程中，东北亚区域各国对加强区域内合作的认同感达到前所未有的高度。应对金融危机的现实需求将加速东北亚区域的货币金融合作，设立东北亚合作与开发银行成为一个现实可行的对策。

三、东北亚合作与开发银行的原则框架

1. 宗旨

东北亚合作与开发银行的经营宗旨是：将大型跨境基础设施建设、能源与资源开发、低碳经济、节能减排、环境保护、推动区域内相互贸易和投资等作为优先发展领域。扶持经济不发达地区经济建设，满足中等收入水平或者逐渐步入中等收入水平国家的日益增长的资金需求，推动区域经济社会的可持续发展。

2. 性质

由东北亚各国有政府背景的金融机构出资为主、吸收私人资本和国际其他金融机构参与的、股份制的合作与开发银行。通过市场化运作方式筹集和配置资金，支持东北亚区域经济社会的繁荣发展。

3. 资本规模

初始资本为 400 亿美元，分为实缴资本和待缴资本。随着区域经济发展和融资需求的增加，可以逐步增资扩股。

4. 股权分配原则

由东北亚区域的国家控股，以东北亚区域内有政府背景的大型金融机构入股为主，同时吸引私人资本、区域外其他国家或国际金融机构参与。区域内各国股权分配采用综合加权法计算，参考各国的国内生产总值（GDP）、外汇储备、对外贸易总额及其相应增长率等指标。

5. 总部选址

总部选址应该具备五方面条件：第一，具有内外拓展的筹融资能力；第二，具有与各国友好沟通的政治渠道；第三，具有低成本的营运环境；第四，具有优惠的办公和生活条件；第五，获得中央政府与地方政府的积极支持。

6. 董事长和行长拟选

在总部选址确定后，考虑总部所在国家和其他各国利益，由股

东按照章程规定选出董事长、董事会、监事会。行长人选采取全球公开招聘，择优录用，实行职业经理人任期制。

7. 业务管理

参照现有多边开发银行的管理运作方式。

附录四：设立东北亚合作与开发银行简要报告（2013 年）

　　东北亚合作与开发银行的提议在过去的二十多年中被各国专家、学者和民间机构广泛探讨和研究。并且在进入 21 世纪以后，随着世界经济政治格局的变化，特别是中国经济的增长，东北亚的战略地位已经变得越来越重要。2010 年，东北亚经济论坛和东北亚金融合作研究中心根据中日韩和其他国家专家和民间的长期研究成果，向中日韩三国相关政府部门提交了《设立东北亚合作与开发银行简要报告》，呼吁反映设立东北亚合作与开发引进尽快从民间呼吁转为各国政府的共识，并提议在中日韩领导人正式会议上，能够开始启动讨论设立东北亚合作与开发银行问题。

　　自《设立东北亚合作与开发银行简要报告》提出以来，各国都对东北亚区域合作进行了深入的研究。面临着不断发展变化的国际经济和政治动向，新兴市场国家的发展正在逐渐改变着传统的以美欧为主导的世界经济格局，世界经济正在向多极化不断发展。因此，作为世界上最具有经济活力的东北亚理应在这种动态发展中加强合作，进一步提升区域的整体实力，实现东北亚区域的可持续发展。

　　当前，中日韩三国的换届进程已经完成，虽然东北亚地区局部领域摩擦依然存在，但是合作共赢的整体发展趋势不会改变，中日韩自贸区谈判的开启就体现了这种整体的趋势。而东北亚合作与开发银行则不仅可以促进中日韩自贸区的发展进程，而且对中日韩为代表的东北亚区域整体发展和在国际事务中地位的进一步提升将起到至关重要的作用。由此，我们认为设立东北亚合作开发银行到了关键性的时刻，在此再一次提出倡议，呼吁中日韩三国政府尽快加强金融领域的合作，尽快提出和启动设立东北亚合作开发银行，进一步推进区域金融合作和经济一体化进程。

一、在新的国际经济政治形势下设立东北亚合作开发银行的战略意义

1. 促进东北亚国家间政治互信，维护世界和平稳定

东北亚地区大国利益交织，历史遗留问题众多，区域内各国在领土主权等问题上尚存在一定争议和摩擦，也成为区域合作不稳定因素。促进东北亚各国间政治互信，构建和谐东北亚对世界和平意义重大。因此，东北亚地区应将经济发展与合作放在首位，走"以经促政"的道路，而拟建的东北亚银行，正是未来东北亚地区多边合作机制的重要组成部分。一方面，东北亚银行将为本地区的资源合作开发提供资金融通，有助于在合作中缓和各国的争端。另一方面，东北亚银行投资的交通运输等基础设施，将把东北亚地区国家联结为一体，缩短了彼此之间的空间距离，有助于增强互信。

2. 为未来的中日韩自贸区建设提供良好的金融服务

建立中日韩三国自贸区对推动三国经济增长、扩大对外贸易和提高国民福利水平具有积极意义。中日韩自贸区建立后，通过促进区内经济整合，实现优势互补，互惠互利，避免不必要的内耗，就可以在很大程度上实现区域内经济的"自循环"，规避欧美和全球经济衰退的风险。

中日韩自贸区的建立对成立本区域的合作开发银行提出了更加紧迫的需求。首先，本区域的合作开发银行为参与自贸区的国家提供了一个交流与合作的平台。东北亚的其他国家也可以在这个平台上参与中日韩自贸区的经济贸易交流，带动整个东北亚地区发展，实现自贸区的辐射作用。其次，东北亚银行可以为东北亚地区国家，尤其是中日韩自贸区涉及的企业或项目提供融资需求或信用安排，以促进自贸区的建设，更大地发挥自贸区对商品服务贸易的促进作

用。最后，东北亚银行通过其所涉及的业务，掌握东北亚地区国家大量的经济贸易金融数据，也为自贸区以及整个东北亚地区国家提供经济往来过程中的争端解决通道以及研究评估平台。

3. 促进中日韩经济结构调整和升级

目前中日韩均面临着调整国内经济结构的历史重任。日本作为亚洲最发达经济体，高额政府债务和 2011 年日本贸易收支再次出现赤字，表明依靠出口的经济增长模式已经进入转折点，日本经济增长的动力将日益依赖中国市场。韩国作为较发达新兴经济体未来发展也面临经济结构转型升级，第二产业比重需进一步下降，服务业比重需进一步提升。中国转变经济发展方式和追求低碳、绿色可持续发展，为日韩制造业和服务业企业提供了巨大市场和发展空间。这种经济结构的调整，需要强有力的金融支持，东北亚合作与开发银行将能够为区域内的发达国家和发展中国家提供总体的战略支持，促进三国的产业合作，深化产业链优势互补，带动形成东北亚生产网络。

4. 促进各国应对金融危机的能力，完善国际金融体系

东北亚各国在应对金融危机方面存在着缺陷：一是东北亚国家金融市场本身的不健全和脆弱是难挡危机的内生因素；同时区域金融合作的欠缺也是金融危机蔓延的一个重要原因。从 1997 年东亚金融危机到 2008 年美国次贷危机和目前的欧洲债务危机中，东北亚各国均受到相当大的影响。而且在席卷全球的金融危机面前，国际货币基金组织（IMF）带有苛刻条件的援助不能有效解决相关国家的困难。而亚洲开发银行和世界银行等多边金融机构对东北亚地区的投入又极其有限。因此，对东北亚国家而言，有必要在金融合作领域进行创新性的制度安排，加强区域金融协调与合作，建立信息沟通共享机制和有效的金融监管机制，以此抵御金融危机。建立东北亚开发与合作银行能够在很大程度上满足东北亚地区目前的金融需求，对调剂区域间资金流向、跨境跨国项目的支持和抵御金融风险方面都有非常巨大的推动作用。

二、设立东北亚合作开发银行的紧迫性

1. 目前世界各国对转变国际金融秩序的努力

美国的次贷危机和欧洲的主权债务危机的爆发使得第二次世界大战以后的国际金融体系面临前所未有的质疑和挑战。国际金融秩序改革已成为世界范围的共识。新兴市场国家的崛起已经使国际市场向多元化发展，而且各发达国家和新兴市场国家都在努力争夺世界金融领域的话语权，例如印度倡导的金砖国家开发银行、中国倡导的中亚（上海合作组织）开发银行等都凸现了这样的趋势。无论从经济规模上说还是从政治影响力上说，以中日韩为主导的东北亚地区合作的重要性和影响力将远远超过东盟主导的东南亚合作和其他亚洲区域合作。因此，东北亚银行的战略设想在这样的背景下具有更广阔的前景。

2. 东北亚合作机会的增加

第二次世界大战以后全球第三次工业革命的浪潮中，区域经济一体化的发展成为一种必然的趋势。现代产业的发展和国际分工体系的变革已经越来越需要超出国家的范畴而需要区域内国家联合起来。特别是目前全球气候、环境、能源等领域的问题日渐突出而这些问题根本无法从任何单一国家内部来解决，而全球统一协调多边谈判则往往效率极低，所以区域化就显得尤为重要。东北亚银行的设想能够通过金融合作平台促进合作机制，帮助东北亚各国通力合作，帮助中国提升技术创新水平，缓解中国在发展中面临的各种挑战。

3. 中日韩换届后带来的巨大机遇期提供了良好的时机

中日韩在2012年开始陆续完成了政府换届。现在各国内部的经济和政治情况渐趋稳定，而面临的外交局面则相对棘手。各国政府亟须从由于政府换届窗口期导致的东北亚地区局势高度敏感期向务实稳定的方面发展。这就需要一个政策突破口能够统筹安排东北亚各国特别是中日韩三国的利益，实现合作共赢。东北亚合作与开发

银行作为一种新型的金融合作机制，将非常适合作为东北亚政治当前形势的破局者，能够将中日韩的总体兴趣、共同利益发挥出来，并促进中日韩自贸区的谈判，实现东北亚地区的和平、稳定和发展。

三、设立东北亚合作开发银行的启动程序和步骤

东北亚银行次区域性、多边性开发银行，是一种新的融资机制或中介。其宗旨是通过对东北亚地区开发建设特别是基础设施建设提供资金，以促进本地区的经济发展和一体化。东北亚各国应该充分利用新的国际经济政治形势，认识到金融合作的紧迫性，抓住新的机遇，创造条件，开展工作。为此，提出以下对策建议：

1. 工作方针

根据目前各国对东北亚合作与开发银行的讨论和分析，建议推进设立东北亚银行的工作方针是：按照政金分离、合作共赢原则，采取"中韩先行、联合日本、吸收俄蒙、考虑美国"的策略，充分利用中韩两国在金融合作领域中广泛一致的意见，促进日本参与，共同开启设立银行的实质性工作。

2. 工作步骤

双边启动：通过中韩双方政府的及时沟通，争取两国率先提出设立东北亚银行的倡议。

三方发起：利用中韩合作的对日导向作用，三国政府协商后共同发起设立东北亚银行。

多元参与：随后相继吸收俄罗斯、蒙古、朝鲜，以及美国等区域外国家的金融机构出资参与。

3. 推进方案

（1）建议各国政府加强对东北亚银行问题的协调工作，分别设立专职办公室承办筹备工作。

（2）以天津市和东北亚金融合作研究中心为主要研究机构，完成设立《东北亚合作与开发银行中日韩联合可行性研究报告》。

（3）继续发挥东北亚经济论坛的民间纽带作用，通过"以民促

官"方式，推进中日韩在适当时机发起设立东北亚银行。

（4）通过外交努力，争取将设立东北亚银行问题纳入 2013 年中日韩领导人会议议题。

在东北亚银行设立问题上，中日韩三国都需要以更大的政治勇气和智慧，坚定信念，排除困难，不懈努力，以开放和创新的思维，通过设立东北亚银行取得区域金融合作的重大突破。

跋：东北亚金融合作：中国的作用

赵利济

在东北亚地区设立一家区域性金融机构的设想从最初的提出到现在已经有二十多年的历史了。这一设想最早是在 1991 年东北亚经济论坛在天津召开的第一次年会上由当时的国务院发展研究中心主任马洪先生提出，随后韩国前总理南德佑先生在 1991 年 9 月论坛会议上正式提出建立东北亚区域性金融机构的建议，并得到了当时与会者的普遍支持①。

此后，在历次东北亚经济论坛的年会上，推动建立东北亚银行都成为重要的议题。例如 1991 年天津会议，1993 年韩国龙坪会议和 1997 年乌兰巴托会议上，东北亚银行的议题都得到了充分的讨论和研究。此外，东北亚经济论坛还专门组织了大量的人力、物力进行研究和推动。东北亚经济论坛特别委托亚洲开发银行前常务副行长、美国财政部前副部长 Stanley Katz 主持研究，并提出了东北亚（开发）银行可行性报告，得到了热烈的反响。1999 年 10 月，在天津召开的第九届东北亚经济会议上，继续讨论东北亚（开发）银行课题后发表的天津宣言，特别强调了东北亚各国准备共同促进建立

---

① 当时的提议为东北亚开发银行，到 2004 年，为避免被视为亚洲开发银行的分支机构，天津市建议改名为东北亚银行，后来经过各国专家商谈正式确定新的金融机构名字为东北亚合作与开发银行，简称东北亚银行。

东北亚（开发）银行并宣布成立东北亚银行特别委员会。此后的每次年会，银行议题都得到了充分的论证和支持。另外，特别委员会还分别在天津、洛杉矶、夏威夷等地举行了六次会议，专门探讨这一问题，特别委员会专家也基本达成了一致的赞同意见。在历次会议上，我们形成了一系列关于设立银行的可行性与必要性的历史文件。

值得注意的是，东北亚银行的民间筹备论证尽管比较充分，但一直未能在政府层面取得明显进展，这是由东北亚地区政治、经济环境决定的。解决这一问题的关键在于以更加开放包容的态度进行交流，从而由民间走向政府，就目前情况而言，启动的关键则在于中国政府的态度。

二十多年前东北亚银行初提之时正是中国政府刚刚开始实行市场经济，经济发展潜力和发展趋势都不是很明了，尽管对基础设施建设以及能源交通等发展的需求迫切，但是经济发展在整个地区的地位与影响力度也相对较弱，因此在东北亚银行的问题上中国的态度就比较保守。然而，事实证明，中国的经济发展迅速，无论在区域内部和世界上，中国的经济、政治影响力已经达到了一个新的高度，已经具备了首先启动区域性跨国金融机构的各种条件，并且中国要求建立东北亚银行的需求也更加强烈。中国走向世界的步伐逐渐加快，地缘政治、经济环境的稳定是中国的迫切需求。鉴于东北亚地区复杂的历史、政治等各方面的现实情况，率先推动建立这样的区域性金融机构，不仅能够使中国提高区域内的地位，而且能够增强世界对中国经济发展的信心并为地区的政治、经济稳定做出重要贡献。因此，东北亚银行的推动进入实质性阶段的时机已经成熟。考虑到朝鲜半岛的地缘政治紧张局面，现在成立东北亚银行正是最好的时机，也是最紧迫的时期。

当然，东北亚银行从最初的提议到现在已经十几年了，过程中遇到过各种困难和问题，我们认为，即使现在取得了重要的进展，但是在未来的筹建过程中还会遇到各种可以预见或是不可预见的困难和问题，提前确定解决问题的原则和对已知的阻碍的解决方案必将会使我们事半功倍。在这个过程中，我们的合作伙伴一直在默默地、坚定地从各方面支持着我们。天津市政府和南开大学就是两个最杰出的代表。

从 1991 年在中国天津举行的东北亚经济论坛第一次年会开始，东北亚经济论坛和天津就成为东北亚银行的最主要的推动力量。长期以来，作为东北亚地区对东北亚银行最为热心和最为积极的地方政府，天津市付出了重要的努力，在财力、物力方面为东北亚银行的成立做出了重要的贡献。在未来的筹建过程中，东北亚经济论坛和中日韩各国的专家都认为，天津应该并且必须继续作为重要的一方参与筹建东北亚银行，我们希望天津继续为东北亚银行的建立做出更大的努力，保持自己的优势。

南开大学则为我们提供了大量的研究支持。马君潞教授自从 2004—2005 年参与研究以来，一直身体力行，对东北亚银行的事业兢兢业业。2007 年 11 月东北亚银行特别委员会在洛杉矶召开的东北亚银行特别委员会会议第四次会议上签署了《关于推进创建东北亚银行专题研讨会备忘录》，在那次会议上，各国专家一致决定在天津设立由中、日、韩、美等国专家组成的东北亚金融合作研究中心。马君潞教授做了大量的工作，多篇研究报告都是经马君潞教授和他的团队完成的。

马君潞教授治学严谨，对历次的报告都非常认真地进行了研究和论证。记得在洛杉矶会议上，全体与会人员都已经开始正式的晚宴，而马教授与团队成员还在继续认真修改文件，让我很受感动。马君潞教授的离世是我们的重大损失。但是我相信马教授东北亚金融合作研究中心的团队，必将沿着马教授的足迹，将东北亚银行研究继续下去，完成马教授未竟的事业。

所以我很高兴看到南开大学出版这本书，对我们过去的研究进行总结和更新，这是一项重要的工作，总结历史，才能展望未来。我坚信我们的未来一定会更加光明。

为了东北亚的和平合作与发展，继续努力前行！

2017 年 6 月

后　记

　　《东北亚金融合作：历程与展望》一书终于与大家见面了。在二十年的风风雨雨中，各国专家一直努力地实践着自己的梦想，我们希望东北亚各国一起，真正克服偏见和成见，面对历史、展望未来。

　　东北亚区域很多所谓的合作都是雷声大雨点小，各国在这个区域的利益纠葛特殊复杂，这就导致了很多时候无法将合作落到实处。在这中间，金融是一个挑战，也是一个契机，更是一个极好的抓手。能源、交通物流、旅游、文化等各方面，都可以从金融开启东北亚的合作时代。可以说，金融和，则百业俱兴。而金融合作如果受阻，那么东北亚区域的其他合作，也很有可能受到极大的限制。

　　因此，我们希望借此书的出版，更进一步地推动区域金融合作，将我们二十多年来一直努力的事业坚持下去，并希望在东北亚金融合作方面所做的探索和积累的经验能够为我国所提出的"一带一路"倡议有所借鉴。

　　在东北亚金融合作的研究过程中，得到了很多著名金融专家和区域合作专家的帮助、鼓励和支持。在此谨代表编委会对大家的帮助表示感谢！

　　感谢马强先生、王存杰先生、王建业先生、王雄先生、巴曙松先生、冯春平先生、杜强先生、宋岗新先生、张之骧先生、金立群先生等金融专家对东北亚金融合作研究提供的帮助和支持。感谢Stanley Katz先生、朴宽用先生、洪在馨先生、朴炳元先生、严洛融先生、中山太郎先生、渡边博史先生、前田匡史先生、小川英治先生等在历次东北亚金融合作特别委员会中给予的大量建议和意见。

感谢南开大学出版社王乃合主任，编辑周敏、夏冰媛、张丽娜在本书出版上的全心投入。

最后对南开大学金融学院硕士研究生马姝丽、王开元、王钰潇、冯路平、刘东昂、刘永旭、刘博让、李昊然、张伟、陈传显、罗伟哲、金晶、周珊、周鑫、项慧玲、贾昱宁、曹浥青等同学在校对修订稿中的辛勤工作表示感谢。

2017 年 6 月